Kohlhammer
Urban
-Taschenbücher

Band 254

Ulrich Bleidick, Ursula Hagemeister, Norbert Myschker,
Waldtraut Rath, Gerlinde Renzelberg, Hans Stadler,
Alfons Welling, Karl Heinz Wisotzki

Einführung in die Behindertenpädagogik I-III

Band I

Ulrich Bleidick, Ursula Hagemeister

Allgemeine Theorie der Behindertenpädagogik

Band II

Ulrich Bleidick, Ursula Hagemeister, Waldtraut Rath,
Hans Stadler, Karl Heinz Wisotzki

Blindenpädagogik
Gehörlosenpädagogik
Geistigbehindertenpädagogik
Körperbehindertenpädagogik
Lernbehindertenpädagogik

Band III

Norbert Myschker, Waldtraut Rath,
Gerlinde Renzelberg, Alfons Welling

Schwerhörigenpädagogik
Sehbehindertenpädagogik
Sprachbehindertenpädagogik
Verhaltensgestörtenpädagogik

Norbert Myschker
Waldtraut Rath
Gerlinde Renzelberg
Alfons Welling

Einführung in die Behindertenpädagogik

Band III

Schwerhörigenpädagogik
Sehbehindertenpädagogik
Sprachbehindertenpädagogik
Verhaltensgestörtenpädagogik

Fünfte, völlig überarbeitete Auflage

Verlag W. Kohlhammer

Die Deutsche Bibliothek – CIP-Einheitsaufnahme

Einführung in die Behindertenpädagogik. – Stuttgart; Berlin; Köln: Kohlhammer.
ISBN 3-17-011625-8
ISBN 3-17-007164-5 (2. Aufl.)

Bd. 3. Schwerhörigenpädagogik, Sehbehindertenpädagogik, Sprachhehindertenpädagogik, Verhaltensgestörtenpädagogik / Norbert Myschker ... – 5., völlig überarb. Aufl. – 1999
(Urban-Taschenbücher; Bd. 254)
ISBN 3-17-015552-0

Fünfte, völlig überarbeitete Auflage 1999

Verlagsort: Stuttgart
Umschlag: Data Images GmbH
Gesamtherstellung:
W. Kohlhammer Druckerei GmbH + Co. Stuttgart
Printed in Germany

Inhalt

A. Schwerhörigenpädagogik

Gerlinde Renzelberg

1. Historische Einblicke

Anders als die Gehörlosenpädagogik, die auf eine Tradition von weit über 400 Jahren zurückblicken kann, wenn noch vereinzelte, aber auch schon erste systematische Erziehungsansätze in Betracht gezogen werden (Emmerig 1927, 12; Schumann 1940, 41ff), ist die Schwerhörigenpädagogik als relativ junge Disziplin im Bildungsbemühen anzusehen.

Bereits in der ersten Hälfte des 17. Jahrhunderts jedoch stuft der als »Vater der akustischen Methode« bezeichnete spanische Taubstummenlehrer Carrión das Hörvermögen seiner Zöglinge nach verschiedenen Schweregraden ab (Schumann, a.a.O., 49). Erste systematische Hörübungen werden dem am Taubstummeninstitut in Paris tätigen Ohrenarzt Itard zugeschrieben, der dort im Jahre 1805 einen Hörkurs für ausgesuchte Zöglinge (a.a.O., 41) einrichtet. Nach seinen Erfahrungen, die ihn zu der Annahme führen, daß etwa zwei Fünftel der ihm anvertrauten Taubstummen noch über Hörreste verfügen, teilt auch er das auditive Wahrnehmungsvermögen bereits in verschiedene Kategorien ein (Emmerig, a.a.O., 41).

Der Einfluß des Philosophen und Ideologen Degérando führt in der Folge sogar zu der Einführung von Artikulationsklassen. Die weitergehende Forderung nach einer grundsätzlichen Separierung von »Teilhörigen« wird jedoch ablehnend beschieden.

Während die Ideen von Itard und Degérando in Frankreich in deren Nachfolge zunehmend negiert werden, beeinflussen sie um so stärker das Bildungsbemühen im benachbarten Ausland. Die aus damaliger medizinischer Sicht mögliche Aktivierung des Hörorgans veranlaßt Guggenmoos zur Gründung von Lehranstalten für schwerhörige und schwersprechende Kinder in Hallein und später in Salzburg, in denen die Lautiermethode als adäquate Maßnahme präferiert wird.

Neben diesen privaten Einrichtungen für Schwerhörige etablieren sich in der ersten Hälfte des 19. Jahrhunderts u. a. die

Schleswiger Schule unter der Leitung des Autodidakten Pfingsten (Emmerig, a.a.O., 61f), die Institute der Mediziner Goldbeck in Altona und Barries in Hamburg sowie die Einrichtung für »Halbhörige« durch den Privatlehrer Tappe in Berlin, die aus der dortigen Königlichen Taubstummenschule hervorgeht (Schumann, a.a.O., 441f und 617).

Ebenfalls in diesen Zeitraum fallen die Ideen von Behrmann in Hamburg und Ortgies in Bremen, schwerhörige Schüler innerhalb der Taubstummeneinrichtung in gesonderten Klassen zu fördern. Während Behrmanns Initiative sogar zur Eingliederung einiger Schüler in die Normalschule führt, scheitert Ortgies Plan an institutspolitischen Bedenken (a.a.O., 617f).

Neben der verstärkt diskutierten Annahme, daß ein hoher Anteil der als taubstumm deklarierten Kinder über nutzbare Hörreste verfüge, führen um die Jahrhundertwende letztlich weitere, voneinander unabhängige Argumente zur Institutionalisierung des Schwerhörigenbildungswesens. Beeinflussend wirkt sich die zunehmende Überweisung von leistungsschwächeren Schülern – und damit häufig auch von Schülern mit beeinträchtigtem Hörvermögen – aus den Volksschulen in gesonderte Einrichtungen aus. Wesentlich aber wird die Bewegung vorangetrieben durch die Theorien der Mediziner Urbantschitsch in Wien und Bezold in München. Urbantschitsch geht davon aus, daß Taubstumme durch »Hörgymnastik« aus ihrer »Inaktivitätslethargie« zu erwecken sind und damit eine physische Verbesserung der größtenteils noch vorhandenen Hörfähigkeit zu erwirken sei. Bezold hingegen begründet Hörverbesserungen als rein psychologische Phänomene, hervorgerufen durch konsequente Hörübungen (a.a.O., 443–445) und fordert die Trennung von Taubstummen nach der Qualität von Hörresten (Emmerig, a.a.O., 103).

Im Zuge dieser stark forcierten Hörbewegung entsteht die private Lehranstalt für Schwerhörige und Ertaubte in Jena, gegründet von Brauckmann, der in der Lautsprachaneignung das primäre Bildungsziel sieht (Schumann, a.a.O., 580f). 1902 eröffnet Reinfelder eine erste öffentliche Schwerhörigenklasse in Berlin, der 1907 unter gleicher Leitung die erste öffentliche Schule für Schwerhörige in Berlin folgt und in der vor allem die Hör-Seh-Methode propagiert wird (a.a.O., 619).

Innerhalb weniger Jahre manifestiert sich das Schwerhörigenbildungswesen in nahezu allen Landesteilen. Im Jahre 1934, kurz vor den auch bildungspolitisch einschneidenden Veränderungen, werden in Deutschland bereits 24 Schulen mit 187 Klassen und 2100 Schülern gezählt (Witthöft 1952 in Kröhnert 1982).

2. Schwerhörigkeit

2.1 Begriffsbestimmung und Abgrenzung

Bereits historische Quellen belegen, daß innerhalb des Phänomens Hörschädigung die Abgrenzung zwischen Schwerhörigkeit und Gehörlosigkeit nicht eindeutig getroffen werden konnte. Zudem erschwerte und erschwert die starke Heterogenität der Ausprägung des Erscheinungsbildes konkrete Zuordnungen. Rein quantitative Beurteilungen des verminderten Hörvermögens werden heute zunehmend durch qualitative Aspekte ergänzt, die zusammen mit persönlichkeitsspezifischen Bedingungen zu möglichen begrifflichen Bestimmungen beitragen.

Die beiden folgenden Tabellen spiegeln aus medizinisch-audiologischer und pädagogisch-audiologischer Sicht unterschiedliche Ansätze zu einer differenzierten äußeren Erfassung wider.

Hörverlust im Hauptsprachbereich	Wertung nach Arendtsschild	Klinische Bezeichnung / Diagnose
bis 20 dB		(eventuell) leichte Hörminderung
20-40 dB	geringgradige Schwerhörigkeit	geringgradige Schwerhörigkeit
40-50 dB	mittelgradige Schwerhörigkeit (= 40-50% GdB)	mittelgradige Schwerhörigkeit
50-60 dB	hochgradige Schwerhörigkeit (= 55-60% GdB)	mittel- bis hochgradige Schwerhörigkeit
60-80 dB	an Taubheit grenzende Schwerhörigkeit (= 70-80% GdB)	hochgradige Schwerhörigkeit
80-90 dB	Hörrestigkeit (= 80-90% GdB)	
über 90 dB	Taubheit (= 80-100% GdB)	Hörreste

Abb. 1: Grade der Schwerhörigkeit (Ptok 1997)

Hörtyp	Hörwahrnehmung	zusätzliche Erläuterung
F 0	bis 600 Hz	Wahrnehmung im Bereich der Grundfrequenz Hör- und Vibrationsrezeption nicht mehr unterscheidbar
F 1	bis 1000 Hz	
F 3	bis 3000 Hz	
F S	über 3000 Hz	Hörkurve durchgehend und oberhalb 3000 Hz noch existent

Abb. 2: Hörtypen bezogen auf die Erkennung von Formanten nach Breiner (1982 und 1991)

Die diagnostische Differenzierung stützt sich jedoch nicht nur auf o. g. Kriterien. Neben meßbaren Daten, die einen Eindruck von der physiologischen Leistungsfähigkeit des Hörorgans vermitteln, gewinnt die Erkenntnis von der Veränderbarkeit zentralnervöser Prozesse, gesteuert durch außengelenkte Intervention, zunehmend an Bedeutung. Das als funktionelles Hören beschriebene Phänomen (vgl. u. a. Diller, 1991) kann nach neurophysiologischen Forschungsergebnissen positiv beeinflußt werden durch frühestmögliche, konsequente Beteiligung am akustischen Geschehen in Verbindung mit einer adäquaten Versorgung mit technischen Hörhilfen. Schwerhörigkeit unterliegt damit in ihrer Ausprägung sowohl Einflüssen, die von außen angeboten werden, als auch solchen, die intraindividuell bestimmt sind.

Zu Mißverständnissen führt der Terminus »Schwerhörigkeit« an sich. Die genannten Kriterien zur Klassifizierung von verschiedenen Graden einer Hörstörung belegen eindeutig die Notwendigkeit einer quantitativen *und* qualitativen Auswertung. Da aus pathologischer Sicht überwiegend von Störungen nicht nur der Intensität, sondern auch der Frequenz- und Zeitanalyse und damit eher von einem mehr oder weniger stark verzerrten als einem nur abgeschwächten Höreindruck ausgegangen werden muß, erscheint in den meisten Fällen der von rein quantitativen Merkmalen freie Begriff einer »Fehlhörigkeit« angemessener.

Menschen mit Hörschädigungen leiden somit an mangelndem auditivem Aufnahmevermögen und/oder unzureichender Verarbeitungskapazität. Tritt diese Schädigung erst im fortgeschrittenen Lebensalter ein, muß von Spätschwerhörigkeit oder Spätfehlhörigkeit gesprochen werden. Eine Abhebung dieses Erscheinungsbildes von einer erworbenen Schwer- oder Fehlhörigkeit wird vor allem aufgrund der plötzlich oder auch allmählich sich verändernden Lebenssituation und der damit verbundenen notwendigen Neu- oder Umorientierung wesentlich.

Zur Abgrenzung der Begriffe »Schwerhörigkeit« und »Fehlhörigkeit« von »Hörlosigkeit« können Schwerhörigkeit und Fehlhörigkeit beschrieben werden als Hörschädigungen, die im Gegensatz zur Hörlosigkeit den Betroffenen noch in die Lage versetzen, lautsprachliche Strukturen wahrzunehmen und zu verarbeiten. Dies gilt auch, wenn Wahrnehmung und Verarbeitung nur mittels hörzentrierter Intervention und entsprechend angemessener Versorgung mit technischen Hörhilfen ermöglicht werden können.

Der allen genannten Erscheinungsbildern zugeordnete Begriff »Hörschädigung« (in der medizinischen Literatur häufig auch »Hörstörung«), der den organischen Mangel impliziert, hebt sich ab von der »Hörbeeinträchtigung«, die terminologisch bereits ungünstige Entwicklungsverläufe und Leistungsminderungen berücksichtigt. Der Begriff »Hörbehinderung« beinhaltet demgegenüber die möglichen kommunikativen, interaktionalen und sozialen Auswirkungen der Schädigung im gesellschaftlichen Zusammenhang (vgl. auch Schuck 1998, 12).

Die Topik von Hörstörungen wird in der medizinischen Literatur vielfach beschrieben (u.a. Plath, 1982, 1992, 1993; Wendler et al. 1996). Ausgehend von der Lokalisation der krankhaften Erscheinung und dem damit verbundenen veränderten Höreindruck erfolgt eine erste Unterscheidung der in vorwiegend definierbaren Bereichen des Hörorgans auftretenden Funktionsstörung in

- konduktive Hörschädigungen (auch: Schalleitungsstörungen), die sich beziehen auf die Störung des Transportes der Schallwellen bis zum Innenohr, wobei, wie bei allen anderen Störungsbildern, nur Teilbereiche betroffen sein können;
- sensorineurale Hörschädigungen (auch: Schallempfindungsstörungen oder Innenohrschwerhörigkeiten), die angesiedelt sind in dem Bereich zwischen der Steigbügelfußplatte und dem ersten Neuron des Hörnerven;
- retrokochleäre und zentrale Fehlhörigkeiten, von Esser (1994, 21) als Dysfunktion der zentralen Hörbahn beschrieben, die aufgrund des mangelnden Zusammenwirkens von zentraler Hörbahn und Assoziationszentren zu einer auditiven Wahrnehmungsstörung führen können sowie
- Kombinationsformen der genannten Erscheinungsbilder.

Während dabei vereinzelt auftretende Mißbildungen des Außen- und Mittelohres auffällig auf einen möglichen polysymptomatischen Charakter der Funktionsstörung hinweisen, sind Syndrome in Verbindung mit Innenohrschwerhörigkeiten wie

- das Alport-Syndrom (Hörstörung in Verbindung mit chronischer Nierenerkrankung und evtl. Sehanomalien),
- das Pendred-Syndrom (Hörstörungen in Kombination mit Schilddrüsenunterfunktion und Störungen des Gleichgewichtsorgans) und
- das Usher-Syndrom (Hörstörung in Kombination mit Retinitis pigmentosa)

aufgrund der Dominanz der Hörstörung und der Tatsache, daß sich einige assoziierte Erkrankungen erst im späteren Lebensalter manifestieren, beim Kleinkind nicht zwingend diagnostizierbar.

Analog der für Menschen mit Hörlosigkeit zu treffenden Differenzierung kann auch für Menschen mit Schwer- oder Fehlhörigkeit eine weitere Einteilung vorgenommen werden. Neben angeborenen, meist hereditär bedingten Störungen ist eine Unterscheidung nach prä- und postlingualem Auftreten sowie der im fortgeschrittenen Lebensalter erworbenen Spätschwerhörigkeit oder -fehlhörigkeit vor allem für die Betrachtung pädagogisch relevanter Bildungsmöglichkeiten und medizinisch-technischer Interventionen notwendig.

2.2 Ursachen und Häufigkeit

Die vielfachen Ursachen von Hörstörungen sollen im folgenden weitestgehend in Anlehnung an Ptok (1997, B-1559f) wiedergegeben werden. Für weiterführende ätiologische Befunde sei wiederum verwiesen auf die o. g. umfangreiche Fachliteratur.

Als typische Ursachen konduktiver Hörschäden werden angegeben:

- Ceruminalpfröpfe und Fremdkörper
- Mißbildungen des Außen- und Mittelohres
- Tubenventilationsstörungen
- Entzündungen von Gehörgang und Mittelohr
- Traumen mit Verlegung des äußeren Ohres, Blutungen und Flüssigkeitsansammlung im Mittelohr, Trommelfellperforation, Unterbrechungen der Gehörknöchelchenkette und
- otosklerotische Veränderungen.

Sensorineurale Hörschäden, deren Ursachen nur bei etwa der Hälfte aller Innenohrstörungen benannt werden können, sind bedingt durch

- Mißbildungen aufgrund äußerer Einwirkungen in den ersten Monaten der Schwangerschaft oder Entwicklungshemmungen
- syndromale Erkrankungen wie die bereits genannten assoziierten Erscheinungen (Alport-, Pendred- und Usher-Syndrom)
- prä- und perinatale Asphyxie (momentaner Atemstillstand oder Erstickungsgefahr durch mangelnde Sauerstoffzufuhr zum Blut)

- Schwangerschaftsinfektionen
- Einnahme von teratogenen Medikamenten während der Schwangerschaft
- Geburtstraumen
- Infektionen des Labyrinths
- Traumen (akute akustische Traumen, hervorgerufen durch plötzliche starke Schalle; chronische Traumen, hervorgerufen durch hohe Lärmpegel über längeren Zeitraum) und
- hereditäre Schäden, die etwa 50 Prozent aller Innenohrschäden im Kindesalter ausmachen.

Die Ursachen einer zentralen Fehlhörigkeit können bisher nur vermutet werden. Neben genetischen Momenten werden toxische Einflüsse während der Schwangerschaft sowie Ernährungsstörungen mit Toxikose, aber auch wiederholt aufgetretene Mittelohrentzündungen und -ergüsse vermutet, die letztlich eine Störung der Reizweiterleitung, -verarbeitung und -wahrnehmung hervorrufen.

Ebenso wenig greifbar sind die Ursachen dreier pathologischer Erscheinungsbilder, die häufig in Verbindung mit bereits vorhandenen Hörschädigungen auftreten:

Tinnitus, beschrieben als in beiden Ohren oder im ganzen Kopf vorhandenes Geräusch oder Klangereignis unterschiedlichster Ausprägung und Lautstärke, dem in seiner subjektiven Form keine objektiv meßbaren Signalquellen zugrunde liegen, wird in der Literatur häufig als Begleitsymptom von Funktionsstörungen partieller Bereiche des Hörorgans, als Auswirkung von Kreislaufstörungen, Reaktion auf Lärm oder Knalle (Plath 1993), aber auch bspw. als Folge degenerativer Veränderungen von Halswirbelkörpern oder Kiefergelenk angesehen (Hellbrück 1993). Neueste Forschungsergebnisse ergeben Hinweise auf die Gefahr einer stressbedingten Überkompensation bei vorliegender Hörstörung, wobei emotions- und aufmerksamkeitssteuernde Gehirnstrukturen im Sinne nichtlinearer Rückkopplungssysteme agieren (Langner und Wallhäuser-Franke 1998). Schätzungen zur Häufigkeit von Tinnitus reichen von 6 bis ca. 16 Prozent (vgl.: v. Wedel und v. Wedel 1991; Fengler 1990; Deutsche Tinnitus-Liga 1998), wobei hier nicht grundsätzlich unterschieden wird zwischen Menschen, die nur kurzzeitig, und Menschen, die dauerhaft betroffen sind. Lenarz (1998, 77) geht in differenzierteren Aussagen davon aus, daß unter den Lebensbedingungen in einer Industriegesellschaft etwa 35–45 Prozent aller Erwachsenen über 17 Jahren zu irgendeinem Zeitpunkt von Tinnitus betroffen sind, wobei das Geräusch überwiegend nur wenige Minuten andauert. Bei 0,5 Prozent der Erwachsenen in Deutschland (= 300 000 Menschen) hat Tinnitus jedoch ein eigenständiges pathologisches Erscheinungsbild, das mit Konzentrationsmangel bis zu Angstzuständen und Depressionen verbunden ist.

Die Ursachen der Menièrschen Krankheit, die durch anfallartige Schwindelattacken, verbunden mit oben beschriebenen, hier nun aber einohrigen Geräuschen und zusätzlicher, möglicherweise bleibender Hörminderung auftreten, werden zurückgeführt auf eine Beeinträchtigung der Druckverhältnisse im Innenohr, die zu einer Zerreißung der dort befindlichen Membranen und damit zur Vermischung der Innenohrflüssigkeiten führen kann. Als auslösende Momente werden u. a. Stoffwechsel- oder Hormonstörungen, vegetative und Kreislaufstörungen, Verletzungen durch Schädeltraumen und starke Druckschwankungen von außen angenommen (Plath 1993). Die Häufigkeit der Menièrschen Krankheit wird, bezogen auf die Gesamtbevölkerung, mit Werten zwischen 0,01 und 0,1 Prozent angenommen (v. Wedel und v. Wedel 1991).

In den meisten Fällen ebenfalls einseitig auftretend, äußerst sich auch der Hörsturz als plötzlich auftretende Hörbeeinträchtigung, die mit Tinnitus und vorübergehendem Schwindelgefühl kombiniert sein kann. Verursacht wird der Hörsturz durch akute Durchblutungsstörungen, die einen Infarkt des Ohres auslösen. Angenommen werden als Auslöser wieder streßbedingte Ursachen sowie Niktotin- und Alkoholabusus, nicht jedoch akustische Faktoren (Hellbrück 1993).

Die drei letztgenannten Störungsbilder, die den Innenohrstörungen zugeordnet werden, treten selten auf bei kleineren Kindern, können aber in fortschreitendem Alter zunehmen, auch zu einer dauerhaften Schwerhörigkeit führen bzw. diese zusätzlich beeinflussen.

Wie Fengler (1990) ausführt, erfahren etwa 78 Prozent der Schwerhörigen ihre Hörminderung erst im Erwachsenenalter. Aus Gründen der sich z. T. völlig verändernden psycho-sozialen Bedingungen müssen Menschen mit Spätschwerhörigkeit als eigenes Erscheinungsbild zwingend Erwähnung finden. Ohne auf weitere differenzierte Diagnosen einzugehen, sind Störungen im

Bereich der Haarzellen im Innenohr, Infektionen und Viruserkrankungen sowie das Akustikus Neurinom (gutartige Geschwulst des Hörnervs) als oben nicht aufgeführte mögliche Ursachen von Spätschwerhörigkeit zu nennen.

Uneinheitlich in der Terminologie wird die Altersschwerhörigkeit oder Presbyakusis in der Literatur beschrieben (vgl. Wisotzki. 1996, 18ff). Sie sei hier definiert als Hörminderung in fortgeschrittenem Alter, die zurückzuführen ist auf rein organisch bedingten Verschleiß.

Wenig Beachtung findet in der Literatur das bisher nicht erwähnte Phänomen des einseitigen Hörschadens. Hildmann weist jedoch erst im vergangenen Jahr auf die überraschend große Anzahl einseitig schwerhörender Kinder hin und nimmt unter Verweis auf die zunehmende Lärmbeeinträchtigung bereits von Säuglingen und das ungünstige Nutz-Störschallverhältnis in Klassenräumen Bezug zu möglichen kognitiven Entwicklungsstörungen und der notwendigen Entwicklung von konservativen und/oder apparativen Versorgungsstrategien (Hildmann 1998, 74).

Statistische Daten über Art und Grad von Hörstörungen, über Altersstrukturen und pädagogische Betreuung differieren stark. Nach Ausagen von Krüger (1982), der sich auf Angaben aus dem Ausland stützt, sind etwa 5 Prozent der Gesamtbevölkerung von signifikanter beidohriger Hörstörung betroffen. Untersuchungsergebnisse des Deutschen Grünen Kreuzes aus den Jahren 1984 und 1985 belegen einen Anteil von 14 Millionen Menschen mit Hörschädigungen in den alten Bundesländern (Stanger 1992) und nähern sich damit Erhebungen von Freigang (1995 in Wisotzki 1996), der von 26,8 Prozent Schwerhöriger in Deutschland spricht. Gross geht 1994 von 500 000 hörgestörten Kindern in Deutschland aus, von denen etwa 80 000 aufgrund hochgradiger, bleibender Defizite einer speziellen Förderung bedürfen.

Vielfache Erhebungen in verschiedensten Sparten wissenschaftlicher Bereiche belegen jedoch grundsätzlich die Unvereinbarkeit der Aussagen, bedingt durch die Uneindeutigkeit der definitorischen Abgrenzungen.

Genauere Daten versucht seit 1996 das »Deutsche Zentralregister für kindliche Hörstörungen« (Gross et al. 1999) zu recherchieren. Beziehen sich diese Zahlen auch nicht auf die Gesamtpopulation, vermögen sie doch ein differenziertes Bild über Hörschäden in der frühen Phase der Entwicklung zu bieten. Erschwert wird die Erfassung durch die Unauffälligkeit von Kindern mit Hörschädigungen ohne assoziierte Anomalien und die individuell extrem schwankende Hörreaktion und Sprachentwicklung.

In Abhängigkeit vom Stand der medizinischen Versorgung geht das »Deutsche Zentralregister« weltweit von 0,9 bis 13 Prozent kindlicher Hörstörungen aus. Der Anteil von Kindern und Jugendlichen mit Hörschädigungen in der BRD wird derzeit mit 20 000 bis 35 000 angegeben. Der anzunehmende beträchtlich höhere Anteil an Kindern mit Kommunikationsproblemen wird hier ausdrücklich nicht einbezogen.

Das bisher erhobene Datenmaterial zeigt im Detail folgende Ergebnisse und läßt damit eindeutige Trends erkennen:
Von den insgesamt erfaßten Kindern (n = 1669) zeigen

3,6 % der Kinder	Schalleitungsstörungen,
90,35 %	Schallempfindungsstörungen,
7,5 %	kombinierte und
0,9 %	zentrale Störungen.

(Doppelzählungen sind dabei begründet durch unterschiedliche Schädigungsbilder auf dem rechten und dem linken Ohr.)
Die Aufgliederung nach dem Grad des Hörverlusts bei beidseitig hörgestörten Kindern zeigten

bei 19 % der Kinder einen Hörverlust	von 40 dB und darunter,
bei 30 %	von 40 – 69 dB,
bei 17 %	von 70 – 94 dB,
bei 34 %	von 95 dB und darüber.

Die vermutlichen Ursachen der Hörstörung, immer noch zu einem erheblichen Teil unbekannter Genese, wurden ermittelt mit

22,2 %	erworben,
2,5 %	vermutlich erworben,
20,9 %	genetisch und
9,8 %	vermutlich genetisch.

Die Auswertung bezüglich des Grades der Hörstörung könnte rein rechnerisch Rückschlüsse auf die Verteilung der Schülerpopulation in Einrichtungen für Gehörlose und Schwerhörige zulassen. Die neueste Statistik der Behörde für Schule, Jugend und Berufsbildung in Hamburg für das Schuljahr 1997/98 widerspricht dieser Auffassung grundlegend.

Vorliegenden Angaben zufolge wurden im betreffenden Zeitraum
4 977 SchülerInnen in 762 Klassen für Gehörlose und
5 386 SchülerInnen in 648 Klassen für Schwerhörige unterrichtet.

Eine kritische Betrachtung aller vorausgehenden Angaben läßt den Schluß zu, daß die Mehrheit der in Einrichtungen für Gehörlose aufgenommenen Schüler nicht physiologisch hörlos sein können, was eine Umverteilung, besser Umorientierung dringend notwendig erscheinen läßt.

Allein die Unsicherheiten in der definitorischen Abgrenzung und daraus resultierende, kaum vergleichbare Häufigkeitsverteilungen lassen auch bereits die Notwendigkeit eines differenzierten Bildungsbemühens im Ansatz deutlich werden.

2.3 Früherkennung – Früherfassung

Medizinisch, technisch, aber auch pädagogisch-psychologisch sinnvolle Interventionen bei Menschen mit Hörschädigungen setzen zuverlässige Daten voraus. Sollen bei Kleinkindern bereits die sensiblen Phasen der Hörbahnreifung genutzt werden, bedarf es der frühestmöglichen Erfassung des Hörvermögens. Noch 1991 von Biesalski als undurchführbar bezeichnet und vorwiegend Kindern mit erhöhtem Risiko vorbehalten, wurde 1998 in Mailand die Vereinbarung zu einer universellen Kontrolle aller Neugeborenen bezüglich ihres Hörstatus auf europäischer Ebene getroffen. Erwartet wird damit eine Erfassungsquote von mindestens 80 Prozent (Europäischer Konsens zum Neugeborenen-Hörscreening in Plath 1998, 212). Einschränkend muß jedoch erwähnt werden, daß eine flächendeckende Erfassung noch stark an sächliche und personelle Ressourcen gebunden ist (Ptok 1997). Zudem werden auch die 5 bis 10 Prozent in der häuslichen Umgebung geborenen Kindern nicht erfaßt, ebensowenig wie jene, deren Hörstörung erst in einem späteren, wenn auch frühkindlichen Alter einsetzt. Gross (1998) gibt für die letztgenannte Gruppe eine Größenordnung von 8,9 Prozent an.

Ist somit Früherfassung nicht generell möglich, bleiben Aufmerksamkeit und Sensibilität für inadäquate, einer normalen Entwicklung zuwiderlaufende Verhaltensweisen für eine Früherkennung unverzichtbar. Diese Aufgabe fällt in verstärktem Maße den Erziehenden, aber auch den konsultierten Ärzten zu.

Damit ist bereits ein wesentlicher Unterschied bezüglich möglicher Meßverfahren angedeutet. Generell kann unterschieden werden zwischen subjektiven und objektiven Verfahren. (Der häufig verwendete Begriff »audiometrische Meßverfahren« setzt die exakte Bestimmung von Laut- und Frequenzspektrum voraus und ist damit nicht auf alle Meßverfahren anwendbar.) Subjektive wie objektive Verfahren beruhen auf der Registrierung und Auswertung von Reaktionen auf präsentierte Schallreize. Während bei subjektiven Tests jedoch eine äußerlich beobachtbare Reaktion erwartet wird oder die tätige Mitarbeit des Probanden gefordert ist, werden bei objektiven Tests unbewußte, neurobiologische Reaktionen in verschiedenen Bereichen des Hörorgans ohne aktive äußere Beteiligung gemessen.

Jedes Meßverfahren an sich kann mit seinen Ergebnissen aber wiederum nur einen Ausschnitt aus dem Insgesamt des komplexen Systems Hören abbilden, Teilfunktionen erfassen. In gegenseitiger Ergänzung stellen sie heute jedoch einen der Grundbausteine für differentielle Diagnosen dar.

Zu einer detaillierten Darstellung und Auswertung der zahlreichen Meßverfahren sei auf die vielfältigen Publikationen zu diesem Themenbereich verwiesen (u. a. Biesalski und Frank 1994; Hellbrück 1993; Lehnhardt 1996; Plath 1992). Die folgenden knappen Ausführungen sind gedacht als Einblick in die breite Palette von Methoden, wobei auf altersspezifische Bedingungen nicht durchgängig explizit verwiesen wird.

Zu subjektiven Hörtests zählen

- Geräuschzuwendungsprüfungen, durchgeführt mit Instrumenten, deren Frequenzspektrum und Lautstärke möglichst exakt definiert sein sollten. Sie sind anwendbar etwa ab dem 6. Lebensmonat (mit Ausnahme der Hochtonrassel, die bereits kurz nach der Geburt eingesetzt werden kann) und können die Dimension der Hörminderung in Umrissen bestimmen.
- Spielaudiometrische Untersuchungen, die bei Kindern ab etwa drei Jahren verläßliche Angaben vermuten lassen. (Bei günstigen Bedingungen, die eine positive Gestimmtheit von Prüfer und Kind mit einschließt, können Hörschwellenwerte bereits annähernd ermittelt werden.)
- Tonaudiometrische Messungen, die über einen breiten Frequenzbereich mittels Sinusdauertönen oder Impulstönen sowohl die Daten für eben gerade wahrgenommene akustische

Stimuli wie auch die für unangenehme Hörempfindungen punktuell darstellen lassen.
- Sprachaudiometrische Messungen, die mit unterschiedlichem, häufig phonologisch und gelegentlich auch phonetisch oder syntaktisch genormtem Sprachmaterial der Ermittlung der Diskriminationsfähigkeit von Sprechschall dienen und Beziehungen zwischen dem Erkennen von Tönen und dem Verstehen von gesprochenen Mustern erkennen lassen können.

Konzentration und Reaktion des Probanden spielen bei den letztgenannten audiometrischen Tests eine wesentliche Rolle.

Zu den semi-objektiven Tests zählen
- Reflextests, die gerichtet sind auf die Auslösung gesamtkörperlicher Schreckreaktionen (deutlich in den ersten vier Lebensmonaten) oder des Lidschlagreflexes (auslösbar bereits kurz nach der Geburt). Sie dienen einer ersten subjektiven Orientierung. Mittels der Crib-O-Gram-Audiometrie können auf elektronischem Weg selbst kleinste Reaktionen auf akustische Reize bereits beim Säugling registriert werden.

Zu objektiven Tests zählen
- die Impedanzmessung, die mittels eines kombinierten Verfahrens sowohl der Prüfung der Tubenfunktion als auch der Prüfung von Reflexbewegungen des Stapediusmuskels im Mittelohr dient,
- die Elektrocochleographie (ECochG), die neurobiologische Antworten der Haarzellen im Innenohr und des Hörnerven registriert,
- die Messung otoakustischer Emissionen (OAE), die anhand zweier Verfahren (der transitorisch evozierten Emissionen mit breitbandig verzögerten Antworten und der Distorsionsprodukte otoakustischer Emissionen mit frequenzspezifisch reduzierten Antworten) Aussagen liefert, die die motorische Aktivität der äußeren Haarzellen näher bestimmen läßt und
- die Messung akustisch evozierter Potentiale (ERA = Electric Response Audiometry), wobei in der medizinischen Praxis vor allem die Potentiale des Hirnstammes (BERA = Brainstem Electric Response Audiometry) und die Potentiale der Hirnrinde (CERA = Cortical Evoked Response Audiometry) ermittelt werden.

Abb. 3 zeigt zusammenfassend in graphischer Form die genannten objektiven Verfahren in Zuordnung zu den jeweils direkt angesprochenen Bereichen. Die Pfeilrichtung symbolisiert dabei die Abhängigkeit der Meßergebnisse von der Funktionstüchtigkeit weiter zentral liegender Regionen.

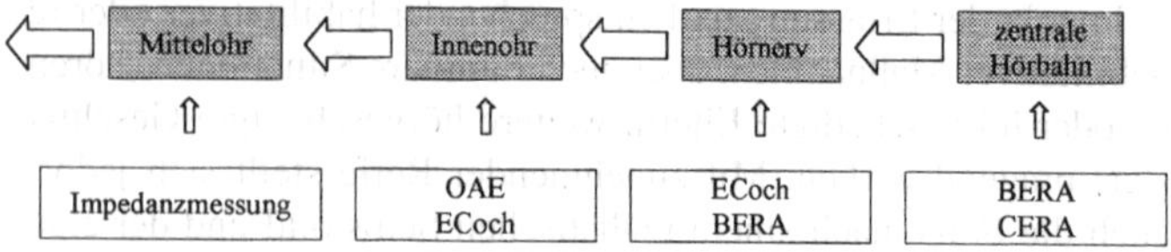

Abb. 3: Zuordnung objektiver Meßverfahren zu den angesprochenen Komponenten des Hörorgans

Bei aller Euphorie über die Möglichkeiten moderner Meßtechniken darf jedoch nicht vergessen werden, daß deren Ergebnisse auch geprägt werden von der Erfahrung eines beobachtenden, interpretierenden Subjekts. Liegt selbst bei objektiven Meßverfahren die »Objektivität« allein in der Abhebung von äußerlich erkennbaren Reaktionen begründet, so dürfen bei subjektiven Verfahren vorhandene Hörerfahrungen und Hörerwartungen nicht unberücksichtigt bleiben.

2.4 Psycho-soziale Aspekte

Um der Gefahr einer vertechnisierten Pädagogik entgegenzuwirken, muß sich das Augenmerk zunehmend auch auf die psychosoziale Belange von schwer- oder fehlhörenden Menschen richten. Umfangreicher Literatur, die sich mit der Situation und Identitätsfindung von Menschen mit Hörlosigkeit und Menschen mit Hörbeeinträchtigungen allgemein befaßt (vgl. u. a. Ahrbeck 1992; Hintermair und Voit 1990), stehen vergleichsweise wenig Aussagen für und von Menschen mit Schwer- oder Fehlhörigkeit gegenüber. Zudem kann eine scheinbar zweifelsfreie Eindeutigkeit von Aussagen insgesamt durch variable und ständig variierende Rollenmuster und Erwartungen von innen und außen revidiert werden. Sind diese sich ständig verändernden Bedingungen selbst in der vermeintlichen Normalität guthörender Menschen von immenser Tragweite, können sie bei retardiertem Hörvermögen in wesentlich stärkerer Ausprägung demotivierend, aber auch stabilisierend wirken.

Entwicklungsbedingte Faktoren tragen in Verbindung mit dem sozialen Umfeld wesentlich zur individuellen Bewältigung von spezifischen Lebenssituationen bei. Bei Kindern mit Schwer- oder Fehlhörigkeit können dabei Art und Grad der Hörstörung, Zeitpunkt der Erfassung und entsprechender habilitativer oder rehabilitativer Maßnahmen, aber auch familiäre Situationen (hörende oder hörgeschädigte Eltern, weitere hörgeschädigte Geschwister) prägend wirken. Mit zunehmender Reife stellt sich jedoch auch die Frage nach einem realistischen Selbstbild und der eigenen Zuordnung zu kulturellen Gemeinschaften oder einem definierten Personenkreis. Eine Aufgabe, die wiederum nicht eindeutig gelöst werden kann. Einerseits sind Tendenzen zur Hinwendung zu Hörlosen erkennbar, die eine entlastende Kommunikation in entspannter Situation ermöglichen, andererseits wird dem Verlangen nachgegeben, als primär hörender (wenn auch schwer- oder fehlhörender) Mensch Zugang zur »Welt der Hörenden« zu finden. Bereits die vielfältigen Rollenmuster jedoch, die zu spielen das Individuum alltäglich gefordert ist, lassen die Ambivalenz einer definitiven Entscheidung in dem ständige Wechselspiel um situationsgerechte Reaktion (in der Konfrontation mit ständig neuen Wahrnehmungsgegebenheiten), um Zuordnung, Eingliederung oder Verzicht deutlich werden.

Auf Seiten unserer vorwiegend auf lautsprachliche Kommunikation ausgerichteten Wertegesellschaft kann die Fehleinschätzung einer häufig mit sprechtechnischen und/oder sprachlichen Problemen einhergehenden Erscheinung zu gravierenden Komplikationen im zwischenmenschlichen Bereich führen, die nicht selten verbunden sind mit Ablehnung, Ignoranz oder gar Stigmatisierung. Der Sog, der den hörgeschädigten Menschen letztlich in die Rolle des behinderten Menschen drängt, wenn er solchem Verhalten keinen eigenen Widerstand entgegensetzen kann und sich möglicherweise auch in Vermeidungstaktiken flüchtet, wird jedoch mindestens ebenso verstärkt durch übersteigerte Anteilnahme oder entmündigende Bevormundung.

An dieser Stelle sei neben den angeborenen oder im (früh-) kindlichen Stadium erworbenen Hörbeeinträchtigungen nochmals die Lebenserschwernis durch eine im Erwachsenenalter erworbene Schwer- oder Fehlhörigkeit hervorgehoben. Noch wesentlich stärker erleben sich diese Menschen möglicherweise in einer Zwischenwelt. Festgefügte gesellschaftliche und berufliche Strukturen können sich dadurch grundlegend verändern und häufig existenzbedrohende, im Extrem auch persönlichkeitsbedrohende Ausmaße annehmen. Im günstigen Fall führt diese einschneidende Veränderung »lediglich« zu einer Distanzierung und Neugruppierung des weiteren sozialen Umfeldes.

Wenn Richtberg (1986, 8) zur Kompensation derartiger Einflüsse von der Notwendigkeit einer »angemessenen Resignation« spricht, meint er damit weder den Rückzug in dumpfe Entsagung noch die Loslösung von erfüllbaren Pflichten, sondern die Annahme der Schädigung durch den betroffenen Menschen selbst und die aktive Hinwendung zu gesellschaftlichen Prozessen.

Eine solche veränderte Lebensperspektive und das daraus notwendigerweise entstehende neue Selbstkonzept beschreibt Wood (1991, 93) als »Ergebnis aus dem Gesamtprozeß der Sozialisation und der täglichen Interaktion mit anderen«.

Dies erscheint um so problematischer in dem Bewußtsein, daß die verstärkte Anstrengung, die notwendig ist, um bruchstückhafte auditive Eindrücke zu kompensieren und eine annähernd ausreichende Information zu gewinnen, auch aufgrund der partiell doch möglichen Teilnahme an kommunikativen Situationen, von hörenden Menschen häufig nicht erkannt wird. Was beispielsweise im ruhiger Umgebung bei disziplinierter Gesprächsführung noch mühelos wahrgenommen werden kann, ist unter Störlärm oder häufigem Sprecherwechsel oft nicht mehr diskriminierbar.

Die weite Palette des Phänomens Hörschädigung insgesamt führt durch von außen nicht eindeutig faßbare, sich ständig verändernde Bedingungen der Hörsituationen und dem (hör-) entwicklungsbedingten individuellen Zugang zu akustischen Gegebenheiten häufig zu Irritationen und Fehleinschätzungen in der hörende Umwelt.

Erst die Sicht von Betroffenen läßt jedoch die Tragweite einer Hörbeeinträchtigung erahnen. Kiefer-Paehlke beschreibt ihre eigenen Probleme und Gestimmtheiten in einem der wenigen Standardwerke zur Identität Schwerhöriger (Kruse und Kiefer-Paehlke 1988). Ausgehend von dem Verdacht der Eltern wird der Leser konfrontiert mit zunehmender Vereinsamung, der Freude über wiedergewonnene Höreindrücke nach Anpassung wenigstens eines Hörgerätes, Problemen in der Pubertät und Benachteiligung bei einer »nur« postlingual erworbenen Schwerhörigkeit im Teufelskreis von Fehldiagnosen und Fehlinterpretationen. Die abschließende Frage bezüglich einer eigenen Akzeptanz der »Behinderung« wird beantwortet mit der Notwendigkeit individueller Auseinandersetzung in Verbindung mit der positiven Einstellung des sozialen Umfeldes.

Zu ähnlichen Aussagen führt eine umfassende Studie zur auditiven Wahrnehmungsfähigkeit Hörgeschädigter von Kellermann (1999), die von Geburt an als hörlos eingestuft, sich selbst aufgrund ihres Werdegangs und ihrer ausschließlichen Lautsprachkompetenz als Schwerhörende sieht. Auch sie veranschaulicht, daß eine positive Beurteilung der eigenen Förderung häufig in Abhängigkeit von der Akzeptanz der primären Umgebung zu sehen ist.

Die Quintessenz der Betrachtungen bestätigt wieder die wesentliche Bedeutung der Früherfassung und einer nachfolgend intensiven, umfassenden Beratung der Eltern zur Entscheidungsfindung, aber auch einem konsequenten, gleichgerichteten, interdisziplinären Miteinander von Eltern, Ärzten, Frühförderern, Lehrern, Logopäden und Psychologen, abgehoben von methodisch polarisierenden Auseinandersetzungen.

3. Pädagogische Folgerungen

Bildung und Erziehung von Kindern mit Schwer- oder Fehlhörigkeit vollzieht sich von der bereits entscheidenden emotionalen Beziehung in den ersten Lebensmonaten bis zur Hinführung zu einem selbstverantwortlichen Leben in einem ständigen Spannungsfeld von Strukturierung und Kompensierung. Hören als aktiver Vorgang (vgl. Braun 1969; Krug 1993) ist dabei gebunden an die breite Vielfalt von Faktoren, die im Denken geprägt sind von Bedingungen, didaktischen Fragen und methodischen Überlegungen.

3.1 Wahrnehmungsbedingungen

Hören allein ist anzusehen als Prozeß immanenter Kräfte, der in der Lage ist, diffuse Schallgebilde in strukturierte Wahrnehmungsmuster zu überführen. Diese Musterbildung ist abhängig von spezifischen Bedingungsgefügen, die geprägt sind von der Bereitschaft des Organismus zur Aufnahme von akustischen Signalen, vorausgehenden Erfahrungen, Aufmerksamkeit, momentaner Gestimmtheit und der Verarbeitung in einem perfekt funktionierenden System. Hören als wesentlicher, integraler Bestandteil sinnlicher Empfindungen tritt im Laufe der Entwicklung vor allem aber in Bezug zu anderen Sinnesmodalitäten, die insgesamt letztlich einer ganzheitlichen Wahrnehmung zugeführt werden. Untersuchungen von Dornes (1994) zur intersensorischen Koordination belegen diese Aussagen bereits für das kleinkindliche Stadium. Ein retardiertes Hörvermögen bricht dieses Gefüge auf. Wenn unzusammenhängende, verzerrte Strukturen ein Schallereignis nicht erkennen lassen, bei sprachlichen Ereignissen möglicherweise nur prosodische Merkmale wie Rhythmus und Intonation den Höreindruck prägen, bedarf es der Unterstützung durch andere sensorische Qualitäten.

Gleichsam als Vikariat betrachtet Breiner (1986) die Unterstützung des beeinträchtigten auditiven Kanals im Zusammenspiel mit anderen Sinnesmodalitäten. Neben kinästhetischen und taktilen Momenten (vgl. Liberman et al. 1963; Schulte et al. 1969; Renzelberg 1992) kommt vor allem der visuellen Komponente herausragende Bedeutung zu. Bei der Aufnahme von Sprache können dabei die ihrerseits unvollständigen optischen Strukturen (dazu Kap. 3.3) verglichen werden mit auditiven Gedächtnisspuren und kontextgebunden interpretiert werden. Diese Interpretation unterliegt wiederum Erwartungen und bereits erworbener Kenntnisse in spezifischen Situationen. Im Sinne antizipierender Schemata (vorwegnehmender Einstellung auf das zu erwartende sprachliche Ereignis) können kommunikative Situationen somit besser bewältigt werden. Positive Voraussetzung für die Inanspruchnahme solcher Muster sind neben physiognomisch günstigen Bedingungen des Gegenüber und eindeutigen Aussagen eine natürliche Sprechweise in Verbindung mit klaren Zäsuren vor neuen Themenbereichen.

Voraussetzungen für eine möglichst optimale Perzeption sich ergänzender visueller und auditiver Eindrücke sind damit nicht ausschließlich auf wahrnehmungspsychologische Aspekte zu reduzieren, sondern unterliegen primär günstigen äußeren Bedingungen. Diese zu beachten spielt in schulischen und außerschulischen Situationen eine wesentliche, häufig unterschätzte Rolle.

Neben der oben genannten Sprechgliederung sollte auch der Blickkontakt, in der Literatur vielfach beschrieben als Antlitzgerichtetheit, gewährleistet sein, der von der Seite des Lehrers resp. Gesprächspartners unterstützt werden kann durch ruhige Körperhaltung und eine möglichst stabile Position. Eindeutige körpersprachliche, gestische und mimische Elemente unterstreichen dabei die Intention von Inhalten, helfen auf parasprachlicher Ebene Gefühle, Gedanken und Einstellungen zusätzlich zu interpretieren und zu bewerten.

Perzeptionsleistungen sind auch zu sehen in Abhängigkeit von sozialen Gefügen und interindividuellen Prozessen. Die permanent notwendige Kombination und Substitution der wahrgenommenen Strukturen wird zusätzlich erschwert, wenn Sender und Empfänger nicht über einen annähernd gemeinsamen Sprachcode verfügen und konnotative Bedeutungen nicht erkannt oder falsch ausgelegt werden.

Ungeachtet der genannten interindividuellen Bedingungen müssen aber auch Lichtverhältnisse und räumliche akustische Faktoren in die Betrachtung einbezogen werden. Menschen mit Schwer- oder Fehlhörigkeit sind in kommunikativen Situationen angewiesen auf eine gut ausgeleuchtete Szenerie und selbst bei optimal angepaßten Hörgeräten auf die Beachtung eines ausgewogenen Nutz-Störschall-Verhältnisses.

Abgehoben von sprachlichen Situationen ist der Besitz der oben angesprochenen auditiven Erfahrungen von weiterer ausschlaggebender Bedeutung. Der Gewinn von Sicherheit durch die Erfassung der Bedeutung von akustischen Reizen, die den Menschen ständig umgeben, ist der nicht zu unterschätzende Faktor eines positiven Lebensgefühls. Andauernde Irritationen durch nicht oder nur vage identifizierbare Geräusche beherrschen jedoch für die meisten Menschen mit Hörbeeinträchtigungen eine Vielzahl von Situationen.

In pädagogischer Konsequenz bedeutet dieses von Betroffenen immer wieder formulierte Problem den frühestmöglichen Aufbau von auditiven Erfahrungen in jedem möglichen Bezugsrahmen, um die Identifikation und Diskrimination von Schallereignissen zu erleichtern. Im Idealfall führen ausreichende Erfahrungen bereits bei Kleinkindern dabei zu einem von Braun (1969) beschriebenen halbbewußten Hören, dessen Wesentlichkeit nicht nur in der Empfindung von uns ständig umgebenden Reizen liegt, sondern auch in der Fähigkeit, momentan relevante und unrelevante Signale zu unterscheiden.

3.2 Didaktische Fragestellungen

Veränderte pädagogische Konzepte für Menschen mit Hörschädigungen, die sich einerseits orientieren an neurophysiologischen Forschungsergebnissen und technischen Möglichkeiten, andererseits an einem neu gewonnenen Selbstbild der Betroffenen und daraus abgeleiteten Forderungen, verdeutlichen, daß Ziele und Inhalte von Erziehung und Bildung einem ständigen Wandel unterworfen sind. In der didaktischen Reflexion müssen also Normen gesetzt und Ziele definiert werden, die sowohl die Rollen der am Prozeß Beteiligten und deren Qualifikation festschreiben als auch die Leitvorstellungen eines an sozio-kulturellen Werten orientierten Systems. Eine eindeutige Orientierung ist im Spannungsfeld ethischer Vorstellungen, politischer Zwänge, institutioneller Möglichkeiten und methodischer Auseinandersetzungen kaum möglich. Sie ist aber auch nicht anzustreben, wenn das Ziel der Selbstverantwortlichkeit und Mündigkeit ernst genommen werden soll (vgl. auch Bleidick 1978).

Durch eine Hörbehinderung verstärkt gefährdete Ziele in der Bildungs- und Erziehung sieht Claußen (1995, 20f) in

- der sozialen Einglicderung,
- der Entwicklung der eigenen Persönlichkeit und
- der Entfaltung der Lern- und Leistungsfähigkeit.

Die soziale Eingliederung kann bereits in der primären Umgebung eine empfindliche Einschränkung erfahren, wenn bei Eltern aufgrund der Hörschädigung des Kindes bereits die frühe emotionale Beziehung gestört ist und Kindern in der häufigen Erfahrung des Nicht-Verstehens und Nicht-Verstanden-Werdens die Basis für Sicherheit und Geborgenheit entzogen wird.

Die Eingliederung in Sekundärgruppen wird von Claußen (a.a.O.) nicht nur aufgrund von gesellschaftlichen Vorurteilen problematisch beurteilt, sondern auch aufgrund von durchaus beidseitig auftretenden kommunikativen Schwierigkeiten und wenig flexiblem Rollenverhaltens aufgrund unzureichender Informiertheit hörgeschädigter Menschen über komplexe soziale Bezüge.

Nicht unabhängig davon kann die Entwicklung der eigenen Persönlichkeit gesehen werden, die wiederum vor allem aufgrund sprachlicher Defizite und damit einhergehender Unsicherheiten und Mißerfolge in wechselseitiger Beziehung zu den sozialen Rahmenbedingungen steht. Als wesentliche Erziehungsaufgabe ist deshalb die Hinführung zur Integration der Hörschädigung in ein individuelles selbstbewußtes Persönlichkeitsbild zu sehen, das die Existenz der Beeinträchtigung als einen von vielen Identitätsaspekten erkennen läßt.

Die Entfaltung von Lern- und Leistungsfähigkeiten, auf die positiv einzuwirken häufig als vorrangige pädagogische Aufgabe angesehen wird, dient dabei der Befähigung zum Erwerb von Wissen, der in der Schwerhörigenpädagogik von der Intensivierung vorhandener Hörerfahrungen und dem Ausbau der Sprech- und Sprachkompetenz geprägt ist.

Heimann, Otto und Schulz (1965) stellten in ihrem, von den Verfassern selbst als lerntheoretisch bezeichneten »Berliner Modell« Grundkategorien didaktischer Entscheidungen dar, die von Ding (1993, 159ff) auf den schwerhörigenpädagogischen Bereich übertragen wurden. Diese differenzierte Betrachtung von strukturellen Aspekten des Unterrichts schließen o. g. Argumente weitgehend ein und vervollständigen sie gleichzeitig. Ausgehend von anthropogenen Voraussetzungen und sozio-kulturellen Bedingungen werden sich daraus ableitende Intentionen, Themen, Methoden und Medien dargestellt. Die besondere Intentionaliät des Unterrichts beschreibt Ding mittels der Kriterien Redundanz, Prägnanz, Differenzierung und Ökonomie.

Redundanz wird dabei verstanden als wiederholter Aufbau gleicher Informationen, die durch den verstärkten Einsatz vor allem optischer, aber auch akustischer Hilfen unterstützt werden. Prägnanz zielt unter Berücksichtigung sprachlich eindeutiger Strukturen auf die Unmißverständlichkeit der Aufgabenstellung und der gezielten Durchführung. Differenzierung spricht Entscheidungen an bezüglich äußerer Gruppierungen und Überlegungen zu inhaltlicher Ausweitung oder Reduzierung des Lernangebots sowie der Wahl eines adäquaten Einsatzes von Sprache in mündlicher, schriftlicher oder durch Gebärden unterstützter Form. Dieser Katalog von Kriterien muß jedoch stets gesehen werden unter ökonomischen Gesichtspunkten, einem ausgewogenen Verhältnis von Aufwand und Zeit. Themen, von Heimann,

Otto und Schulz definiert als Inhalte und Gegenstände von Unterricht, sind deshalb bei schwer- oder fehlhörigen Schülern bestimmt von besonderen, spezifischen Überlegungen, wenn gleichwertige Schulabschlüsse erreicht werden wollen. Der erhöhte Einsatz von Konzentration läßt die Vermittlung der quantitativ gleichen Inhalte, die in der allgemeinen Schule gefordert werden, nahezu unmöglich erscheinen. Ding spricht daher von der Notwendigkeit der Reduktion von Unterrichtsinhalten, ohne die vorgegebenen Ziele zu vernachlässigen.

Spätestens die weiteren, im Berliner Modell genannten Grundkategorien, die Methoden und Verfahren zur Bewältigung der Intentionen und Themen beschreiben sowie Medien und Mittel zum Erwerb von Kenntnissen, Fähigkeiten und Fertigkeiten, verdeutlichen, wie weit didaktische und methodische Überlegungen ineinander verzahnt sind. Vorausgehend beschriebene Planungen sind dabei als unabdingbare Basis für weitergehende methodische Überlegungen zum Bildungsangebot zu sehen.

In Abhebung von dem beschriebenen Modell läßt sich die Notwendigkeit vorausgehender Planungen auch übertragen auf einen heute zunehmend schülerzentrierten projekt- und handlungsorientierten Unterricht, in dem in offenen Unterrichtsformen selbstentdeckende und selbstgesteuerte Lernprozesse der Schüler präferiert werden. Die hier notwendige Interaktion und die damit zwangsläufig verbundene, vom Individuum gesteuerte Kommunikation ist gerade bei hörgeschädigten Kindern neben der aktiven Auseinandersetzung mit dem unterrichtlichen Gegenstand als Chance zur Entfaltung von Begabungen und Entwicklung von Strategien im sozialen Gefüge zu sehen und weitergehend damit auch ein Schritt hin zur besseren Eingliederung in spätere gesellschaftliche und berufliche Strukturen.

3.3 Inhaltliche Schwerpunkte – Methodische Überlegungen

In der pädagogischen Literatur liegen umfassende Beschreibungen zum inhaltlichen und methodischen Vorgehen in Unterricht und Bildung vor. Die folgenden Aussagen beschränken sich deshalb auf wesentliche Aspekte einer spezifischen Schwerhörigenpädagogik, die sie vom allgemeinen Bildungswesen abheben.

Die grundsätzliche Diskussion um den Bildungsprozeß hörgeschädigter Kinder findet seit bereits über 200 Jahren in der Auseinandersetzung zwischen diametralen und in manchen Epochen unvereinbar erscheinenden Ansätzen statt. Für die relativ junge Disziplin der Schwerhörigenpädagogik, die vom hörenden Subjekt mit den beschriebenen Retardierungen und Zuordnungen ausgeht, stellt sich die Frage der methodischen Intervention in subtiler Form, die der ständigen Gefahr einer Verharmlosung der auditiven Einschränkung mit ihren möglichen sekundären Auswirkungen ausgesetzt ist.

Abgehoben von dem äußerst differenzierten Erscheinungsbild und spezifischen Entwicklungsstadien, die den Einsatz diverser Vorgehensweisen mehr oder minder wesentlich werden lassen, seien im folgenden heute tragende Methoden im Zusammenhang genannt.

Hör-, Sprech- und Spracherziehung sind als primäres Anliegen in einer auf das Wechselspiel von Verstehen und Verstandenwerden ausgerichteten Gesellschaft zu sehen. Das Hören an sich und speziell das Hören von Gesprochenem spielt dabei als Grundlage jeglicher sprachlichen Entwicklung die tragende Rolle; es ist der wesentliche Baustein einer subjektorientierten Spracherziehung, die sprechtechnische Momente dabei durchaus nicht vernachlässigt. Die Pädagogik für Kinder mit Schwer- oder Fehlhörigkeit befaßt sich mit der Förderung der vorhandenen Fähigkeiten, wobei pragmatische, semantische, syntaktische und artikulatorische Momente zu einem Netzwerk sinntragender Einheiten verflochten werden.

Ausgehend von der Tatsache, daß Kindern mit Hörbeeinträchtigungen, die intakte, funktionelle Hör- und Sprachzentren besitzen, die gleichen genetisch bedingten Anlagen zum Erwerb von Lautsprache zur Verfügung stehen wie guthörenden Kindern, müssen die Bereitschaft zum Hören und die sich daraus entwickelnden Fähigkeiten als Resultanten stimulierender und motivierender auditiver Beeinflussung gesehen werden.

Während die heute weitgehend anerkannte hörorientierte Lautspracherziehung, in weiterer Literatur auch bezeichnet als »unisensorische Methode« (vgl. Löwe 1991), »auditiv-verbale Methode« (Estabrooks 1994; Schmid-Giovannini 1996) oder »hörgerichteter Spracherwerb« (Diller 1991; Frerichs 1995), eine frühestmögliche Intervention bei Kindern mit Hörlosigkeit und hochgradiger Schwer- und Fehlhörigkeit vorsieht, die nahezu ausschließlich auf die Beeinflussung des auditiven Kanals gerichtet ist, sind bei Kindern mit noch vorhandenen, doch fehlerhaft wahrgenommenen Hörempfindungen im Bereich der Lautsprache zur Sicherung des auditiven Eindruckes zwingend visuelle Komponenten wie Absehen (s. u.), Mimik und Gestik in den Spracherwerbsprozeß einzubinden. Diese hörorientierte Lautspracherziehung kann nach der Prägung durch stabile auditive Eindrücke und dem Bewußtsein von sprechtechnischen Bewegungsmustern im Verlauf der kindlichen Entwicklung letztlich übergeführt werden in eine latent stattfindende sprech,- sprach- und handlungsorientierte Hörerziehung, die dennoch nicht zwingend entkoppelt sein muß von isolierten Hör- und Artikulationsphasen.

Das Absehen der Lautgestalten hilft, wie oben erwähnt, bei undeutlichem Höreindruck der zusätzlichen Gewinnung von Kriterien für die Absicherung der Wahrnehmung. Diese Lautsprachperzeption unterliegt jedoch immanenten Bedingungen, die eine klare Zuordnung des Gesprochenen zu seinem sichtbaren (absehbaren) Äquivalent nicht eindeutig erscheinen lassen. Ausgehend vom Lautbestand der deutschen Sprache lassen sich nach Alich (1960) nur 12 Kineme (= Absehgestalten) erkennen, die insgesamt 40 Phonemen gegenüberstehen. Diese quantitative Analyse bezieht sich jedoch nur auf die Erkennung bei isolierter Darbietung. Die Erkennbarkeit der Kineme wird zusätzlich wesentlich erschwert durch koartikulatorische Momente, die einzelne Absehgestalten während eines Sprechablaufs in Abhängigkeit von voraus- oder nachgestellten Lauten modifiziert erscheinen lassen. In der pädagogischen Praxis darf zudem nicht übersehen werden, daß die Fähigkeit, Lautgestalten abzusehen, im Zusammenhang zu interpretieren und in eine Gesamtwahrnehmung zu integrieren, Sprachbesitz bereits voraussetzt.

Treue (1991) weist auf die Notwendigkeit des Absehens in Zusammenhang mit der Ertaubung und Spätschwerhörigkeit Erwachsener hin. In der frühen Bildungsphase wird Absehen als Prinzip unterrichtlichen Handelns verstanden und beeinflußt damit ein gewohnheitsmäßiges, unverzichtbares Miteinander von auditiven und visuellen Eindrücken für das Verstehen von Lautsprache. Für Menschen, die erst im Erwachsenenalter betroffen werden, bedeutet Absehen jedoch eine neue, zusätzliche Herausforderung und ist doch unverzichtbar zur weiteren Teilhabe am Geschehen in der gewohnten gesellschaftlichen Umgebung.

Die Leistung, die beim Absehen von sprachlichen Gefügen erbracht werden muß, wird jedoch, wie erwähnt, nicht nur gesteuert durch die Fähigkeiten und Fertigkeiten der Empfänger dieser Informationen, sie kann auch wesentlich positiv beeinflußt werden durch die Eindeutigkeit der Aussage, die klare Strukturierung der Inhalte und die Überschaubarkeit der Satzgefüge von Seiten des Gesprächspartners. Einfache Sprache darf in diesem Zusammenhang jedoch nicht verwechselt werden mit unterentwickelter Sprache.

Im Unterricht hat die Sprache des Lehrers zudem die Funktion, selbst bei Kindern mit hochgradiger Hörbeeinträchtigung Kategorien sprachlichen Handelns besser erkennen zu lassen, und sie hat Vorbildfunktion, indem sie auf der sprachlichen Ebene der Schüler durch gezielte Vorgaben steuernd und korrigierend einer steten Erweiterung deren Kompetenz dient.

Sprachvermittlung darf jedoch nicht ausschließlich auf der verbalen Ebene gesehen werden. Auch der geschriebenen Lautsprache ist eine genuine Stellung im Spracherwerbsprozeß bei Kindern mit Hörbeeinträchtigungen einzuräumen. Aufgrund der prinzipiell und häufig tatsächlich gleichen syntaktischen, semantischen und lexikalischen Strukturen ist die Schriftsprache in der Lage, lautsprachliche Muster zu sichern, aber auch zu ergänzen (vgl. Günther 1982).

Inwieweit der Erwerb sprachlicher Fähigkeiten durch andere nonverbale Systeme unterstützt werden kann, wird von den Betroffenen selbst, aber auch von Eltern und Pädagogen weitgehend kontrovers diskutiert. Handzeichensysteme, die Lautsprachunterstützende Gebärde (LUG) und die deutsche Gebärdensprache (DGS) werden mit unterschiedlichen Intentionen und unterschiedlichen Zielrichtungen in die Erziehung und Bildung einbezogen.

Überwiegend akzeptiert wird der Einsatz von Handzeichensystemen, die wie

- das phonembestimmte Manualsystem (PMS) zur Unterstützung diakritischer Merkmale von lautsprachlichen Äußerungen und
- das graphembestimmte Manualsystem (GMS) zur Übermittlung von Eigennamen oder Fremdwörtern herangezogen werden.

Die LUG orientiert sich unter Einbeziehung gestischer und mimischer Elemente an den grammatischen Regeln der Lautsprache und stellt damit den Versuch einer wörtlichen Übertragung von lautsprachlichen Äußerungen in Gebärden dar. In Verbindung mit noch verbliebenen oder aktivierten Höreindrücken und der Möglichkeit des Absehens wird sie einerseits als Gewährleistung für die sichere Aufnahme sprachlicher Signale angesehen, andererseits jedoch abgelehnt aufgrund der Notwendigkeit einer ausschließlichen Orientierung an der gesprochenen Lautsprache, die als Garant für die Eingliederung in den »normalen« gesellschaftlichen Kontext gesehen wird. Befürworter des Einsatzes von lautsprachbegleitenden Gebärden gingen bereits zu Beginn der heute noch andauernden Diskussion davon aus, daß rein oral ausgerichtete Förderansätze den Begriffserwerb einschränken und einer optimalen kognitiven, sozialen und emotionalen Gesamtentwicklung entgegenwirken (vgl. Rammel 1989; Wisch 1990). Die von fehlenden Informationen und unzureichenden kommunikativen Möglichkeiten ausgehenden Defizite sehen Heeg und Müller (1994) auch in der eingeschränkten Interaktion von hörgeschädigten Menschen untereinander begründet.

Konzepte zur Verwirklichung von Fördermaßnahmen unter Berücksichtigung von LUG wurden ursprünglich für Kinder mit Hörlosigkeit entwickelt, werden aber heute trotz heftiger Kritik von Seiten einiger Eltern- und Lehrerverbände partiell auch an Einrichtungen für Kinder mit Schwer- oder Fehlhörigkeit in Frühförderung und Unterricht einbezogen. Wesentlich befürwortet werden derartige Ansätze vor allem von erwachsenen Betroffenen und deren Verbände (vgl. Hase 1997; Seidler 1997).

Die DGS, die als von der Lautsprache abgehobenenes eigenständiges Sprachsystem mit eigener Grammatik und eigenen syntaktischen Strukturen zu sehen ist, wird heute vorrangig im Rahmen von Erziehungs- und Bildungskonzepten für hörlose Schüler diskutiert (vgl. Kaul und Becker 1999) und soll deshalb hier nicht weiter aufgegriffen werden.

Der Diskussion über die Adäquatheit von Verfahren hat Voit (1998, 267) sehr treffend entgegengesetzt: »Es gilt nicht, im hörgeschädigtenpädagogischen Bezugsrahmen das Ideal der Eindeutigkeit durch das der multiplen Orientierung zu ersetzen, sondern bewußt Raum zu eröffnen und Rüstzeug zu geben für selbstmitverantwortete Lebensgestaltung.«

Unbestritten ist im Rahmen pädagogischer Betrachtungen die Notwendigkeit des Einsatzes von Hörtaktik. Dieser aus dem Dänischen entlehnte Begriff (vgl. Vognesen 1976) beschreibt sowohl Aspekte der Verständigung von Menschen mit Hörbeeinträchtigungen und Guthörenden als auch die Verständigung von Betroffenen untereinander. Hase (1989) erkennt dabei vier Komplexe, die als inhaltliche Argumente eingesetzt werden können. Stichpunktartig dargestellt sind dies

- Verhaltensweisen zur Verbesserung von Verständigung unter Ausnutzung trainierbarer Techniken,
- Stärkung des Selbstbewußtseins und (Wieder-)Finden von Selbstsicherheit,
- Bekenntnis zur eigenen Hörschädigung und Umsetzung der neu gewonnenen Identität in kommunikativen Situationen und
- Erfahrungsaustausch in der Kommunikation mit anderen Betroffenen, wobei neben der Thematisierung sozialer Fragen auch Techniken des Absehens und manuelle Hilfen eingeübt werden.

Hörtaktik ist somit eher zu sehen als Kommunikations- oder, nach der Terminologie von Hase, als Verständigungstaktik.

Dieser weitgehend auf die Situation Erwachsener bezogene Ansatz wird u. a. von v. Mende-Bauer, die selbst hörbeeinträchtigt ist, und Hintermair (1996) übertragen auf die Situation von Schulkindern und in einem eigenen Lehrplan modifiziert. Ein weiteres Modell zur Stabilisierung der Persönlichkeit hörgeschädigter Kinder und zur besseren Verständigung untereinander wird von Graf (1997) beschrieben. Im »Münchener Interaktionstraining« (MIT), das als Wahlpflichtveranstaltung im Rahmen der konträren Integration angeboten wird, setzen sich hörgeschädigte und guthörende Schüler gemeinsam mit dem Phänomen Schwerhörigkeit auseinander. Das pädagogische Konzept, das diesen Ansätzen zur Verständigung zugrunde liegt, geht von der Notwendigkeit aus, angepaßte, wenig adäquate, aber auch kräftezehrende Verhaltensmuster, die die Hörbeeinträchtigung verbergen helfen, abzubauen und Möglichkeiten erfahren zu lassen, die einen weniger beschwerlichen Umgang mit der Welt der Hörenden, aber auch hörgeschädigter Menschen untereinander erlauben.

Der Lehrplan der Hauptschulstufe der Schule für Schwerhörige in Bayern berücksichtigt mit der Aufnahme von Schwerhörigenkunde als fächerübergreifende Aufgabe inzwischen bereits wesentliche Elemente des sonderpädagogischen Förderbedarfs der Schüler. Der dreistufige Plan beinhaltet Fragen zu Formen und Ursachen der Beeinträchtigung ebenso wie Fragen zur technischen Versorgung, zu beruflichen Bildungsgängen, zu sozialen Hilfen und rechtlichen Problemen. Dabei sollen ausdrücklich alle Möglichkeiten zur Unterstützung und Verbesserung der Kommunikationsfähigkeit genutzt und Kontakte zu guthörenden Schülern gepflegt werden.

Der letzte Abschnitt dieses Kapitels führt wieder zurück zur Gestaltung von Unterricht. Der Visualisierung wird wie oben beschrieben eine weitgehend kompensatorische Wirkung bei Kindern und Erwachsenen mit Schwer- oder Fehlhörigkeiten zugesprochen. Die Effizienz von Anschauung ist dabei grundsätzlich abhängig vom ihrem kontextorientierten Einsatz und dem Grad ihrer Abstraktion, der auszurichten ist auf die individuelle Leistungsfähigkeit innerhalb der Bezugsgruppe. Alle genutzten Medien müssen sich dabei, analog den Kriterien, die im allgemeinen Unterrichtswesen gefordert sind, durch Prägnanz und Gestaltetheit auszeichnen (vgl. Renzelberg, 1993).

Audiovisuelle Medien, heute vorrangig Videofilme, die nur in äußerst geringem Umfang für den Unterricht an Schulen für Schwerhörige oder Gehörlose konzipiert (und dann evtl. auch mit Untertiteln versehen) sind, verlangen vom Lehrenden trotz beispielhafter Simulierung und Transformierung von Prozessen häufig cinc konsequente Aufarbeitung bezüglich der sachlogischen Strukturierung von Inhalten, verlangen zusätzliche Kommentierung und die Einbindung in ein aktives schülerzentriertes Geschehen.

Der große Markt multimedialer Anwendungen hat inzwischen längst auch die Bildungseinrichtungen für Hörbeeinträchtigte erreicht. Von einfach strukturierten Lernprogrammen zum Erwerb von Laut- und Schriftsprache, zur Sprech-, Hör- und Abseherziehung bis hin zu modular aufgebauten Systemen, die Verhaltensweisen trainieren und komplexe Vorgänge simulieren, besteht ein kaum noch überschaubares Angebot für Unterricht und Therapie. Die Programme erlauben im Idealfall neben zielgerichteter und tätig selbstverantwortlicher Steuerung vor allem den Zugang zu motivierenden, individuell abgestimmten Lernprozessen in angstfreier Umgebung und sind unter dieser Prämisse eingebunden in didaktische sinnvolle Unterrichtskonzepte als wertvolle Ergänzung zu tradierten Bildungsmethoden anzusehen.

4. Erziehungs- und Bildungswesen – Organisationsformen

Das Erziehungs- und Bildungswesen für Kinder, Jugendliche und Erwachsene mit Schwer- oder Fehlhörigkeiten in der Bundesrepublik Deutschland ist gekennzeichnet durch ein differenziertes System, das der Hoheit der Länder unterstellt ist. Umfassende Programme bieten in verschieden strukturierten Organisationsformen vor allem von der Früherziehung bis zur Hochschulreife Wege zur Bewältigung der mittelbaren und unmittelbaren Auswirkungen von Hörbeeinträchtigung an. Demgegenüber ist das Angebot an beruflichen Ausbildungsstätten mit spezifischen Fördermöglichkeiten weniger vielfältig ausgebaut. Die Weiterbildung und Rehabilitation für erwachsene Betroffene findet zunehmend Beachtung; sie ist in ständigem Aufbau begriffen.

4.1 Frühförderung

Der Frühförderung fällt vor allem im Hinblick auf die zu erwerbenden kommunikativen Fähigkeiten die tragende Bedeutung im Entwicklungsprozeß zu. Anzustreben ist hier eine interdisziplinäre Zusammenarbeit von Ärzten, Beratungsstellen, Akustikern und erzieherischen Einrichtungen, die in enger Kooperation mit den Eltern individuelle Förderkonzepte entwickeln. Die Konzentration der Bemühungen richtet sich nach der Erfassung des kindlichen Hörvermögens primär auf die Aufklärung, Beratung und Ermutigung der Eltern, die während der Entwicklung des Kindes, vor allem in den ersten Lebensjahren, nicht nur entscheidend zu seiner sprachlichen Förderung beitragen, sondern wesentlich auch den Aufbau seiner emotionalen Gestimmtheit und kognitiven Entfaltung sowie seiner sozialen Stabilität prägen können.

Pädoaudiologische Beratungsstellen, die inzwischen nahezu jeder schulischen Einrichtung angegliedert sind und sich häufig aus deren pädagogischen Mitarbeitern zusammensetzen, übernehmen dabei neben vorwiegend pädagogischen und psychologischen Aufgaben, die in der Beratung und Betreuung des Kindes und seinem sozialen Umfeld zu sehen sind, auch die Erfassung und Kontrolle audiologischer Daten und die Aufstellung von Förderplänen. In teilweise enger Kooperation mit Hörgeräteakustikern wird hier größtenteils bereits die Überprüfung und Wartung von Hörgeräten vorgenommen. Auch der Kontakt zu audiologischen Einrichtungen an HNO-Kliniken, die u. a. bereits bei Neugeborenen durch neuere objektive Verfahren Hörschäden mit hoher Sicherheit erkennen können, stellt einen weiteren wesentlichen Beitrag zu frühestmöglicher interdisziplinärer Förderung dar.

Nach der Erkennung des Hörschadens und der Versorgung des Kindes mit apparativen Hörhilfen kann die Hausfrüherziehung einsetzen. Diese meist von Gehörlosen- und Schwerhörigenpädagogen aus der Pädaoaudiologischen Beratungsstelle übernommene Aufgabe dient in der ersten Phase vorrangig der Kontaktaufnahme mit den Eltern und der Abklärung des sozialen Umfeldes, um daraufhin entsprechende individuelle Konzepte zu einer gemeinsamen Förderung in der häuslichen Umgebung zu entwickeln. Die Konzepte beziehen sich sowohl auf die Entwicklung der Gesamtpersönlichkeit des Kindes bei spezifischer Unterstützung der Hör-, Sprech- und Sprachentwicklung als auch den Umgang mit Hörgeräten und weiteren technischen Hörhilfen (s. Kap. 5.2).

Ergänzend zur Hausfrüherziehung werden von vielen schulischen Einrichtungen Kurse für Eltern und Kindern angeboten. Dieses, in der fachpädagogischen Literatur nach Wiechmann (1971) »Wechselgruppen« genannte Angebot findet ambulant oder stationär ein- oder mehrtägig in Zeitabständen von einigen Wochen bis zu mehreren Monaten statt. Ermöglicht wird dadurch die Kontaktaufnahme und der Austausch von Erfahrungen zwischen den Eltern und häufig erste soziale Beziehungen von Kindern mit Hörbeeinträchtigungen untereinander. Zudem wird in vielen Fällen eine weitergehende diagnostische Erfassung unter medizinischen, audiologischen, psychologischen und pädagogischen Gesichtspunkten durchgeführt.

Etwa ab dem dritten Lebensjahr können Kinder mit Hörschädigungen in (Sonder-) Kindergärten aufgenommen werden. Kennzeichnend für die besonderen Aufgaben dieser Einrichtungen sind die gezielte Förderung von Hören, Sprechen und Sprache wie auch die Vermittlung sozialer Verhaltensweisen und die Stärkung der Lernmotivation.

Anschließend kommt die Eingliederung in einen Sonderschulkindergarten (auch Schulvorbereitende Einrichtung (SVE)) in Betracht. Ziel dieser Maßnahme ist die Hinführung zur Schulreife und die Feststellung eines möglichen Förderbedarfs.

Die gemeinsame Förderung von Kindern mit und ohne Hörbeeinträchtigung wurde erstmals 1978 am Pfalzinstitut in Frankenthal modellhaft erprobt. Die positiven Erfahrungen dieser reversen Integration führten nicht nur zur Übernahme der Idee in andere Einrichtungen, sondern auch zur Weiterführung des Modells im schulischen Bereich (Walther 1992).

Eine besondere Herausforderung stellen Kinder mit Cochlea Implantat (vgl. Kap. 5.1) in der Früherziehung und Erziehung dar. In den meisten Fällen als physiologisch hörlos eingestuft, werden sie aufgrund ihres funktionellen Hörvermögens immer häufiger in Einrichtungen für schwer- oder fehlhörende Kinder oder auch in allgemeinen Einrichtungen gefördert. Sie bedürfen auch nach ersten (re-)habilitativen Maßnahmen, die größtenteils von den Cochlea-Implant-Zentren selbst geleistet werden, vor allem hinsichtlich ihrer sozialen und hörzentrierten Entwicklung einer weitergehenden intensiven Betreuung durch geschultes Fachpersonal. Trotz großer Anstrengungen von Seiten der Bildungseinrichtungen ist eine flächendeckende Förderung (noch) nicht gewährleistet.

4.2 Schulische Bildung

Die Beschulung von Kindern mit Schwer- oder Fehlhörigkeit richtet sich nach dem individuell festzustellenden Förderbedarf. Das Verfahren zur Feststellung dieses Förderbedarfs ist aufgrund der Kulturhoheit der Länder bundesweit nicht einheitlich geregelt, orientiert sich jedoch an den Empfehlungen des Deutschen Bildungsrates »zur pädagogischen Förderung behinderter und von Behinderung bedrohter Kinder und Jugendlicher« (1974) sowie an den Empfehlungen der Ständigen Konferenz der Kultusminister der Länder.

Nach Empfehlungen dieser Konferenz zum Förderschwerpunkt Hören vom 10.05.96 können »Hörgeschädigte Kinder mit Sonderpädagogischem Förderbedarf [...] allgemeine Schulen besuchen, wenn dort die notwendige sonderpädagogische Unterstützung sowie die sächlichen und räumlichen Voraussetzungen geschaffen werden können.« (Sekretariat der Ständigen Konferenz ... 1996, 20).

Die genannten Voraussetzungen beziehen sich dabei auf äußere Bedingungen wie die Möglichkeit des Absehens, günstige Raumakustik und die Ausstattung der Schüler mit »elektroakustischen und anderen technischen Hilfsmitteln« (a.a.O., 21). Hingewiesen wird auch auf die notwendige sonderpädagogische Befähigung der Lehrkräfte und Formen der Kooperation zwischen allen beteiligten Fachkräften. Betont ist auch die Einbeziehung individueller behinderungsspezifischer Inhalte in den Unterricht.

Der Anteil von Kindern mit Hörbeeinträchtigung, die 1996 gemeinsam mit Kindern ohne weitere Beeinträchtigung unterrichtet wurden, wird unter Berücksichtigung der Dunkelziffer und fehlender Angaben aus einigen Bundesländern von Frerichs (1996, 103) mit etwa 40 Prozent beziffert. Das Bildungsangebot reicht dabei von der Einzelintegration in der Unterstufe bis zur Gruppenintegration in der gymnasialen Oberstufe. Unterstützung finden die Einrichtungen im Rahmen des regelschulbegleitenden Dienstes (auch: ambulante Förderung oder mobiler Dienst) durch ausgebildete Sonderpädagogen, die den Kollegen an den allgemeinen Einrichtungen beratend oder den Unterricht begleitend stundenweise zur Verfügung stehen. Die Aufgabe dieser »Ambulanzlehrer« besteht auch in der Übernahme von Einzelfördermaßnahmen, in der diagnostischen Abklärung und der Kontaktaufnahme mit Akustikern und Medizinern. Das System ist z. Zt. jedoch noch nicht bedarfsdeckend ausgebaut.

Oben genannte Zahlen vorausgesetzt, kann davon ausgegangen werden, daß der Großteil der hörgeschädigten Kinder an Sondereinrichtungen unterrichtet wird. In den Empfehlungen zum Förderschwerpunkt Hören wird dabei von Kindern und Jugendlichen »mit den Förderschwerpunkten im Bereich des Hörens, der auditiven Wahrnehmung, des Spracherwerbs, der Kommunikation sowie des Umgehen-Könnens mit einer Hörbeeinträchtigung [ausgegangen], deren Förderung in allgemeinen Schulen nicht ausreichend gewährleistet werden kann« (Sekretariat der Ständigen Konferenz ... 1996, 22).

Schulen für Kinder mit Schwer- oder Fehlhörigkeit in Deutschland sind vielfältig strukturiert. Sie untergliedern sich in

- eigenständige Schulen, die teilweise von der Frühförderung bis zu weiterführenden Schulformen voll ausgebaut sind,
- ein kooperatives System mit Abteilungen, die organisatorisch getrennt sind nach verschiedenen Beeinträchtigungen (Schwer-

hörigkeit, Gehörlosigkeit, Sprachbehinderung, Körperbehinderung), jedoch einer gemeinsamen Verwaltung unterstehen und
- »Schulzentren für Hör- und Sprachbehinderte«, die partiell gemeinsamen Unterricht von Schülern mit verschiedener Beeinträchtigung bei möglichst weitgehender Durchlässigkeit des Systems präferieren.

Für die »sonderpädagogische Förderung im Rahmen von Sonderpädagogischen Förderzentren« wird auf regionale und überregionale Einrichtungen verwiesen, die »neben dem Förderschwerpunkt Hören auch andere Förderschwerpunkte einbeziehen«. Sie sollen präventive, integrative, stationäre und kooperative Formen sonderpädagogischer Förderung »möglichst wohnortnah und fachgerecht« sicherstellen (a.a.O., 23).

Kinder mit Mehrfachschädigungen, hier Kinder mit Schwer- oder Fehlhörigkeit und einer oder mehreren zusätzlichen Beeinträchtigungen, werden bundesweit in eigenen Klassen an spezifischen Einrichtungen oder auch eigenständigen Einrichtungen unterrichtet. Für schwerst mehrfachbehinderte Kinder mit Hörbeeinträchtigungen besteht die Möglichkeit der Betreuung jedoch nur in einigen wenigen Einrichtungen kirchlicher oder privater Träger.

4.3 Berufliche Bildung

Ausführliche Darstellungen möglicher beruflicher Bildungswege für Jugendliche und junge Erwachsene mit Hörbeeinträchtigungen wurden seit Anfang der 90er Jahre vor allem von der Forschungsstelle Heidelberg unter der Leitung von Schulte vorgelegt (s. u. a. Vetter et al. 1982; Schulte und Strauß 1983; Schulte 1991).

Zusammenfassende Studien lassen für Jugendliche und junge Erwachsene mit Schwer- oder Fehlhörigkeit drei mögliche Wege in die Berufswelt erkennen, wobei Ausbildungsbetrieb und Berufsschule grundsätzlich als verschiedene Lernorte anzusehen sind (s. auch Renzelberg und Freiwald 1998).

In der allgemeinen dualen beruflichen Ausbildung werden Jugendliche und junge Erwachsene mit Schwer- oder Fehlhörigkeit nach abgeschlossener Haupt- oder Realschule zusammen mit guthörenden Auszubildenden gemeinsam in entsprechenden Betrieben ausgebildet und in allgemeinen Berufsschulen unterrichtet. Die Ausbildung orientiert sich dabei an der Praxis und fördert gleichzeitig die Integration. Hörgeschädigtenspezifische Maßnahmen sind dabei nicht vorgesehen.

Eine modifizierte Form der dualen beruflichen Ausbildung ist in einem anderen System zu sehen, in dem Jugendliche und junge Erwachsene mit Schwer- oder Fehlhörigkeit nicht an der allgemeinen Berufsschule, sondern an berufsbildenden Einrichtungen unterrichtet werden, die an allgemeinbildende Einrichtungen für Hörgeschädigte angeschlossen oder in diese integriert sind. Der Unterricht findet dabei in Block- oder Teilzeitunterricht statt. Spezifische Fördermaßnahmen werden hier ähnlich wie im schulischen Sektor berücksichtigt. Auch diese Ausbildung ist praxisnah und findet in der betrieblichen Realität statt. Bei Blockunterricht kann jedoch eine zeitgleiche Ausbildung nicht gemeinsam mit den gut hörenden Auszubildenden stattfinden. Die Palette des Ausbildungsangebotes ist allerdings, bis auf das Zentrum in Essen mit über 100 angebotenen Ausbildungsberufen, äußerst begrenzt.

Die integrierte duale Berufsausbildung findet in einem Berufsbildungswerk (BBW) statt, das auf eine enge Verzahnung von praktischen und theoretischen Anteilen der Ausbildung zielt und zudem psychologische, audiologische und sozialpädagogische Dienste anbietet. Ausbildungsstätten und Berufsschule liegen dabei häufig in räumlicher Nähe oder sind sogar im gleichen Gebäude untergebracht. In Deutschland gibt es derzeit fünf Berufsbildungswerke, die Jugendliche und junge Erwachsene mit Schwer- oder Fehlhörigkeit aufnehmen, wovon drei ausschließlich auf Hör- und Sprachgeschädigte ausgerichtet sind. Die Ausbildung ist an der Praxis orientiert und ermöglicht zudem individuelles Eingehen auf den einzelnen durch die Arbeit in kleinen Gruppen. Im Unterricht können spezifische Hilfen eingesetzt werden. Das Ausbildungsangebot differiert je nach Ausbildungsstätte, bietet jedoch jeweils etwa 20 bis 30 Ausbildungsberufe in verschiedenen Berufsfeldern an.

4.4 Fort- und Weiterbildung

Auch in der Fort- und Weiterbildung zeichnet sich das Forschungszentrum Heidelberg durch systematische Recherchen aus.

Der 1997 erschienene Symposionbericht zur »Verbesserung der beruflichen Weiterbildung für gehörlose und schwerhörige Erwachsene« dokumentiert u. a. derzeit initiierte und laufende Maßnahmen (Schulte et al.). Das insgesamt uneinheitliche Förderangebot weist jedoch deutliche gebiets- und fachbezogene Lücken vor allem für schwer- und fehlhörige Menschen auf. Die Angebote zur Anpassungs- und Aufstiegsfortbildung, aber auch die zur arbeitsplatzbezogenen Information und Kommunikation sowie zur Fortbildung nach Schwerbehindertengesetz werden nahezu ausschließlich für Erwachsene mit Hörlosigkeit ausgewiesen. Auch die Weiterbildungsangebote der Volkshochschulen, Hörbehindertenzentren und -verbände folgen weitgehend diesem Tenor. Möglicherweise ist darin jedoch auch wieder die Frage nach der Definition der Hörbeeinträchtigung zu stellen.

4.5 Rehabilitation Erwachsener

Die institutionelle Rehabilitation von Erwachsenen mit Hörbeeinträchtigung ist eine noch sehr junge Disziplin, für die, trotz ihrer außerordentlichen Bedeutung, nur wenige Einrichtungen zur Verfügung stehen.

Im Hinblick auf die von Hörschädigungen ausgehenden möglichen Folgeerscheinungen wurde 1983 in Rendsburg nach dänischem Vorbild eine Einrichtungen für Erwachsene aufgebaut, die in mehrwöchigen Kursen zur Förderung der Kompetenz der Teilnehmer im Umgang mit ihrer Beeinträchtigung beitragen soll, um letztlich Voraussetzungen für eine erfolgreiche (Re-) Integration in die berufliche Umgebung bewußt zu machen. Mit Inhalten wie Abseh- und Hörtraining, Stimm-, Sprech- und Sprachpflege, Kommunikationshilfen, Hörtaktik, öffentlichen und rechtlichen Fragen verfolgen diese Kurse Ziele, die zur Begrenzung der Schädigung, dem Abbau der Lebenserschwerung und der Bewältigung von Behinderung dienen können (vgl. Claußen 1988).

Auch Kliniken in Bad Berleburg und Bad Grönenbach widmen sich der Rehabilitation von Menschen mit Hörbeeinträchtigungen. In eigens konzipierten Abteilungen wird dort versucht, den möglichen psychischen und psychosomatischen Begleiterscheinungen durch Einzelberatung, psychotherapeutische Gruppentherapie und diverse Entspannungsverfahren entgegenzuwirken.

Verstärkt psychiatrische Behandlung bietet eine Klinik in Lengerich und eine Abteilung am Bezirkskrankenhaus Erlangen an.

Ein völlig neues Konzept steht inzwischen am Anfang seiner Entwicklung. In einem Pilotprojekt soll bis zum Jahr 2001 erforscht werden, mit welchen Methoden Menschen mit Hörproblemen, die noch nicht auf Hörgeräte angewiesen sind, sicheren Zugang zu ihrer akustischen Umwelt finden können. Kommunikationstrainer und -trainerinnen sollen dann künftig diese Aufgabe übernehmen (vgl. Mansholt 1999).

5. Technische Hilfen

5.1 Apparative Hörhilfen

Die heutigen Erfolge einer effektiven Hör- und Sprachvermittlung sind ohne die Versorgung mit apparativen Hörhilfen nicht denkbar. Eine breite Palette von Geräten mit verschiedensten Strategien eröffnet den individuellen Zugang auf spezifische Störungsbilder. Eine grundsätzliche Typisierung läßt folgende Kategorien erkennen:

- Hörgeräte verwandeln den Schall in elektrische Signale und wandeln diese nach entsprechender Verarbeitung und Verstärkung wieder zurück in Schall.
- Cochlea Implantate leiten den Schall an einen Sprachprozessor, der diesen kodiert und an eine Sendespule weiterleitet. Die Sendespule überträgt die Signale an einen Empfänger unter der Haut, der sie weiterleitet an eine oder mehrere Elektroden. Diese Elektroden sitzen auf einem Elektrodenträger, der direkt in die Schnecke eingeführt ist, und können somit die vorhandenen Hörnerven stimulieren.
- Neben Hörgeräten und Cochlea Implantaten sind elektronische Hörhilfen im Stadium der Entwicklung, die ganz oder teilweise implantiert werden. Der Verstärker ist dabei im Mittelohr fixiert. Auch hier wird der Schall zuerst in elektrische Signale umgewandelt, anschließend jedoch in Form mechanischer Schwingungen direkt an das Innenohr weitergeleitet.

Bei Kindern mit Schwer- oder Fehlhörigkeit hat sich in der Praxis die Versorgung mit Geräten bewährt, die hinter dem Ohr (HdO) getragen werden. Zum einen ist bei Kleinkindern aufgrund des schnellen Wachstums der Ohrmuschel und des äußeren Gehörgangs eine häufige Erneuerung der Ohrpaßstücke erforderlich, zum anderen können an ein HdO-Gerät zusätzliche Systeme angeschlossen werden, wie Mikrophone, FM-Anlagen oder andere kommerzielle Medien. FM-Anlagen, die über Ultrakurzwellen eine direkte drahtlose Verbindung zwischen Sender und Empfänger herstellen, werden vorwiegend von schwer- oder fehlhörenden Kindern genutzt, die den Unterricht an einer allgemeinen Schule besuchen.

HdO-Geräte können mit einem Spezialwinkel auch an Brillen montiert werden. Außer bei einer kombinierten Hör- und Sehbeeinträchtigung sind diese Hörbrillen auch z. B. indiziert bei einem nicht angelegten Gehörgang; dann jedoch statt mit einem Luftschallwandler mit einem Vibrator als Knochenschallwandler versehen.

Grundsätzlich können bei Hörbeeinträchtigungen, die eine Versorgung mit HdO-Geräten nicht zulassen, Knochenleitungshörgeräte verordnet werden. Für Kinder wird das gesamte System dabei häufig in ein Stirnband integriert, da es direkt am Schädelknochen zu tragen ist. Eine besondere Form von Knochenleitungshörgeräten stellen knochenverankerte Hörgeräte dar, bei der das Hörgerät an eine Titanschraube angekoppelt wird, die in das Mastoid eingelassen wird. Knochenleitungshörgeräte verfügen allerdings nicht über die gleiche Verstärkungsleistung wie HdO-Geräte.

Taschengeräte werden heute vorwiegend bei stark motorisch eingeschränkten, mehrfachbehinderten Kindern verordnet und wenn eine sehr hohe Verstärkung angezeigt ist, da der große Abstand von Hörer und Mikrophon das Sprachverständnis ebenso ungünstig beeinflußt wie die durch Reiben an der Kleidung hervorgerufenen Nebengeräusche.

Geräte, die im Ohr (IO), genauer in der Ohrmuschel oder nur im Gehörgang zu tragen sind, werden aufgrund der bereits erwähnten Problematik selten für Kinder verordnet. Zudem können nur gering- bis mittelgradige Hörbeeinträchtigungen damit ausgeglichen werden.

Kinder mit hochgradigen Fehl- oder Schwerhörigkeit werden heute zunehmend bereits im prälingualen Stadium mit einem Cochlea Implantat versorgt. Dieser sehr frühe Zeitpunkt ist begründet durch den günstigen Einfluß auf den Spracherwerbsprozeß, da somit die sensiblen Phasen der Hörbahnreifung in den ersten beiden Lebensjahren ausgenutzt werden können. Voraussetzung für eine Indikation sind neben der wesentlichen Abklärung psycho-sozialer Aspekte und der nachgehenden Betreuung ausreichend intakte Hörnervenfasern.

Mit o. g. neuesten Entwicklungen wird versucht, über Vibratoren direkt das Mittelohr oder das Innenohr zu stimulieren und damit einige Nachteile konventioneller Hörgeräte wie z. B. Klangverzerrungen oder akustische Rückkopplung zu vermeiden.

Die Systeme lassen sich, wie folgt kategorisieren:

- Mittelohrimplantate zum Ausgleich von Schalleitungsschwerhörigkeiten (Typ I), die mikromechanische Vibrationen vom Schädelknochen zum Mittelohr leiten (vgl. Probst 1997).
- Mittelohrimplantate zum Ausgleich von mittelgradigen Innenohrstörungen (Typ II), die akustische Signale vom Mikrophon, das hinter dem Ohr oder im äußeren Gehörgang eingesetzt ist, übertragen auf ein Implantat im gesunden Mittelohr. Das Implantat leitet die Impulse in Form mechanischer Vibrationen direkt an das Innenohr weiter (vgl. Probst 1997).

Nachstehende Abbildung gibt einen Gesamtüberblick über die Zuordnung von apparativen Hörhilfen zu den primär angeregten Regionen des Hörsystems.

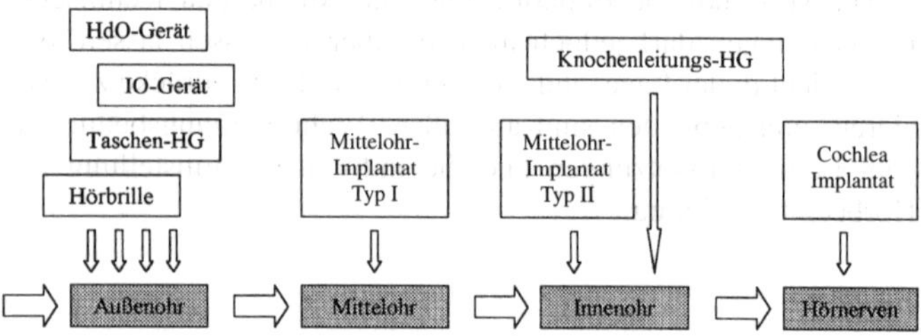

Abb. 4: Zuordnung von apparativen Hörhilfen zu den primär angeregten Regionen

5.2 Technische Hilfen im Alltag

Einige weitere technische Hilfen ermöglichen die bessere Anbindung an akustische Gegebenheiten oder dienen vorwiegend auf optischer Basis der Übertragung von Alarmsignalen:

Induktionsschleifen erlauben bei HdO-Geräten mit Induktionsspule, die heute als gängiges Bauelement in die Mehrzahl der HdO-Geräte integriert sind, die Ankoppelung an räumlich weit entfernte Signalquellen. Sie finden ihren Einsatz vor allem in Vortragsräumen und Kirchen, können jedoch ebenso in der häuslichen Umgebung genutzt werden.

Die Induktionsspule gewährleistet zudem, vor allem in Verbindung mit anderen, z. T. von der Telecom angebotenen Verstärkersystemen die bessere Aufnahme von Sprachsignalen beim Telefonieren. Andere Systeme zur störungsfreien Übertragung von Nutzsignalen arbeiten drahtgebunden mittels galvanischer Ankoppelung oder drahtlos mittels Infrarot- oder UKW-Übertragung (s. o.).

Für den alltäglichen Gebrauch eignen sich des weiteren Wecksysteme auf der Basis von akustischen oder vibratorischen Signalen und Ruferkennungssysteme, die mittels Blitz- oder Blinkzeichen auf Telefon, Türklingel oder beispielsweise auch auf Babygeschrei reagieren.

Wenigstens erwähnt werden soll abschließend die nahezu gewohnheitsmäßige Nutzung von modernen technischen Kommunikationsmitteln wie Telefax und eMail. Zunehmend wird auch der Transfer kurzer Mitteilungen über sog. Pager genutzt.

Die verständliche Euphorie über die Nutzbarkeit technischer Entwicklungen darf jedoch nicht darüber vergessen lassen, daß diese nicht in der Lage sind, völlig normale Höreindrücke zu evozieren, und gebunden sind an äußere Wahrnehmungsbedingungen, Lernvoraussetzungen und die individuelle Einstellung zur Hörbeeinträchtigung.

6. Entwicklungstendenzen

Die Betrachtung der Schwerhörigenpädagogik unserer Tage läßt im Hinblick auf didaktisch-methodische Überlegungen und organisatorische Strukturen weitreichende Veränderungen erkennen. Diese sind bedingt durch die Erkenntnisse neurophysiologischer Forschung und moderner technischer Möglichkeiten zur Versorgung hörgeschädigter Menschen und der, in Abhebung von früher eher artikulationsorientierten Ansätzen, damit verbundenen stärkeren Hinwendung zum Hören. Aktuelle didaktisch-methodische Ansätze berücksichtigen zudem in ausgeprägtem Maß die Förderung von Kommunikations-, Sozial- und Handlungskompetenz und bereiten damit den Weg hin zu mehr Selbstbewußtsein und Selbstsicherheit der Betroffenen. Äußere Anzeichen des sich verändernden Systems sind bereits seit längerer Zeit in der Verschiebung der Schülerpopulation zu sehen. Nach ihrem physiologischen Hörvermögen ehemals eindeutig der Gehörlosenschule zugeordnete Kinder absolvieren heute nach effektiver Versorgung mit Hörhilfen und erfolgreicher Frühförderung häufig die Schwerhörigenschule; schwer- und fehlhörende Kinder werden, wie auch vereinzelt hörlose Kinder in großem Umfang in integrativen Systemen unterrichtet. Hier wie da besteht jedoch der Anspruch auf adäquate Vermittlung von Inhalten und Strukturen durch spezifische auf das Individuum ausgerichtete Fördermaßnahmen. Diese Situation erfordert ein Umdenken weg von den angestammten getrennten Einrichtungen für angeblich definierte Personengruppen hin zu einem offenen durchlässigen System, das versucht, den neuen Anforderungen gerecht zu werden. Voraussetzung dafür ist in Anlehnung z. B. an Konzepte in Großbritannien oder Neuseeland die Einrichtung von Instituten, die sowohl verschiedene Schultypen als auch verschiedene methodische Ansätze berücksichtigen und die Kooperation innerhalb des Systems gewährleisten. Theoretische Modelle und bereits vereinzelte Ansätze auch in Deutschland sehen hier im Rahmen von Schulzentren die Einbindung verschiedener Schularten für hörgeschädigte Kinder und Jugendliche selbst und die Einbindung von oder die Anbindung an allgemeine Schulen vor. Die Idee dieser grundlegenden Struktur wird bestärkt durch weitgehend positive Erfahrungen über die bereits institutionalisierte Eingliederung einzelner Klassen oder Gruppen von Schülern im Sinn reverser Integration, aber auch über die Eingliederung von Klassen mit sprachbegabten hörgeschädigten Schülern in allgemeine Einrichtungen. Der Übergang von Hauptschule zu Realschule, von Sonderschule zu allgemeiner Schule, von Klassen mit hörlosen zu Klassen mit schwer- oder fehlhörenden Schülern etc. wäre somit im Idealfall nicht einmal mit dem Wechsel des sozialen Umfelds verbunden. Diese weitgehende Flexibilität kann jedoch nur auf dem Hintergrund einer differenzierten Betrachtung intellektueller, auditiver und sprachlicher Fähigkeiten und der darauf ausgerichteten, intensiven Förderung gewährleistet werden. Günstige Voraussetzung hierfür bietet ein variables Angebot von rein lautsprachlich orientiertem Unterricht – auch in Abhängigkeit von den sprachlichen Anforderungen in den verschiedenen Fächern – oder unter Zuhilfenahme lautsprachunterstützender Gebärden ausgerichtetem Unterricht, von kooperativen Unterrichtsformen durch die Begleitung einer zweiten Lehrperson (im Idealfall die Kooperation eines schwerhörenden und eines hörenden Pädagogen) und die individuelle Unterstützung bei spezifischen Problemen durch Psychologen, Sprachbehindertenpädagogen oder Logopäden, Motopäden u. a. Bei weitestgehender Offenheit des Systems können dadurch die Spezifika des Unterricht für schwer- oder fehlhörende Schüler erhalten bleiben.

Die zunehmende Einzelintegration von Kindern mit guter (hör-)sprachlicher Entwicklung erfordert auf pädagogischer Seite neue Bildungskonzepte, die neben der Begleitung und Unterstützung der Schüler den wesentlichen Schwerpunkt auf die beratende Tätigkeit des Ambulanzlehrers legen. Allein die Ermittlung des individuellen Förderbedarfs verlangt die vertrauensvolle Zusammenarbeit mit den Eltern und den Kollegen der allgemeinen Schulen. Bereits im Ansatz darf dabei die wesentliche Gefahr einer sozialen Isolation im gemeinsamen Unterricht nicht unterschätzt werden. Maßnahmen zur Information und Sensibilisierung der guthörenden Schüler sind deshalb in entsprechende Förderpläne ebenso einzubeziehen wie Möglichkeiten zum Kontakt mit anderen hörgeschädigten Kindern.

Die Problematik im berufsbildenden, vor allem aber im fort- und weiterbildenden Bereich ist wie in allen anderen Bereichen vorrangig in der kommunikativen Behinderung zu sehen. Immer noch erreichen selbst alltägliche Informationen gerade schwer- oder fehlhörende Menschen nur unzureichend oder überhaupt nicht; immer noch fühlt sich ein großer Prozentsatz vor allem im beruflichen Umfeld sozial isoliert, immer noch fehlt es im Vorfeld bereits an bedarfsorientierten Maßnahmen. Eine Vielzahl von Ansätzen ermöglicht auch heute noch bei weitem erst recht kein bedarfsdeckendes Angebot (vgl. Schulte et al. 1997).

Vor allem spätschwerhörende oder ertaubte Erwachsene erleben in der Konfrontation mit der neuen Situation, die unter Umständen verbunden ist mit Phasen von Existenzbedrohung, verstärkt die mangelnde Eingebundenheit in den soziale Kontext.

Ausgereifte Programme, vor allem zur Habilitation von Sprach- und Sprechfertigkeiten und zur Stabilisierung der Persönlichkeit, zum Gewinn eines neuen Selbstkonzepts und zum Erwerb neuer kommunikativer Fähigkeiten, werden heute in einigen Einrichtungen angeboten. In viel zu wenigen, wenn man auch hier dem Ziel näherkommen will, Rahmenbedingungen und Lernvoraussetzungen für alle hörgeschädigten Menschen zu schaffen.

Die Durchsetzung neuer Ideen, auch alleine der Erhalt bewährter Systeme wird zunehmend schwieriger in einer Zeit der finanziellen Restriktionen. Die Aufnahme und Realisierung neuer Entwicklungen, vor allem auch derjenigen, die auf stärker integrative Förderung zielen, dürfen insgesamt jedoch nicht zu einem Verlust an Spezifität führen. Es kann und darf nicht davon ausgegangen werden, daß die Entwicklungen zu Einsparungen im Bildungswesen führen oder daß diese Einsparungen gar zum Motor der Entwicklungen werden. Das überwiegende Wohlwollen auf politischer Ebene gilt es deshalb durch gemeinsame Aktionen von Pädagogen, Eltern und Betroffenen zu intensivieren; Aktionen, die abgehoben von methodischen Ausrichtungen orientiert sind an den Möglichkeiten der Förderung in einem flexiblen System.

Was bleibt ist die Frage nach qualifiziertem Lehrpersonal. In der Ausbildung zum Gehörlosen- oder Schwerhörigenpädagogen ist eine differenzierte Berücksichtigung der genannten Schwerpunkte bislang nicht vorgesehen. Tendenzen beschreiben jedoch eine stärkere Ausrichtung hin zu einer spezifischen Profilbildung bezüglich der unterschiedlichen Anforderungen in der schulischen und außerschulischen Praxis. Der lange Weg der Umorientierung bahnt sich auch hier allmählich an.

7. Literatur

Ahrbeck, B.: Gehörlosigkeit und Identität. Hamburg 1992.

Alich, G.: Zur Erkennbarkeit von Sprachgestalten beim Ablesen vom Munde. Bonn 1960.

Behörde für Schule, Jugend und Berufsbildung S 24/1 vom 09.12.1998.

Biesalski, P.: Früherfassung in der Neugeborenenzeit und in der frühen Säuglingszeit. In: Sprache – Stimme – Gehör 15, 1991, 67–68.

Biesalski, P.; Frank, F.: Pädaudiologie. Phoniatrie und Pädaudiologie in 2 Bänden. Stuttgart 1994

Bleidick, U.: Pädagogik der Behinderten. Grundzüge einer Theorie der Erziehung behinderter Kinder und Jugendlicher. Berlin 1978.

Braun, A.: Hören als Lernproblem für resthörige Kinder im Vorschulalter und Schulalter. Wissenschaftliche Beiträge aus Forschung, Lehre und Praxis zur Rehabilitation Hörgeschädigter. WB XI. Kettwig 1969.

Breiner, H.: Erarbeitung der äußeren Seite der Sprache und kommunikative Hilfsmittel. In: Handbuch der Sonderpädagogik – Pädagogik der Gehörlosen und Schwerhörigen. Berlin 1982, 141–163.

Breiner, H.: Die Gemik – Sprechgebundene motorische Ausdruckserscheinungen im Sinnesvikariat. In: Breiner, H. (Hrsg.): Neue Wege lautsprachlicher Förderung bei Hörsprachbehinderten. Frankenthal 1986, 91–154.

Breiner, H.: Hilfen für Hörgeschädigte in Orientierung an den sensorischen Bedingungen. In.: Jussen, H.; Claußen, W. H. (Hrsg.): Chancen für Schwerhörige – Hilfen aus internationaler Perspektive. München, Basel 1991, 230–249.

Claußen, W. H.: Das Seminar für Schwerhörige und Ertaubte in Rendsburg – Ergebnisse einer wissenschaftlichen Begleitung und daraus zu ziehende Folgerungen. In: Arbeitsgemeinschaft der Hörgeschädigten-Selbsthilfegruppe im DSB. Rendsburger Jahrestreffen 19.–25. August 1988. Rendsburg o. J., 46–58.

Claußen, W. H.: Schwerhörigenpädagogik. In: Bleidick, U. u. a. (Hrsg.): Einführung in die Behindertenpädagogik II. Stuttgart 1995, 9–42.

Deutsche Tinnitus-Liga: Tinnitus. Informationsbroschüre 1998.

Deutscher Bildungsrat: Empfehlungen zur pädagogischen Förderung behinderter und von Behinderung bedrohter Kinder und Jugendlicher. Stuttgart 1974.

Diller, G.: Hörgerichtete Spracherziehung in der Frühförderung gehörloser beziehungsweise hochgradig schwerhöriger Kinder unter Berücksichtigung neurologischer Erkenntnisse. In.: Jussen, H.; Claußen, W. H. (Hrsg.): Chancen für Schwerhörige – Hilfen aus internationaler Perspektive. München, Basel 1991, 250–257.

Ding, H.: Vorlesungen zur Schwerhörigenpädagogik. Hörgeschädigtenpädagogik. Beiheft 13. Heidelberg 1993.

Dornes, M.: Der kompetente Säugling. Die präverbale Entwicklung des Menschen. Frankfurt a. M. 1994.

Emmerig, E.: Bilderatlas zur Geschichte der Taubstummenbildung. München 1927.

Esser, G.: Zentrale Hör- und Wahrnehmungsstörungen. In: Plath, P. (Hrsg.): Zentrale Hörstörungen. Materialsammlung vom 7. Multidisziplinären Kolloquium der GEERS-Stiftung am 14. und 15. März 1994. Schriftenreihe GEERS-Stiftung Band 10, 11–33.

Estabrooks, W.: Auditory-Verbal Therapy for Parents and Professionals. Washington D. C., 1994.

European Consensus Development Conference on Neonatal Hearing Screening: Europäischer Konsens zum Neugeborenen-Screening. In: Plath, P. (Hrsg.): Frühe Erkennung und Behandlung von Hörschäden bei Säuglingen. Materialsammlung vom 9. Multidisziplinären Kolloquium der GEERS-Stiftung am 16. und 17. März 1998. Schriftenreihe GEERS-Stiftung Band 12, 212.

Fengler, J.: Hörgeschädigte Menschen. Beratung, Therapie und Selbsthilfe. Stuttgart 1990.

Frerichs, H. H.: Die ›Philosophie‹ der hörgerichteten Erziehung. In: Frerichs, H. H.; Neppert, J. M. H.: Grundlagen und Modelle für den Hörgerichteten Spracherwerb. Wissenschaftliche Beiträge aus Forschung, Lehre und Praxis zur Rehabilitation behinderter Kinder und Jugendlicher. WB XLII. Villingen-Schwenningen 1995.

Frerichs, H.H.: Integrative Förderung und Bildung schwerhöriger und hochgradig hörgeschädigter Kinder und Jugendlicher in Bildungseinrichtungen in der Bundesrepublik Deutschland. In: HÖRPÄD (2) 1996, 95–113.

Gross, M.: Das Deutsche Zentralregister für kindliche Hörstörungen. In: Bundesgemeinschaft der Eltern und Freunde hörgeschädigter Kinder e. V. (Hrsg.): Mitteilungen (5) 1994, 27–33.

Gross, M. et al.: Deutsches Zentralregister für kindliche Hörstörungen. In: Deutsches Ärzteblatt 1–2, 1999, B 32–35.

Gross, M.: Möglichkeiten und Grenzen der Früherkennung kindlicher Hörstörungen. In: Plath, P. (Hrsg.): Frühe Erkennung und Behandlung von Hörschäden bei Säuglingen. Materialsammlung vom 9. Multidisziplinären Kolloquium der GEERS-Stiftung am 16. und 17. März 1998. Schriftenreihe GEERS-Stiftung Band 12, 96–106.

Günther, K. B.: Schriftsprache bei hör- und sprachgeschädigten Kindern. Heidelberg 1982.

Hase, U.: Verständigung/Hörtaktik. In: Claußen, W. H.; Schuck, K. D.: Pädagogische Hilfen für schwerhörige und ertaubte Menschen. Ein Forschungsbericht. Band 2: Inhalte und Methoden. Gesundheitsforschung Band 179. Der Bundesminister für Arbeit und Sozialforschung (Hrsg.). Bonn 1989. 11–32.

Hase, U.: Erwartungen von Eltern und Betroffenen an die Hörgeschädigten-Pädagogik. In: HÖRPÄD (5) 1997, 306–311.

Heimann, P.; Otto, G.; Schulz, W.: Unterricht, Analyse und Planung. Hannover 1965.

Hellbrück, J.: Hören. Physiologie, Psychologie und Pathologie. Göttingen 1993.

Hildmann, A.: Frühe Erkennung und Progredienz der frühkindlichen Schwerhörigkeit. In: Plath, P. (Hrsg.): Frühe Erkennung und Behandlung von Hörstörungen bei Säuglingen. Materialsammlung vom 9. Multidisziplinären Kolloquium der GEERS-Stiftung am 16. und 17. März 1998. Schriftenreihe GEERS-Stiftung Band 12, 70–85.

Hintermair, M.; Voit, H.: Bedeutung, Identität und Gehörlosigkeit. Hörgeschädigtenpädagogik Beiheft 26, Heidelberg 1990.

Heeg, P.; Müller, J.: Schwerhörige und Gebärden. In: forum (1) 1994, 12–14.

Kaul, Th.; Becker, C.: Gebärdensprache in Erziehung und Unterricht – konzeptlose Praxis oder praxisbezogenes Konzept? In: Kaul, Th.; Becker, C. (Hrsg.): Gebärdensprache in Erziehung und Unterricht. Theorie und Praxis 2. Hamburg 1998. 8–19.

Kellermann, G.: Die auditive Wahrnehmungsfähigkeit Gehörloser. Eine empirische Datenerhebung zur auditiven Wahrnehmung und kompensatorischen Arbeitsweise mit einer Hörschädigung. Wissenschaftliche Hausarbeit zur ersten Staatsprüfung für das Lehramt an Sonderschulen. München 1999 (unveröffentlicht).

Kröhnert, O.: Geschichte. In: Jussen, H.; Kröhnert, O. (Hrsg): Handbuch der Sonderpädagogik – Pädagogik der Gehörlosen und Schwerhörigen. Berlin 1982, 47–77.

Krug, E.: Charakter und Schwerhörigkeit. Heidelberg 1993.

Kruse, M.; Kiefer-Paehlke, H.: Schwerhörigkeit. Probleme der Identität. Hörgeschädigtenpädagogik Beiheft 23, Heidelberg 1988.

Langner, G.; Wallhäuser-Franke, E.: Das Phantomgeräusch Tinnitus ist eine Störung der Informationsverarbeitung im Gehirn. In: thema FORSCHUNG 1 (1998), 124–131.

Lehnhardt, E.: Praxis der Audiometrie. Stuttgart 1996.

Lenarz, Th: Epidemiologie. In: Feldmann, H. (Hrsg.): Tinnitus. Grundlagen einer rationalen Diagnostik und Therapie. Stuttgart 1998, 77–83.

Liberman, A. M. et al.: A Motor Theory of Speech Perception. In: Proc. Speech Communication Seminar (II) 1962. Stockholm 1963.

Löwe, A.: Hörerziehung für hörgeschädigte Kinder. Heidelberg 1991.

Mansholt, F.: Kommunikationstrainer(innen). In: Hörakustik (1) 1999, 30–32.

von Mende-Bauer, I.; Hintermair, M.: Schulische Angebote zur Auseinandersetzung mit der Hörschädigung in der Schwerhörigenschule. In: hörgeschädigte Kinder (3) 1996, 100–114.

Plath, P.: Medizinische Aspekte der Gehörlosigkeit und Schwerhörigkeit. In: Jussen, H.; Kröhnert, O. (Hrsg): Handbuch der Sonderpädagogik – Pädagogik der Gehörlosen und Schwerhörigen. Berlin 1982, 549–572.

Plath, P.: Das Hörorgan und seine Funktion. Berlin 1992.

Plath, P.: Lexikon der Hörschäden. Heidelberg 1993.

Probst, R.: Eine neue Generation aktiver Hörimplantate. In: HNO (10) 1997. 738–740.

Ptok, M.: Das schwerhörige Kind. In: Deutsches Ärzteblatt 94, Heft 28/29, 1997, B 1558–1563.

Rammel, G.: Lautsprachbegleitende Gebärden in der pädagogischen Praxis. Emden 1989.

Renzelberg, G.: Taktile Analoge. Frankfurt a. M. 1992.

Renzelberg, G.: Das, was so schrecklich einfach ist. In: Tagungsbericht zur Jahrestagung der Arbeitsgemeinschaft für AV-Mediendidaktik und AV-Medienforschung bei Hörgeschädigten e. V. in Münster 1993, 25–39.

Renzelberg, G.: Grundsatzreferat zum Thema Multimedia und Gehörlose. In: Dokumentation der Fachtagung des Arbeitskreises Multimedia für Hörsprachgeschädigte. Augsburg 1998. 29–37.

Renzelberg, G.; Freiwald, U.: Wege hörgeschädigter Jugendlicher zum Berufsziel Technischer Zeichner/Technische Zeichnerin in Norddeutschland. In: hörgeschädigte kinder (2) 1998, Sonderbeilage (20 Seiten).

Richtberg, W.: Die psycho-soziale Situation Schwerhöriger und Ertaubter. In: DSB Report (5) 1996, 4–9; (6) 1996, 4–9.

Schmid-Giovannini, S.: Hören und Sprechen. Meggen 1996.

Schuck, K. D.: Sonderpädagogischer Förderbedarf – Profilbildung sonderpädagogischer Einrichtungen in einer sich verändernden Schullandschaft. In: forum (6) 1998, 12–23.

Schumann, P.: Geschichte des Taubstummenwesens. Frankfurt a. M. 1940.

Schulte, K.; Roessler, H.; Ding, H.: Akusto-vibratorische Kommunikationshilfe. Wissenschaftliche Beiträge aus Forschung, Lehre und Praxis zur Rehabilitation Hörgeschädigter. WB VII. Kettwig/Ruhr 1969.

Schulte, K.; Strauß, Ch.: Daten zur beruflichen Bildung Hörgeschädigter – Untersuchungsergebnisse. In: Hörgeschädigtenpädagogik. Beiheft 12. Hörgeschädigte in Leben und Beruf. Bericht über die Bodenseeländertagung in Nürnberg 1983, 142–179.

Schulte, K.: Steil, aber bergauf! Die technologisierte Arbeitswelt als Herausforderung und Chance für schwerhörige junge Menschen. In: Bundesgemeinschaft der Eltern und Freunde schwerhöriger Kinder (Hrsg.): Tagungsbericht Arbeitstagung Oberwesel. 1991.

Schulte, K.; Strauß, Ch.; Lehmann-Tremmel, G.: Verbesserung der beruflichen Weiterbildung für gehörlose und schwerhörige Erwachsene. Symposionbericht. Wissenschaftliche Beiträge aus Forschung, Lehre und Praxis zur Rehabilitation Hörgeschädigter. WB XLV. Villingen-Schwenningen 1997.

Seidler, H.: Erwartungen der betroffenen Hörgeschädigten an die Hörgeschädigtenpädagogik In: HÖRPÄD (5) 1997, 312–315.

Sekretariat der Ständigen Konferenz der Kultusminister der Länder in der Bundesrepublik Deutschland: Empfehlungen zum Förderschwerpunkt Hören. Beschluß der Kultusministerkonferenz vom 10.05.1996.

Stanger, G.: Hörtest. In: TW Kopf Hals 2 (1992), 17–21.

Treue, S.: Notwendigkeit und Aufbau von Absehkursen für schwerhörige und ertaubte Erwachsene. In: Jussen, H.; Claußen, W. H. (Hrsg.): Chancen für Schwerhörige – Hilfen aus internationaler Perspektive. München, Basel 1991, 265–272.

Vetter, U. et al.: Daten zur beruflichen Bildung Hörgeschädigter. Informationen zur Struktur. WB XXVI. Villingen 1982.

Vognesen, S.: Hörbehindert. Wie Schwerhörige ihre Alltagsprobleme meistern. Heidelberg 1976.

Voit, H.: Multiple Sprachwelten – Selbstdeutungen Hörgeschädigter und ihre Relevanz für die Hörgeschädigtenpädagogik. In: Gogolin et al. (Hrsg.): Über Mehrsprachigkeit. Tübingen 1998.

Walther, M.: Gemeinsam im Kindergarten in Frankenthal. In: Breiner, H. (Hrsg.): Lautsprache und Integration für Gehörlose und Schwerhörige. Internationaler Kongreß Frankenthal. Frankenthal 1992, 231–236.

von Wedel, H.: Mittel der Erfassung, Methoden. In: Sprache – Stimme – Gehör (15) 1991, 68–69.

von Wedel, U.-Ch.; von Wedel, H.: Tinnitus und Menièrsche Krankheit als besondere therapeutische Herausforderung. In: Jussen, H.; Claußen, W. H. (Hrsg.): Chancen für Schwerhörige – Hilfen aus internationaler Perspektive. München, Basel 1991, 51–58.

Wendler, J. et al.: Lehrbuch der Phoniatrie und Pädaudiologie Stuttgart 1996.

Wiechmann, W.: Die Wechselgruppe. Eine Form stationärer Untersuchung und Erziehung hörgeschädigter Kleinkinder. Berlin 1971.

Wisch, F. H.: Lautsprache und Gebärdensprache. Hamburg 1990.

Wisotzki, K. H.: Gehörlosenpädagogik. In: Bleidick u. a. (Hrsg.): Einführung in die Behindertenpädagogik II, Stuttgart 1998, 31–56

Wisotzki, K. H.: Altersschwerhörigkeit. Stuttgart 1996.

Wood, P. L.: Veränderungen in der Lebensperspektive Hörgeschädigter. In: Jussen, H.; Claußen, W. H. (Hrsg.): Chancen für Schwerhörige – Hilfen aus internationaler Perspektive. München, Basel 1991, 93–97.

B. Sehbehindertenpädagogik

Waldtraut Rath

1. Sehbehindertenpädagogische Grundfragen

Für diejenigen, die sich einen Überblick über die Sehbehindertenpädagogik verschaffen wollen, stellen sich einige Grundfragen, beispielsweise:

- Welchen Gegenstand hat die Sehbehindertenpädagogik?
- Wie grenzt sich diese spezielle Pädagogik gegen andere pädagogische oder nichtpädagogische verwandte Disziplinen ab?
- Auf welche Zielgruppe bezieht sich Sehbehindertenpädagogik?

Ferner tauchen Fragen nach der Begriffsbestimmung von Sehbehinderung, der Kategorisierung nach Schweregraden, den Ursachen und der Häufigkeit des Auftretens von Sehschädigungen auf. Besondere Berücksichtigung finden pädagogische Aspekte der Sehschädigung und deren Folgen.

Die aufgegriffenen Fragen und deren Beantwortung spiegeln den aktuellen Diskussionsstand wider. Jedoch sind nicht alle Fragen zum augenblicklichen Zeitpunkt zufriedenstellend und eindeutig zu beantworten, geschweige denn endgültig zu klären.

1.1 Gegenstandsbereich der Sehbehindertenpädagogik

Der Gegenstandsbereich der Sehbehindertenpädagogik umfaßt Praxis und Theorie der besonderen Bedingungen des Lernens und der sozialen Eingliederung von Kindern, Jugendlichen und Erwachsenen, die in ihren Sehfunktionen beeinträchtigt sind, deren verbliebenes Sehvermögen jedoch zur Bewältigung von Lernprozessen eingesetzt werden kann. Die Sehbehindertenpädagogik hat sich als eigenständige behindertenpädagogische Fachrichtung konsolidiert, die vielfältige Beziehungen zu den übrigen behindertenpädagogischen Fachrichtungen sowie zu anderen Bereichen der Erziehungswissenschaft unterhält. Nichtpädagogische Disziplinen wie Augenheilkunde, Psychologie, Soziologie oder Rechtswissenschaft stehen in einem interdependenten Verhältnis zu ihr: Sie fungieren ebenso als Hilfswissenschaften der Sehbehindertenpädagogik wie sie sich dieser als Hilfswissenschaft bedienen. In neuerer Zeit hat sich für die wechselseitigen Beziehungen die Bezeichnung »kooperierende Nachbardisziplinen« durchgesetzt, da der Ausdruck »Hilfswissenschaft« häufig als grundsätzliche Zweitrangigkeit der damit bezeichneten Disziplin mißverstanden worden war.

Besonders eng korrespondiert die Sehbehindertenpädagogik mit der wesentlich älteren Blindenpädagogik, aus der heraus sich in einem mehr als hundert Jahre währenden Prozeß eine eigenständige sehbehindertenpädagogische Praxis und Theorie entwickelt hat (vgl. Mersi 1972, 35–44). Gemeinsam ist beiden Fachrichtungen, daß die jeweilige Zielgruppe Menschen mit beeinträchtigtem Sehvermögen sind, wobei idealtypisch zwischen einem Ausfall des Sehens im Fall der Blindenpädagogik und einem mehr oder weniger eingeschränkten Sehenkönnen im Fall der Sehbehindertenpädagogik unterschieden wird. In der Realität gelingt eine so deutliche Abgrenzung nicht, ja, sie ist unter pädagogischem Aspekt nicht einmal sinnvoll. Denn die Blindenpädagogik nimmt sich nicht nur völlig blinder Menschen an, sondern auch derjenigen, die sich in verschiedensten Bereichen wie Blinde verhalten müssen, obwohl sie noch ein geringes Sehvermögen haben; in der Sehbehindertenpädagogik schließen Individualprogramme, zum Beispiel bei langsamer Erblindung, durchaus blindenpädagogische Maßnahmen ein.

Personen, die sowohl auf sogenannte Blindentechniken als auch auf sehbehindertenpädagogische Methoden und Medien angewiesen sind, gelten als hochgradig Sehbehinderte. Ihre besondere Situation bekam erstmalig Mitte der sechziger Jahre als »Grenzfallproblematik« größere pädagogische Aktualität, als nahezu gleichzeitig zwei unabhängig voneinander entstandene Dissertationen das Thema aufgriffen; die eine schrieb Uwe Beermann in der Bundesrepublik Deutschland (1966), die andere Natalie Barraga in den USA (1964). Eine Konsequenz aus der schwierigen Situation der Grenzfälle ist die Forderung, die Zweiteilung des Gesamtfeldes in Blindenpädagogik und Sehbehindertenpädagogik wenigstens partiell für Bereiche wie Didaktik und Unterrichtsorganisation aufzugeben und drei Zielgruppen gleichgewichtig zu berücksichtigen: Blinde, hochgradig Sehbehinderte und Sehbehinderte (vgl. Schindele 1985, 96/97).

Aus der engen Korrespondenz zwischen Sehbehindertenpädagogik und Blindenpädagogik läßt sich auch Bedarf oder Notwendigkeit einer gemeinsamen Bezeichnung, eines Oberbegriffs, ableiten. Unter bestimmten Aspekten kann es pädagogisch sinnvoll sein, Blinde, hochgradig Sehbehinderte und Sehbehinderte zusammenfassend als Sehgeschädigte und die besonderen Bedingungen der Praxis und Theorie ihres Lernens und ihrer sozialen Eingliederung als Sehgeschädigtenpädagogik zu bezeichnen.

Vor dem Hintergrund dieser Zusammenhänge ergibt sich die Zweckmäßigkeit einer weit gefaßten, formalen Definition der Sehbehinderung, mit deren Hilfe die Zielgruppe, an die sich sehbehindertenpädagogische Praxis und Theorie wendet, extensiv erfaßt werden kann. Unter diesem Aspekt hat sich der weit gefaßte, in Augenheilkunde und Sozialrecht verwendete Begriff der Sehschädigung als vorteilhaft erwiesen (Rath 1987, 13/14; Rath 1990a, 285). Danach gelten grundsätzlich alle Personen als sehgeschädigt, deren Sehvermögen zwischen Vollblindheit und Normalsichtigkeit liegt, oder – in Funktionswerten ausgedrückt – deren Sehvermögen 0 beträgt oder zwischen > 0 und < 1 liegt. Vollblinde Menschen, die kein Licht wahrnehmen und demzufolge gar nichts sehen (Meßwert 0), gehören nicht zur Zielgruppe sehbehindertenpädagogischer Bemühungen. Alle anderen mit einem herabgesetzten Sehvermögen (Meßwert zwischen > 0 und < 1) bilden den Personenkreis, an den sich Sehbehindertenpädagogik prinzipiell richtet. Auf diese Weise ist einerseits am ehesten gewährleistet, daß auch ein minimales verbliebenes Sehvermögen nicht ungeprüft, nur aufgrund einer einengenden Begriffsbestimmung oder einer Vorannahme als der Blindheit gleichzustellen und als pädagogisch nicht verwertbar eingestuft wird, es kann andererseits auch verhindert werden, daß Sehbeeinträchtigungen pädagogisch unberücksichtigt bleiben, die sich nur geringfügig in einem subnormalen Funktionswert niederschlagen.

1.2 Einteilung der Sehschädigung nach Schweregraden

In vielen Bereichen, etwa in der Augenheilkunde und im Sozialrecht, werden die Ausprägungsgrade der Sehschädigung in fünf Gruppen unterteilt:

Gruppe 1: Gröbere einseitige Einschränkung des Sehvermögens
Gruppe 2: Mäßige beidseitige Einschränkung des Sehvermögens
Gruppe 3: Sehbehinderung
Gruppe 4: Hochgradige Sehbehinderung
Gruppe 5: Blindheit oder der Blindheit gleichzustellende Beeinträchtigung des Sehvermögens.

Als sehbehindert gelten Personen, deren Sehschärfe für die Ferne und/oder Nähe trotz Korrektur durch optische Hilfsmittel (Brillen, Kontaktlinsen) auf 1/3 bis 1/20 der Norm herabgesetzt ist oder die andere Störungen des Sehens von entsprechendem Schweregrad aufweisen (Gruppe 3). Hochgradige Sehbehinderung (Gruppe 4) liegt bei einer Herabsetzung der Sehschärfe auf 1/20 bis 1/50 der Norm vor. Zusätzlich zur Einschränkung der Sehschärfe können Ausfälle des Gesichtsfelds und Störungen der Augenbeweglichkeit, des Licht- und Farbensinns eine Verschlechterung des Sehvermögens bedingen.

Sehbehindertenspezifischer pädagogischer Förderbedarf wird im allgemeinen bei Schülern und Schülerinnen der Gruppe 3 (Sehbehinderung) angenommen, bei denjenigen der Gruppen 4 (hochgradige Sehbehinderung) und 5 (Blindheit oder der Blindheit gleichzustellende Beeinträchtigung des Sehvermögens) nur, sofern sie nicht blindengemäß beschult werden müssen. Verbesserte optische und neue elektronische Sehhilfen führen dazu, daß die Zahl der Personen in Gruppe 5, die ihr geringes verbliebenes Sehvermögen in Lern- und Arbeitsvollzügen zumindest partiell nutzen können, zunimmt.

Untersuchungen über die Sehanforderungen in der Schule (Rath, Appelhans 1985) und bei der Arbeit (Schmidtke, Schober, Wallmann 1967) haben gezeigt, daß auch die früher für unwesentlich gehaltene Herabsetzung des Sehvermögens, wie sie Gruppe I (gröbere einseitige Einschränkung des Sehvermögens) oder Gruppe 2 (mäßige beidseitige Einschränkung des Sehvermögens) entspricht, Beeinträchtigungen beim Lernen und bei der Arbeit nach sich zieht. Die sozialrechtliche Kategorie »Mäßige Sehschädigung«, eine gemeinsame Bezeichnung für die Gruppen 1 und 2, ist erst aufgrund dieses Sachverhalts neu geschaffen worden. Der obere Grenzwert liegt bei weniger als 1,0, wobei der Sehschärfe für die Nähe besondere Bedeutung beigemessen wird.

Grundsätzlich können Aussagen über sehbehindertenpädagogische Praxis und Theorie für Personen aus allen fünf genannten Kategorien zutreffen.

1.3 Sehbehinderung unter pädagogischem Aspekt

Um im Einzelfall die Bedingungen der Schullaufbahn und der Berufswahl bei sehbehinderten Menschen einschätzen zu können, sind augenärztlich ermittelte morphologische und funktionelle Daten erforderlich. Es handelt sich vornehmlich um Angaben zur Verursachung, zur Diagnose, zum Sehvermögen, zur Belastbarkeit des Betroffenen und zur Prognose der Krankheit. Unter pädagogischem Aspekt müssen sechs Teilfunktionen des Sehens besonders berücksichtigt werden:

- die Sehschärfe für die Ferne
- die Sehschärfe für die Nähe
- das Gesichtsfeld
- der Farbensinn
- der Lichtsinn und die Blendungsempfindlichkeit
- das beidäugige Sehen.

Die letztlich unbefriedigenden Versuche, Sehbehinderung mit Hilfe klinischer Funktionswerte zu bestimmen, haben im letzten Jahrzehnt dazu geführt, daß im pädagogischen Bereich bevorzugt eine funktionale Beschreibung eingeschränkten Sehvermögens verwendet wird. Eine funktional orientierte Bestimmung subnormalen Sehens zielt darauf ab festzustellen, wie sehgeschädigte Menschen mit ihrem verbliebenen Sehvermögen umgehen. Subnormales Sehen bedeutet dabei eine Aussage über das Verhältnis von Sehschärfe und visuellem Wahrnehmungsvermögen. Klinisch kann es erst bestimmt werden, wenn der betroffene Mensch erkennt, daß seine geringe Sehschärfe seine Wahrnehmungsleistung beeinflußt, und wenn er sich selbst als beeinträchtigt betrachtet. Subnormales Sehen in diesem Sinne kann nicht numerisch erfaßt werden.

Aus pädagogischer Sicht können klinisch erhobene Meßwerte nur als Orientierungsdaten dienen, ihre schematische Handhabung ist zu vermeiden. Der Grund hierfür liegt darin, daß zwischen klinisch gemessenen Sehfunktionswerten und visuellem Leistungsvermögen keine eindeutige Relation besteht und damit eine Vorhersage über die Auswertbarkeit von visuellen Wahrnehmungen nur begrenzt möglich ist. Pädagogisch wichtig ist, daß grundsätzlich jede Sehfunktionseinbuße die Chancen für eine reibungslose Bewältigung von Sehaufgaben herabsetzen kann, und zwar unabhängig von Schweregrad, Art und Ursache der Sehschädigung.

Eingeschränktes Sehvermögen muß subjektiv nicht durchgängig als eine Behinderung erlebt werden. Eine Behinderung des Sehens in diesem Sinne kann im Einzelfall aufgrund der individuellen Erfahrungen im Umgang mit der herabgesetzten Sehfunktion, den Erwartungen des Betroffenen und denen seines Umfelds bestimmt werden. Beruf, kulturelle Gruppenzugehörigkeit sowie physische und psychische Konstitution spielen dabei eine wichtige Rolle. Sehbeeinträchtigungen werden von den Betroffenen nicht zu jeder Zeit und in jeder Situation leidvoll empfunden. Leidensdruck entsteht nicht durch das eingeschränkte Sehen an sich, sondern aufgrund von Wertungen des sehgeschädigten Menschen selbst und dessen sozialem Umfeld.

Neuerdings wird einmütig herausgestellt, daß jeder Fall von Sehbeeinträchtigung spezifische Charakteristika zeigt, zum Beispiel in bezug auf den Grad der Sehfunktionseinbuße, die Pathologie des Sehorgans oder die individuelle Anpassung an das subnormale Sehen. Hinzu kommt, daß in den meisten Fällen das Sehvermögen instabil ist. Die Betroffenen sind oft nicht in der Lage vorherzusagen, was sie in der nächsten Stunde, am nächsten Tag, in der nächsten Woche werden sehen können. Lichtwandel kann die Situation sogar von einer Minute zur anderen ändern.

Manche sehgeschädigten Menschen sehen am besten im hellen Sonnenlicht, andere erreichen ihre beste Sehleistung in der Dämmerung. Einige verhalten sich im Dunkeln wie Vollblinde, können aber bei bestimmter Beleuchtung kleingedruckte Schrift lesen. Häufig leiden Menschen mit einer Sehbeeinträchtigung unter Blendungsempfindlichkeit. Diese kann irritieren und stören, ohne daß die Betroffenen die Ursache erkennen. Lichteinfall von oben, von unten oder von den Seiten kann ebenso verwirren wie Licht, das direkt von vorn in die Augen fällt. Menschen mit wechselnder Sehleistung können zu bestimmten Zeiten das Lächeln eines anderen oder den Fleck auf der eigenen Kleidung nicht sehen, nehmen beides aber eine Stunde später oder am nächsten Tag ohne weiteres wahr.

Sehgeschädigte Menschen mit einem extrem eingeschränkten Gesichtsfeld (Röhrengesichtsfeld) sind unter Umständen in der Lage, mit der erhaltenen zentralen Sehschärfe Teile von Gegenständen oder gedruckte Wörter gut zu erkennen, sie benötigen jedoch im Straßenverkehr Hilfen, wie sie Blinde benutzen. Menschen mit einem zentralen Ausfall des Sehens und erhaltenem peripheren Gesichtsfeld dagegen können nicht oder nur mit größten Schwierigkeiten Schrift erkennen, bewegen sich aber nahezu unauffällig im Raum und auf der Straße.

Bei einigen Augenerkrankungen und bei bestimmten Fehlbildungen der Netzhaut tritt ein Augenzittern auf, das dem Betroffenen besonders beim Sehen in der Nähe besondere Anstrengung und Konzentration abverlangt. Von nicht informierten Gesprächspartnern wird ständiges Augenzittern häufig als Nervosität fehlgedeutet.

Bestimmte Schädigungen der Augen, schlecht angepaßte sowie zerkratzte oder verschmutzte Brillengläser, die das bestmögliche Sehen verhindern, können auffallende Verhaltensweisen verursachen, wie zum Beispiel häufiges Blinzeln und Zusammenkneifen der Augen, ständige Schräghaltung des Kopfes, wiederholtes Stolpern, übermäßige Beschäftigung mit der eigenen Behinderung und falsche Interpretation von Handlungen, Ereignissen, Gegenständen und Personen der Umwelt.

In vielen Fällen ist Sehbeeinträchtigung mit einer Einbuße an Tiefensehschärfe oder mit Farbensinnstörungen verbunden. Das Schätzen von Höhen, Größen und Entfernungen ist bei beeinträchtigtem Tiefensehen erschwert, das Einschätzen von Geschwindigkeiten, zum Beispiel bei entgegenkommenden Fahrzeugen, bereitet Schwierigkeiten. Farbensinnstörungen und Farbenblindheit benachteiligen die Betroffenen in besonderem Maße, wenn Farben Signalwirkung haben oder zur Orientierung beitragen sollen.

In der Regel müssen sehbehinderte Menschen im Vergleich zu normalsichtigen viel mehr Energien darauf verwenden, diejenigen Informationen aufzunehmen, die ihnen helfen, den Alltag zu bewältigen. Es besteht die Gefahr, daß die großen Anstrengungen in Verbindung mit verschiedenen angsterregenden Faktoren eine indifferente, resignative oder eskapistische Einstellung beim Betroffenen hervorrufen.

In manchen Fällen hat es den Anschein, daß die Einbuße an Sehvermögen mit einer Einschränkung der Merkfähigkeit einhergehe. Besonders bei einer relativ plötzlichen Sehverschlechterung werden die Kräfte des betroffenen Menschen von so vielen Problemen absorbiert, daß dieser nicht ohne weiteres den Ausfall oder die Beeinträchtigung der vielfältigen Reize kompensieren kann, die normalerweise das Gedächtnis und das schlußfolgernde Denken unterstützen.

Die meisten der genannten Verhaltensweisen sind übliche Reaktionen auf eine Sehherabsetzung. Sie können die Betroffenen so stark beeinträchtigen, daß Verwirrung, Erschöpfung, Verschlechterung der Merk- und Denkfähigkeit sowie oft ein abweichendes Verhalten auftreten. Im sozial-emotionalen Bereich können durch die nicht eindeutig definierbare Mittelstellung der Sehbehinderten zwischen den Blinden und den Sehenden Schwierigkeiten entstehen. Aus sozialpsychologischer und psychoanalytischer Sicht werden spezifische Folgen für die Identitätsentwicklung bei sehgeschädigten Menschen beschrieben (Glofke 1983; Tuttle 1984; Ahrbeck, Rath 1988; 1994).

1.4 Ursachen und Häufigkeit von Sehschädigung

Die Darlegungen zur Sehschädigung in den vorangegangenen Abschnitten verdeutlichen, daß es eine allgemeingültige sachangemessene und einheitliche Begriffsbestimmung gegenwärtig nicht geben kann. Es erscheint daher berechtigt, wenn die Welt-Gesundheits-Organisation (WHO) in ihrem Manual der »International Classification of Impairments, Disabilities, and Handicaps« den Sinn von Versuchen hinterfragt, »to classify the unclassificable« (World Health Organization 1980, 35; 1995).

Als wichtiges Argument gegen definitorische Bemühungen wird die Gefahr angeführt, damit Instrumentarien zu schaffen, die zum Perfektionieren von Zuschreibungen und Stigmatisierungen mißbraucht werden könnten. Es gibt aber auch Gegenargumente: Da die Möglichkeiten, die bestehenden Verhältnisse zum Besseren zu verändern, wesentlich davon abhängen, Probleme eindeutig zu benennen und damit auch ihrem Ausmaß nach aufzuzeigen, sind Bestimmung und Operationalisierung von Begriffen, Kategorienbildung, etwa Kategorisierung nach den Ursachen von Behinderungen, und in engem Zusammenhang damit Aufstellung von Häufigkeiten und Planungsdaten unerläßlich. Nur so kann sich auf Dauer ein Weg abzeichnen, Ressourcen zur Hilfe für Behinderte kontrolliert und angemessen einzusetzen (Rath 1985, 26).

Es zeigen sich Zusammenhänge zwischen begrifflicher Festlegung der Sehbehinderung, Ursachen von Sehschädigungen und Häufigkeitsangaben. Für die Fragen der Sehschädigungsursachen ist in erster Linie die Medizin zuständig; dennoch können Ursachen auch pädagogisch bedeutsam werden. Für die Bildungsplanung ist zum Beispiel wichtig, sich rechtzeitig auf die einschneidenden Wandlungen der Sehschädigungsursachen einzustellen, die sich über längere Zeiträume hinweg aufgrund medizinischer Fortschritte vollzogen haben. Während früher Infektionen an der Spitze standen, sind es jetzt Erb- und Entwicklungsstörungen; diese haben nicht nur eine relative, sondern auch eine absolute Zunahme erfahren (Pape 1971, 71). Sehschädigungen im Kindesalter sind in zunehmendem Maße Teil verschiedener, komplexer Syndrome (Sorsby 1972). Dieser in entwickelten Industrienationen mit hohem medizinischen Standard allgemein feststellbare Wandel der Ursachen von Sehschädigungen im Kindes- und Jugendalter ist für deutsche Verhältnisse nachgewiesen (Blankenagel, Jaeger 1981, 140).

Die »Bundesarbeitsgemeinschaft für Rehabilitation« gibt die Hauptursachen und -schadensbilder wie folgt an (Bundesarbeitsgemeinschaft für Rehabilitation 1984, 140): »Sehschädigungen entstehen mit zunehmender Häufigkeit durch erbliche und angeborene Veränderungen des Auges, Unfälle, Zivilisationsschäden und Altersleiden. Prophylaktisch wirken sich verbesserte Behandlungsmöglichkeiten von Stoffwechselerkrankungen im Kindes- und Erwachsenenalter aus, ebenso eine besser greifende genetische Beratung bei den bisher häufiger gewordenen Erbkrankheiten des Auges, die Untersuchung aller Kinder, die im Inkubator (Brutkasten, W. R.) aufgezogen wurden, zum Erfassen der frühesten Stadien der retrolentalen Fibroplasie (Netzhauterkrankung der Frühgeborenen, W. R.) und die regelmäßige Untersuchung von Patienten mit Dauermedikation potentiell schädlicher Arzneimittel . . .«. Für das Kindes- und Jugendalter werden hochgradige Kurzsichtigkeit, Fehlbildungen, kindlicher Grüner Star, Sehnervenschwund und Netzhautentartung als die bedeutsamsten Ursachen von Sehschädigung herausgestellt. Für einseitige Sehschädigungen sind unbehandelte Schwachsichtigkeit, in der Regel als Folge einer zu späten oder inkonsequenten Schielbehandlung, und Unfälle die Hauptursachen, im Erwerbstätigenalter diabetische Netzhauterkrankungen und Unfälle. Etwa ab dem sechsten Lebensjahrzehnt treten der Graue und der Grüne Star und insbesondere Durchblutungsstörungen von Netzhaut und Sehnerv in den Vordergrund.

Ursachenangaben können nicht nur bildungsorganisatorisch Bedeutung erlangen, sondern auch für das pädagogische Handeln im Einzelfall, zum Beispiel in folgenden Zusammenhängen:

- Die Ursachenangabe weist darauf hin, daß die körperliche Belastbarkeit eingeschränkt ist.
- Die Ursachenangabe enthält eine Vorhersage für die Lebenserwartung, etwa bei Sehbeeinträchtigungen durch Tumoren oder schwere Stoffwechselerkrankungen.
- Die Ursachenangabe signalisiert, ob eine genetische Beratung zu empfehlen ist.

Zwei neuere Darstellungen über Diagnosen und Ursachen von Sehschädigungen, die für den interdisziplinären Gebrauch bestimmt sind, finden sich bei Pape (1985, 492–504) und Ward (1986, 35–64).

Genaue Häufigkeitsangaben über Sehbehinderte zu erhalten, erweist sich auch für deutsche Verhältnisse als schwierig. Die »Nationale Kommission für das internationale Jahr der Behinderten« (Bundesminister für Arbeit und Sozialordnung 1981) gibt in einem Bericht die Zahl der wesentlich Sehbehinderten mit 250 000 an (bezogen auf die alten Bundesländer). Das entspricht 0,4 % der Gesamtbevölkerung. Thimm (1985, 539) führt ein funktionales Kriterium für Sehbehinderung ein, das er aus den USA übernommen hat: Lesenkönnen von normalem Zeitungsdruck. Er errechnet auf dieser Grundlage für die Bundesrepublik Deutschland einen Prozentsatz von 0,52 %.

Infolge der bestehenden Definitionsproblematik können nur ungenaue Angaben über die Häufigkeit des Auftretens von Sehbehinderung auf verschiedenen Altersstufen erwartet werden. Mit einem hohen Anteil Sehbehinderter unter den alten Menschen ist in der Bundesrepublik Deutschland zu rechnen. Über die Verbreitung der Sehbehinderung im Schulalter sagt die absolute Zahl der Schüler in den deutschen Blinden- und Sehbehindertenschulen wenig aus; es ist nachgewiesen, daß es auf dieser Altersstufe noch wesentlich mehr Sehbehinderte gibt (Rath, Appelhans 1985; Drave, Schäfer 1985). Die zwei wichtigsten bildungspolitischen Verlautbarungen der 70er Jahre nennen unterschiedliche, heute noch zitierte Schätzwerte für Sehbehinderung: Die »Empfehlung zur Ordnung des Sonderschulwesens« (Ständige Konferenz der Kultusminister der Länder der Bundesrepublik Deutschland 1972, 10) gibt 0,1 % Sehbehinderte an, die Empfehlung »Zur pädagogischen Förderung behinderter und von Behinderung bedrohter Kinder und Jugendlicher« (Deutscher Bildungsrat 1973, 40) weist eine Quote von 0,3 % auf. In den neuen »Empfehlungen zur sonderpädagogischen Förderung in den Ländern der Bundesrepublik Deutschland« der Kultusministerkonferenz vom 5./6. Mai 1994 werden keine Quoten angegeben.

Eine neuere, methodisch sehr differenzierte Untersuchung zur Häufigkeit von Sehbehinderung stammt von Drave und Schäfer (1985), die Ergebnisse einer Augenreihenuntersuchung an 24 000 Schülern in Unterfranken darstellen. Sie geben für Sehbehinderung (Sehschärfe geringer als 0,3) bei Schülern in allgemeinen Schulen und Sonderschulen eine Quote von 0,268 % an, ein Wert, der sich der Schätzzahl von 0,3 % in der Bildungsratsempfehlung nähert. Erstmalig findet sich auch für eine Schülerpopulation eine Häufigkeitsangabe zur »Sehauffälligkeit«, einer Kategorie, die etwa der »mäßigen beidseitigen Einschränkung des Sehvermögens« (Kategorie 2 nach Bundesarbeitsgemeinschaft für Rehabilitation) entspricht. Der Gruppe der Sehauffälligen (0,4–0,7 auf dem besseren Auge) gehören nach dieser Untersuchung 4,17 % der Kinder und Jugendlichen im Schulalter an.

2. Erziehung, Bildung und Rehabilitation Sehbehinderter

Die Auseinandersetzung mit sehbehindertenpädagogischen Grundfragen ergibt, daß ein weit gefaßter, formaler Begriff von Sehbehinderung allen speziellen Bildungsbemühungen um Menschen mit Sehbeeinträchtigungen am ehesten gerecht wird. Folgewirkungen von Sehbehinderung sind abhängig von Faktoren wie Art der Schädigung, Grad der verbliebenen Sehfähigkeit, Zeitpunkt des Eintritts der Sehschädigung, Dauer der Schädigung, Verursachung und eventuellen zusätzlichen Behinderungen (Mehrfachbehinderungen). Darüber hinaus erweist sich Sehbehinderung als relativ und situationsabhängig.

Unter dem Aspekt der Bildung ist eine Vielzahl von Konzepten für sehbehinderte Menschen aller Altersstufen erforderlich, um deren unterschiedliche pädagogische Förderbedürfnisse zu berücksichtigen. Die Gliederung der folgenden Abschnitte richtet sich nach dem chronologischen Alter sehbehinderter Menschen. Es wird mit dem Bereich der Früh- und Elementarerziehung begonnen; es folgen Aussagen zur schulischen Förderung, zum Bereich der beruflichen Bildung und Eingliederung sowie zur Rehabilitation Erwachsener.

2.1 Früh- und Elementarerziehung

Im Bereich Früh- und Elementarerziehung werden im allgemeinen Maßnahmen zur Früherfassung und zur pädagogischen Förderung sehgeschädigter Kinder im Alter von 0–6 Jahren zusammengefaßt. Dabei ist zu beachten, daß Früherfassung sowohl die Erfassung der von Geburt an sehgeschädigten Kinder in einem sehr frühen Alter, also möglichst schon im ersten Lebensjahr, meint als auch das rechtzeitige Erkennen von Augenleiden bei Menschen jeglichen Alters. Im folgenden wird Früherfassung in der erstgenannten Bedeutung verwendet.

Viele der deutschen Schulen für Blinde und Sehbehinderte haben die Aufgabe der Früherfassung übernommen. Sie bemühen sich außerdem um die spezielle pädagogische Förderung sehbeeinträchtigter Kinder im Früh- und Elementarbereich. Ihre Interventionen sollen den behinderten Kindern, deren Eltern und anderen Bezugspersonen helfen. Die Abteilungen und Einrichtungen zur pädagogischen Frühförderung sehgeschädigter Kinder im Alter von 0–6 Jahren kooperieren mit verschiedenen Institutionen, zum Beispiel mit Gesundheits- und Sozialämtern, Kindergärten und Kindertagesstätten, Frühförderstellen, Sozialpädiatrischen Zentren und mit einzelnen Experten wie Ärzten, Therapeuten, Psychologen, Sozialarbeitern. Hauptformen pädagogischer Förderung sind:

- Hausfrühförderung (Einzelbetreuung)
- Förderung in Gruppen
- Zusammenarbeit mit Eltern und anderen Bezugspersonen (Elternberatung, Eltern-Kind-Kurse, Elternseminare; Kooperation mit anderen Experten).

Neuere Statistiken über die Früherfassung sehgeschädigter Kleinkinder durch die Schulen für Sehgeschädigte verdeutlichen, daß die Erfassung Lücken aufweist und daß viel weniger sehbehinderte als blinde Kinder bekannt sind, obwohl nach den vermuteten

Prävalenzraten sehr viel mehr sehbehinderte Kinder zu erwarten wären. Ein Grund dafür mag sein, daß Blindheit als schwere Behinderung sehr viel prägnanter ist und deshalb früher auffällt. Die Entdeckung der Sehbehinderung bei kleinen Kindern ist ein schwieriges Problem, dessen Lösung Beobachtungsfähigkeit und Kenntnisse bei den erwachsenen Bezugspersonen voraussetzt. Jüngeren Kindern fällt es schwer, selbst zu bemerken, daß sie schlecht sehen. Da sie nie normal gesehen haben, fehlt ihnen eine Vergleichsbasis. Wenn nicht äußerlich sichtbare Anzeichen vorhanden sind, ist die Entdeckung der Sehbehinderung rein zufällig. Hilfen für das Entdecken von Sehbeeinträchtigungen, die auch der nicht speziell Vorgebildete benutzen kann, sind notwendig. Wichtige Beobachtungshinweise können sein:

1. Äußerungen des Kindes über Sehbeschwerden
2. Allgemeine körperliche Hinweise wie Albinismus (weiße Haarfarbe)
3. Organauffälligkeiten wie Rötungen, Absonderungen, Augenzittern
4. Blickauffälligkeiten wie scheinbares Vorbeisehen an einem fixierten Objekt, keinen Blickkontakt aufnehmen können, Zusammenkneifen der Augen, »verschlafener Blick«
5. Erfolgloses Sehverhalten mit Auswirkungen wie Anstoßen, Stolpern, Danebengreifen
6. Abweichendes Sehverhalten, zum Beispiel »mit der Nase sehen«, schiefe Kopfhaltung beim Sehen
7. Erhöhte Blendungsempfindlichkeit
8. Anzeichen von Angst vor oder während Leistungsanforderungen, zu deren Erfüllung Sehen vorausgesetzt wird.

Auf die Notwendigkeit einer frühzeitigen Entdeckung von Sehbehinderungen bei kleinen Kindern kann nicht nachdrücklich genug hingewiesen werden; denn es gibt Augenerkrankungen, wie zum Beispiel den angeborenen Grünen Star, deren Prognose um so günstiger ist, je jünger das Kind bei Behandlungsbeginn ist, oder die überhaupt nur im Kleinkindalter erfolgreich behandelt werden können, wie die Schielschwachsichtigkeit.

Exkurs 1: Angeborener Grüner Star – Glaukom beim Kleinkind – Buphthalmus:

Es ist in der Öffentlichkeit wenig bekannt, daß es eine in der frühen Kindheit auftretende Form des Grünen Stars gibt. Sie ist gekennzeichnet durch eine krankhafte Steigerung des Augeninnendrucks. Tritt diese Erkrankung schon im Säuglingsalter auf, führt der Dauerdruck zu einer übermäßigen Dehnung der Augenwandung, es entsteht der sogenannte Buphthalmus (»Ochsenauge«). Das Kind bekommt »schöne große Augen«. Augentränen, Gefäßstauung und Lichtscheu führen oft zu einer sinnlosen Tropfenbehandlung der vermeintlichen Bindehautentzündung, wodurch die erforderliche Operation verzögert wird. Bei rechtzeitiger Operation noch im ersten Lebensjahr ist die Prognose bezüglich einer anhaltenden Druckregulierung und ungestörten Entwicklung des Auges günstig. Die Schäden, die durch das Herauszögern der Operation entstehen, sind irreparabel. Wird der erforderliche Eingriff ganz unterlassen oder eine konservative Tropfenbehandlung versucht, droht dem betroffenen Auge Erblindung (Freigang 1976, 27/28).

Exkurs 2: Schielen und Schielschwachsichtigkeit – Strabismus und Amblyopie:

Solange sich das beidäugige Sehen noch nicht ganz entwickelt hat, gelingt es dem kleinen Kind, die beim Schielen auftretenden Doppelbilder zu vermeiden, indem es die Seheindrücke des schielenden Auges unterdrückt. Der Preis ist eine dauernde Schwachsichtigkeit des nicht benutzten Auges, die in der frühen Kindheit durch gezielte Therapie wieder rückgängig gemacht werden kann, nach dem siebten Lebensjahr dagegen irreparabel ist. Augenärzte nehmen aus diesem Grund die Früherfassung so ernst, daß Schielkinder nach dem ersten Lebensjahr als augenärztliche Notfälle gelten, denen sofortige Behandlung zuteil wird. Jedes Zuwarten gilt als Kunstfehler (Freigang 1976, 31).

Die beiden Beispiele aus dem medizinischen Bereich zeigen besondere Möglichkeiten auf, die sich der Therapie in den frühen Lebensphasen bieten. Analog gilt für die Früherziehung, daß dem sehbehinderten Kleinkind durch ein systematisch aufgebautes Sehtraining während der Entwicklungsperiode der visuellen Wahrnehmung besondere Hilfe zuteil werden kann. Blankenagel und andere (1977, 76–91) sagen in diesem Zusammenhang, daß die Aufmerksamkeitszuwendung besonders für schwächere Reize ungenügend sein wird, wenn bei einem Kind, dessen Sehen noch nicht alle Entwicklungsstufen durchlaufen hat, eine Behinderung in der optischen Reizaufnahme besteht. Die Entwicklung der Aufmerksamkeitszuwendung kann unterstützt und gefördert werden durch:

- Verstärkung optischer Reize – kräftige Kontraste, große Flächen, Farbintensität; optimale Beleuchtung entsprechend der Art der organischen Veränderungen,
- Erregung von Aufmerksamkeit – visuell: bewegte Objekte zeigen; psychisch: Erwartung wecken,
- gezielten Erwerb von Seherfahrungen – Verbindung mit Tast-, Greif-, Geschmackserfahrung, Wiederholung visueller Wahrnehmungsangebote, Erinnerung an Erlebnisse, die mit visuellen Wahrnehmungen in Verbindung standen.

Diesen drei Bereichen müssen nach dem Entwicklungsstand des betreffenden sehbehinderten Kindes sehr unterschiedliche Übungsfolgen zugeordnet werden. Bei sehr kleinen Kindern ist noch nicht mit willentlicher Zuwendung zu rechnen, wodurch die Anleitung der Bezugspersonen besonderes Gewicht bekommt. Mit zunehmendem Alter verschieben sich die Schwerpunkte der individuellen Sehtrainingsprogramme; Sehanforderungen zum Beispiel, wie sie beim Lesen- und Schreibenlernen gestellt werden, finden in zunehmendem Maße Berücksichtigung.

2.2 Pädagogische Förderung im Schulalter

Es gibt verschiedene Ursprünge der Bildungsbemühungen um Sehbehinderte, mehrere Konzepte der Erziehung, die deutlich divergierende Tendenzen aufweisen, sowie unterschiedliche Organisationsformen des institutionalisierten Lernens für diese Gruppe. Gegenwärtig bestehen nebeneinander recht unterschiedliche Formen der Sehbehindertenbildung, wie Halbtagsschulen, Ganztagsschulen, Heimsonderschulen für Sehbehinderte, kombinierte Heimsonderschulen für Blinde und Sehbehinderte, Beratungs- und Unterstützungszentren für sehbehinderte Kinder und Jugendliche sowie unterschiedlich strukturierte Angebote von integrativen Beschulungsmöglichkeiten.

2.2.1 Historische Entwicklung

Entwicklungen im Bildungswesen sind das Ergebnis vielfältiger interagierender Einflußfaktoren; sie erweisen sich als abhängig von politischen, wirtschaftlichen und sozialen Rahmenbedingungen (vgl. Bleidick, Rath 1987). Dabei treten dann Personen und Gruppen auf, die von jeweils unterschiedlichen professionellen Standpunkten aus das Geschehen absichtsvoll prägen. In bezug auf die Sehbehindertenpädagogik waren es – etwa seit der Jahrhundertwende – Blindenpädagogen, Augenärzte und Schulhygieniker sowie Heilpädagogen (Hilfsschullehrer), die ihre speziellen Erfahrungen und Vorstellungen über die besonderen Erziehungsbedürfnisse Sehbehinderter in Praxis umzusetzen suchten (Mersi 1985, 36).

Die augenärztliche Lehrmeinung, daß ein geschädigtes Auge geschont werden müsse, um das verbliebene Sehvermögen möglichst lange zu erhalten, führte dazu, daß Augenärzte forderten, sehbehinderte Schüler im Unterricht so weit wie möglich von Sehaufgaben zu befreien. Unterstützt wurden sie von Schulärzten, den sogenannten Schulhygienikern, die beobachtet hatten, daß sich die Kurzsichtigkeit bei Schülern im Laufe der Schulzeit verschlimmerte, und die deshalb auf Sehschonung drängten. Augenärzte und Schulhygieniker initiierten die ersten »Kurzsichtigenklassen« und »Sehschonungsschulen«.

Es gab jedoch auch die augenärztliche Gegenmeinung, daß nur durch besondere Übung das eingeschränkte Sehen verbessert werden könne. Augenärzte, die dieser These anhingen, waren Mitbegründer von Konzepten der Erziehung von Sehbehinderten, die gezielt und systematisch Sehübungen berücksichtigten. Eine direkte Zuordnung der Sehschonungs- und der Seherziehungskonzepte zu bestimmten Organisationsformen von Erziehung und Unterricht Sehbehinderter ist nicht möglich. Der Sehschonungsgedanke setzte sich für die sehbehinderten Schüler in Blindenschulen von Anfang an durch, hat aber auch – unabhängig vom Blindenbildungswesen – zu den ersten eigenständigen Klassen und Schulen (Sehschonungsschulen) für Sehbehinderte geführt. Daneben organisierten Blindenlehrer schon zu einem sehr frühen Zeitpunkt seherzieherische Maßnahmen für Sehbehinderte in Blindenschulen, und unabhängig davon entstanden eigenständige Sehbehindertenschulen mit Konzepten, die an der Förderung des Sehens, der Seherziehung, orientiert waren.

Im Wandel der Diskussion sind die beiden gegensätzlichen Prinzipien der Sehschonung und der Sehübung immer deutlicher aufeinander bezogen worden und stellen sich heute als einander bedingende Grundsätze sehbehindertenpädagogischer Praxis dar. Die polare Spannung löst sich auf im Prinzip der Seherziehung, d. h.: In jedem Einzelfall muß dafür gesorgt werden, daß unter bestmöglichen medialen Bedingungen, bei optimaler Ausnutzung des verbliebenen Sehvermögens, in entspannter Atmosphäre gelernt werden kann und dadurch die Sehfähigkeit im Sinne erhöhter visueller Effizienz beeinflußt wird.

Bereits bei der Errichtung der ersten Blindenschulen fiel die grundsätzliche Entscheidung für eine konsequente Subsumierung der Sehbehinderten unter die Blinden. Als Begründung wurde eine als notwendig erachtete Sehschonung angegeben. So kam es, daß während des ganzen 19. Jahrhunderts Maßnahmen und Mittel zur Verhinderung des Sehens bei stets etwa 30–40 % aller Schüler in Blindenschulen legitim und geboten waren (Mersi 1972, 38). Zuwiderhandlungen wurden als Ungehorsam gewertet, Klagen der Blindenlehrer über negative Charaktermerkmale, Lern- und Disziplinschwierigkeiten der Sehbehinderten häuften sich. Andererseits galten die sehbehinderten Schüler als unentbehrlich, da sie verantwortungsvolle Funktionen bei der Arbeitsteilung übernahmen. Kritisch wurde angemerkt, daß die Sehbehinderten als »Lakaien der Blinden« fungieren müßten.

Erst um die Jahrhundertwende wurde die negative pädagogische Situation der Sehbehinderten in den Blindenschulen erkannt, und einige Blindenlehrer begannen mit Sehübungen für diese Schüler. Solche Bemühungen waren der sichtbare Anfang der Überwindung der in der Blindenbildung geübten Praxis der pädagogischen Unterordnung der sehbehinderten unter die Blinden. Diese Praxis wurde theoretisch mit medizinischen und psychologischen Argumenten begründet, seit der Jahrhundertwende vielfach kritisiert und in vielen Blindenschulen zum Teil bis in die sechziger Jahre dieses Jahrhunderts beibehalten. Die schwierige Lernsituation der sehbehinderten Schüler in einem absichtlich konsequent a-visuellen Milieu und das sozialpsychologisch komplizierte Beziehungsnetz, in dem sie sich befanden, ist wiederholt eindrucksvoll beschrieben worden. Ebenso fand die auffallende Langwierigkeit, Schwierigkeit, Ungleichheit und Unstetigkeit der Differenzierungsgeschichte der Sehbehindertenerziehung innerhalb der blindenpädagogischen Institutionen verschiedentlich eine kritische Darstellung (zusammenfassend: Mersi 1985, 36–40).

In den zwanziger Jahren verbesserten einige engagierte Hilfsschullehrer die Erziehungspraxis für Sehbehinderte grundlegend. Sie hatten bemerkt, daß sehbehinderte Schüler, die wegen ihres Versagens in der allgemeinen Schule in die Hilfsschule kamen, dort fehlbeschult waren, und traten für die Gründung eigenständiger Sehbehindertenschulen ein. Dabei galt ihr Interesse einer strikten Abgrenzung von Theorie und Praxis der Blindenschulen. Es entstand für viele Jahre eine spannungsreiche Beziehung der beiden Schultypen zueinander, die als Konkurrenz bei innerer Korrespondenz gekennzeichnet werden kann.

Als Abgrenzungskriterium wurde der Gebrauch der Schriftart verwendet: Wer auf Blindenschrift angewiesen ist, muß die Schule für Blinde besuchen, wer normale Schrift (sogenannte Schwarzschrift) verwenden kann, dagegen die Schule für Sehbehinderte. Die konsequente Abgrenzung der Schüler der Blindenschule von denen in Sehbehindertenschulen nach dem Gebrauch der Schriften hat offensichtlich negative Folgen gezeitigt. Schüler der Sehbehindertenschule, die sich Vorteile vom Gebrauch der Blindenschrift versprachen, mußten diese heimlich »unter der Bank« lernen. In Blindenschulen wurde durch Zubinden der Augen oder durch Zudecken der Punktschrift lesenden Hände die Benutzung eines verbliebenen Sehvermögens verhindert. Gegenwärtig beschränkt sich keiner der beiden Schultypen auf die Vermittlung nur einer Schriftart. In bezug auf den Schriftgebrauch werden grundsätzlich individuelle Regelungen angestrebt.

Trotz aller genannten Schwierigkeiten hat sich die kombinierte Blinden- und Sehbehindertenschule als Schulform entwickelt, ein Schulsystem, in dem sowohl blindengemäß als auch sehbehindertenspezifisch unterrichtet wird. Von den 59 deutschen Einrichtungen zur Bildung und Rehabilitation Sehgeschädigter, die in der letzten Ausgabe des Taschenbuches des Verbandes der Blinden- und Sehbehindertenpädagogen genannt werden, sind 28 (48 %) als kombinierte Einrichtungen aufgeführt (Hamann 1993, 11; Ausgabe 1998 im Erscheinen).

2.2.2 Status quo

Bei der Darstellung des gegenwärtigen Standes der Erziehung, Bildung und Rehabilitation Sehbehinderter in speziellen Einrichtungen ergibt sich die Schwierigkeit, daß die eingangs herausgestellte weite Definition der Sehbehinderung nicht mit der üblicherweise als Aufnahmekriterium verwendeten übereinstimmt. Um ein breiteres Spektrum der in unterschiedlichem Grade Sehbehinderten zu erfassen, werden die Bildungseinrichtungen für Blinde in die Betrachtung einbezogen. In Schulen für Sehbehinderte sind in der Regel Schüler der Gruppen 3 (Sehbehinderung) und 4 (hochgradige Sehbehinderung), in Schulen für Blinde Schüler der Gruppen 5 (Blindheit oder der Blindheit gleichzustellen) und 4 (hochgradige Sehbehinderung).

Der Anteil sehbehinderter Schüler an der Gesamtzahl der deutschen Schüler wird aufgrund verschiedener Belege (Deutscher Bildungsrat 1973; Drave, Schäfer 1985) auf ca. 0,3 % geschätzt. In speziellen Bildungseinrichtungen oder in integrativen Programmen für Sehbehinderte befinden sich allerdings nur etwa 1/3 dieser Schätzquote.

In engem Zusammenhang mit der relativ kleinen Zahl Betroffener stehen bestimmte schulorganisatorische Schwierigkeiten, die mit Hilfe von Zentralisierung und Konzentration zu lösen versucht werden. Die wenigen sehgeschädigten Kinder und Jugendlichen wohnen weit voneinander entfernt und werden daher in zentralen Einrichtungen zusammengefaßt, häufig in Schulen mit Internat. Es gibt in Deutschland zur Zeit insgesamt 59 allgemein- und berufsbildende Einrichtungen für Sehgeschädigte (vgl. Hamann 1993). Erschwerend wirkt, daß sich die sehgeschädigten Kinder und Jugendlichen hinsichtlich verschiedener Kriterien, wie Grad der Sehschädigung, Lernfähigkeit, zusätzliche Behinderungen, Alter bei Eintritt der Sehschädigung und Lebensalter in extremer Weise voneinander unterscheiden. Den daraus entstehenden Problemen bei der Zusammenstellung von Lerngruppen wird unter anderem mit Hilfe der Konzentration bestimmter Schulen auf spezielle Bildungsgänge begegnet. So gibt es zum Beispiel Gymnasien für Blinde und Sehbehinderte (in Marburg/Lahn und Königs Wusterhausen), Schulen für mehrfachbehinderte Sehgeschädigte (unter anderem in Paderborn und Würzburg) oder eine Massageschule, die Blinde und Sehbehinderte gemeinsam mit Nichtbehinderten ausbildet (in Mainz).

Zentralisierung birgt grundsätzlich die Gefahr in sich, daß die entstehenden größeren, differenzierteren Schul- und Internatssysteme Orientierungsvermögen und soziale Fähigkeiten sehgeschädigter Kinder überfordern; Konzentration beeinträchtigt die

Breite des Angebots in den Schulen und bedingt in den meisten Fällen eine größere Entfernung vom Elternhaus und damit eine Erschwerung des Kontakts zur vertrauten häuslichen Umgebung. Die gegenwärtig projektierten Änderungen der Organisationsstruktur im Sehgeschädigtenbildungswesen, die weitgehend unter Berücksichtigung der genannte Nachteile zustande gekommen sind, tragen Kompromißcharakter.

Bei überregionalen Regelungen sind nicht allein pädagogische Entscheidungen ausschlaggebend, andere Faktoren spielen eine maßgebliche Rolle, wie zum Beispiel die vielfältigen Trägerschaften der deutschen Bildungseinrichtungen für Sehgeschädigte. Träger sind unter anderem: Länder, Landschaftsverbände, Landkreise, Städte, Verbände, Gesellschaften, Stiftungen, Orden.

Die Verteilung der speziellen Bildungseinrichtungen für Sehgeschädigte in der Bundesrepublik Deutschland ist sehr ungleich. Beim Ländervergleich fallen »weiße Flecken« auf der Landkarte auf. Ob sie Unterentwicklung in der Versorgung Sehgeschädigter, konsequentes Zentralisieren mit besonderer Förderung weniger Großzentren oder eine Kombination von beidem signalisieren, muß von Fall zu Fall untersucht werden. Die einzelnen Bundesländer organisieren ihr Sonderschulwesen im Rahmen ihrer politisch-administrativen und ökonomischen Vorgaben nach eigenen Plänen, die zum Teil erheblich voneinander abweichen. Dies ist unter anderem an unterschiedlichen Organisationsstrukturen der Blinden- und Sehbehindertenbildung ablesbar. So gibt es:

- Länder, die nur eine kombinierte Blinden- und Sehbehindertenschule als zentrale Einrichtung für Sehgeschädigte haben, wie die Freie und Hansestadt Hamburg, das Saarland, Rheinland-Pfalz,
- Länder, die eigenständige Sehbehindertenschulen und Blindenschulen haben, wie Niedersachsen,
- Länder, die sowohl eigenständige Sehbehindertenschulen und Blindenschulen als auch kombinierte Schulen haben, wie Baden-Württemberg, Bayern, Hessen (zusammenfassend: Rath 1987).

Viele bundesdeutsche Bildungseinrichtungen für Sehgeschädigte haben die Aufgabe der Beratung und Unterstützung blinder und sehbehinderter Schüler an allgemeinen Schulen und Sonderschulen anderer Art bereits übernommen. Hamann (1993, 44/45) weist eine Anzahl von fast 2 000 unterstützten Schülern nach. Darüber hinaus gibt es allgemeine Schulen, die integrative Programme für sehgeschädigte Schüler anbieten.

2.2.3 Möglichkeiten der weiteren Entwicklung

Die meistzitierte Zielvorstellung für die weitere Entwicklung im Bereich der Erziehung, Bildung und Rehabilitation sehgeschädigter Menschen ist das Konzept eines flexiblen Bildungssystems für Blinde und Sehbehinderte, eines überregionalen Förderzentrums, das dem individuellen Förderbedarf jedes Sehgeschädigten mit Hilfe eines vielfältigen Angebots an Lernformen und -orten am ehesten gerecht werden kann (Mersi, Schindele 1980; Rath 1987; Mohr 1993 und andere). Solche Zentren entwickeln sich aus den bestehenden Sonderschulen für Blinde und Sehbehinderte und bieten jedem sehgeschädigten Schüler eine seinen Lernvoraussetzungen und seinem Förderbedarf angemessene Lernumgebung an, wobei dessen soziale Separierung jeweils so gering wie möglich zu halten ist.

Das Förderzentrum hätte Aufgaben in folgenden Bereichen wahrzunehmen:

- in Elternhaus, Kindergarten und Vorschule,
- in der Schule für Blinde beziehungsweise Sehbehinderte im Rahmen des Zentrums,
- in der allgemeinen Schule beziehungsweise in Sonderschulen anderer Art,
- in Einrichtungen zur Berufsbildung und -förderung und bei der beruflichen Eingliederung.

In Elternhaus, Kindergarten und Vorschule ist sehgeschädigtengemäße pädagogische Förderung in bezug auf Bewegung, Selbständigkeit, Wahrnehmung und Denken sowie Sozialverhalten durch Mitwirkung bei der Früh- und Vorschulerziehung und durch Beratung anderer an der Erziehung Beteiligter (zum Beispiel Eltern, Kindergärtnerinnen, Vorschulerzieher) organisatorisch sicherzustellen.

Die Aufgaben der Schule für Sehgeschädigte im Rahmen eines Förderzentrums erstrecken sich auf die Verwirklichung sehgeschädigtengemäßer Erziehung und Unterrichtung durch inhaltliche, methodische und mediale Modifikationen, spezielle Maßnahmen der außerunterrichtlichen Erziehung (zum Beispiel in der

Pause, im Internat, im Schullandheim) sowie spezielle außerschulische Maßnahmen (zum Beispiel im Elternhaus, in der Altersgruppe der Nachbarschaft). In der allgemeinen Schule beziehungsweise in Sonderschulen anderer Art sind folgende spezielle Maßnahmen zur Unterstützung Sehgeschädigter geboten:

- Beurteilung der pädagogischen Relevanz der Sehschädigung oder gegebenenfalls der Folgebehinderungen (in Kooperation mit Experten);
- Beratung der Lehrer hinsichtlich aller Probleme mit Erziehung und Unterrichtung der sehgeschädigten Schüler in der allgemeinen Schule (bzw. Sonderschule anderer Art);
- Sicherstellung der Versorgung mit speziellen Medien;
- Beratung und Unterstützung des sehgeschädigten Schülers in den Fächern oder Unterrichtsperioden, in denen er besonderer blinden- oder sehbehindertenpädagogischer Hilfe bedarf;
- Zusatzunterricht, in dem besondere Inhalte oder Fertigkeiten zu vermitteln sind (zum Beispiel Blindenschrift, besonderer Lese- und Schreibunterricht, besondere Inhalte und Techniken einzelner Fächer, besondere Inhalte zur psychischen und sozialen Bewältigung der Behinderung, Sehtraining, Orientierungs- und Mobilitätsschulung);
- Initiierung und Organisation gezielter Fördermaßnahmen im Elternhaus oder in Form von Kursen in der Schule für Sehgeschädigte im Rahmen des Förderzentrums.

Übergreifende Aufgabe im Bereich der Berufsbildung und -förderung ist die Beratung und Unterstützung Sehgeschädigter junger Menschen und ihres Umfelds beim Übergang von der Schule ins Arbeitsleben.

2.3 Berufliche Bildung und Eingliederung

Nur relativ wenige der wesentlich sehbehinderten jungen Menschen befinden sich in sehbehindertenspezifischen Ausbildungen. Das entspricht der Tatsache, daß es keine für Sehbehinderte spezifischen Berufe etwa im Sinne der typischen Blindenberufe gibt. Bereits 1968 fand Teumer bei 324 ehemaligen Schülern deutscher Sehbehindertenschulen immerhin 75 unterschiedliche Berufsbezeichnungen. Das heißt nun nicht, daß alle anderen Sehbehinderten keine behinderungsbedingten Schwierigkeiten bei der Berufsausbildung und -eingliederung hätten. Naheliegende Erklärungen sind, daß auftauchende Probleme von Sehbehinderten oft nicht als Folge der Sehfunktionseinbuße erkannt werden oder daß Sehbehinderte zwar die Zusammenhänge zwischen Sehschädigung und deren Folgen kennen, diese jedoch vorschnell und ungeprüft als unabänderlich hinnehmen oder nicht akzeptieren.

Eine wesentliche Ursache für den erstaunlich kleinen Anteil sehbehinderter junger Menschen, die im beruflichen Bereich spezifische Hilfen nachfragen, ist vermutlich, daß diese Hilfen bislang in der Regel nur in wenigen zentralen Sondereinrichtungen zu erhalten waren. Neuerdings beginnen sich Konzepte einer regionalen, mobilen Beratung und Unterstützung Sehbehinderter Jugendlicher und junger Erwachsener durchzusetzen, die den Übergang von der Schule ins Arbeitsleben gestalten helfen. Solche Programme bestehen unter anderem an der Staatlichen Schule für Sehgeschädigte in Schleswig und an der Blinden- und Sehbehindertenschule in Hamburg (Appelhans u.a. 1992; Schulz 1990). Im Rahmen dieser flexiblen Programme kann es auch gelingen, die behinderungsbedingten Schwierigkeiten bei der beruflichen Eingliederung von sehbehinderten Menschen zu berücksichtigen, die den oben genannten Gruppen 1 und 2 (Mäßige Sehschädigung) zuzuordnen sind, und die bislang nur in Ausnahmefällen die benötigte Hilfe erhalten konnten (zusammenfassend: Rath 1990a; 1990b).

2.4 Rehabilitation Erwachsener

Die Anlässe und die Palette der Möglichkeiten zur sehgeschädigtenspezifischen Rehabilitation Erwachsener sind vielfältig. Einerseits melden Menschen, die im Erwachsenenalter erblinden oder sehbehindert werden, ihren Bedarf an beruflicher und sozialer Rehabilitation an, andererseits möchten Sehgeschädigte, die bereits Rehabilitationsmaßnahmen durchlaufen haben, sich umschulen lassen oder sich in den Rehabilitationseinrichtungen fort- und weiterbilden.

Die berufliche Rehabilitation erwachsener Sehgeschädigter findet in der Regel in den Berufsförderungswerken für Sehgeschädigte statt (Wiedenlübbert 1985). Dort können Betroffene nicht nur spezielle Berufsausbildungen erhalten, sondern auch in mehr oder minder individualisierten Sondermaßnahmen so geschult werden, daß sie anschließend an ihre Arbeitsplätze zurückkehren oder die Ausbildung oder das Studium fortsetzen können.

Soziale Rehabilitationsmaßnahmen werden in einer vorberuflichen Ausbildungsphase als berufsbezogene Grundrehabilitation angeboten. Diese besteht aus drei Bereichen (Wiedenlübbert 1983, 217):

- der blindentechnischen Grundausbildung, beziehungsweise der Einweisung in sehbehindertenspezifische Techniken,
- dem Orientierungs- und Mobilitätstraining,
- den Übungen in lebenspraktischen Fertigkeiten.

Fertigkeiten in allen drei Bereichen werden als wichtige Voraussetzungen für eine erfolgreiche Eingliederung in Arbeit, Beruf und Gesellschaft angesehen.

Die hier dargestellten rehabilitativen Maßnahmen richten sich ausschließlich an junge Erwachsene und Erwachsene im mittleren Alter. Bei Menschen im höheren und hohen Alter zeigt sich immer deutlicher ein Bedarf; die zur Verfügung stehenden Hilfen reichen jedoch nicht aus.

Die neuen optischen und elektronischen Sehhilfen können in vielen Fällen von Sehverschlechterung auch bei älteren Menschen helfen. Es ist allerdings eine eingehendere Beratung bei der Auswahl und bei der Anleitung zum Gebrauch erforderlich als Augenärzte und Optiker in der Regel leisten können. Beratung und Anleitung müssen unter besonderer Berücksichtigung der individuellen Bedürfnisse und Wünsche geschehen; pädagogischpsychologische Fachkenntnisse dcs Beraters sind häufig eine große Hilfe.

Ältere Menschen können darüber hinaus ein individuell auf ihre Bedürfnisse abgestimmtes Orientierungs- und Mobilitätstraining sowie ein sogenanntes Rehabilitationstraining erhalten. Das Orientierungs- und Mobilitätstraining soll den Betroffenen befähigen, sich in Räumen und im Straßenverkehr besser zu orientieren und sicherer zu bewegen; das Rehabilitationstraining bietet Hilfen an, den Alltag sicherer und selbständiger zu bewältigen.

3. Ausblick

Das Grundproblem, das gelöst werden mußte, ehe es zur Konstituierung einer Sehbehindertenpädagogik kommen konnte, lag darin, die Verschiedenartigkeit der Erziehungsbedürfnisse Blinder und Sehbehinderter einsichtig zu machen, und zwar aus einer pädagogischen Perspektive heraus. Den unterschiedlichen Schweregraden der Sehschädigung entspricht die Heterogenität der Gruppe der Sehbehinderten. Sie bedingt jetzt nach der vollzogenen Trennung der Sehbehinderten von den Blinden eine weitere Differenzierungsphase: Zum einen hat sich für extrem Sehbehinderte, die bislang blindengemäß unterrichtet worden sind, aufgrund von pädagogischer Erfahrung, psychologischer Forschung und der Entwicklung neuer Sehhilfen die Notwendigkeit eigener didaktischer Förderungskonzepte herausgestellt. Zum anderen sind Kinder und Jugendliche mit einer mäßigen Sehschädigung nachgewiesenermaßen in vielen Fällen in allgemeinen Schulen und in der Berufsausbildung behindert und benötigen sehbehindertenspezifische Hilfen, die bedauerlicherweise nach den derzeit gültigen schulrechtlichen Bestimmungen noch nicht zufriedenstellend abgesichert sind. Darüber hinaus erfordert das häufige Auftreten von zusätzlichen Behinderungen bei Sehbehinderten besondere Maßnahmen innerer und äußerer Differenzierung, spezielle Curricula sowie eine Intensivierung der pädagogischen Frühförderung.

Die Erfahrung zeigt, daß die Mehrzahl der Sehbehinderten für unterrichtliche Vorteile einer sehbehindertengemäßen Spezialbeschulung nicht die Absonderung von der Gruppe der nichtbehinderten Gleichaltrigen und eventuell die Trennung von der Familie in Kauf nehmen wollen und daher den Besuch von allgemeinen Schulen in der Nachbarschaft bevorzugen. Es gibt sichere Anzeichen dafür, daß eine sehbehindertenspezifische Unterstützung die Situation einer großen Anzahl dieser Schüler verbessern könnte. In Bildungspolitik und Sehbehindertenpädagogik wird dieser Sachverhalt aktuell diskutiert und regional unterschiedlich, jedoch mit allgemein zunehmender Tendenz in der politischen und pädagogischen Praxis berücksichtigt.

Weitere Felder mit offenem Handlungsbedarf sind Beratung und Unterstützung sehbehinderter junger Menschen beim Übergang von der Schule ins Arbeitsleben und die Rehabilitation sehbehinderter Erwachsener, vornehmlich älterer Menschen.

Das von verschiedenen Seiten vertretene Konzept des flexiblen überregionalen Förderzentrums für Sehgeschädigte, das in Kapitel 2.2.3 dargestellt wurde, gewinnt an Popularität. Es liegt nahe, das vorhandene Know-how der speziellen Einrichtungen für Sehgeschädigte aufzugreifen und darauf aufzubauen; allerdings bedarf es einer Komplettierung und zusätzlicher neuer Ideen. Dieser einführende Artikel ist bereits im Hinblick auf ein zukünftig erweitertes Aufgabenfeld konzipiert. Dazu gehören unter anderem die Intensivierung des Gebrauchs jedes verbliebenen Sehvermögens, verstärkte individuelle pädagogische Hilfe für mehrfachbehinderte Sehgeschädigte, die Ausdifferenzierung der Konzepte für sehbehinderte Kinder, Jugendliche und Erwachsene außerhalb der Schulen für Sehgeschädigte und der Ausbau der Beratungs- und Unterstützungssysteme für Sehbehinderte im Rahmen der beruflichen Rehabilitation. Diesem Vorgriff auf eine mögliche Entwicklung der institutionalisierten Erziehung, Bildung und Rehabilitation von Sehbehinderten liegen Ansätze in der pädagogischen Praxis und theoretische Einsichten zugrunde, die unterschiedliche wissenschaftliche Aspekte berücksichtigen.

Im Bereich der Forschung steht die Sehbehindertenpädagogik in bezug auf eines ihrer zentralen Anliegen, das Gewinnen gesicherter Erkenntnisse über die Auswirkungen des eingeschränkten Sehens auf das Lernen von Betroffenen jeglichen Alters, noch vor vielen ungelösten Problemen. Besonders hohe Anforderungen sind an die Integrationsfunktion der Sehbehindertenpädagogik zu stellen. Sie hat dazu beizutragen, daß wichtige Ergebnisse der verschiedenen Wissenschaften, die sich mit dem Sehen befassen, aufeinander bezogen und für die Lebensvollzüge sehbehinderter Menschen nutzbar gemacht werden.

4. Literatur

Ahrbeck, B.; Rath, W.: Krisen und ihre Bewältigung – nicht nur ein Problem sehgeschädigter Menschen. In: Kongreßbericht, 30. Kongreß für Sehgeschädigtenpädagogik. Hannover-Kirchrode 1988, 32–42.

Ahrbeck, B.; Rath, W.: Sehbehinderte Menschen. In: Fengler, J.; Jansen, G. (Hrsg.): Handbuch der Heilpädagogischen Psychologie. Stuttgart, Berlin, Köln [3]1999, 36–50.

Appelhans, P.; Braband, H.; Düe, W.; Rath, W.: Übergang von der Schule ins Arbeitsleben – Bericht über ein Projekt mit sehgeschädigten jungen Menschen. Hamburg 1992.

Barraga, N.C.: Increased Visual Behavior in Low Vision Children. (American Foundation for the Blind). New York 1964.

Beermann, U.: Erziehung von Sehbehinderten – Die optische Leistungsfähigkeit als Grundlage der Erziehung und Bildung von Kindern mit geringem Sehvermögen. Weinheim 1966.

Blankenagel, A. u.a.: Hilfe für sehgeschädigte Kinder. Stuttgart [2]1977.

Blankenagel, A.; Jaeger, W.: Wandel in den Ursachen der Blindheit in den letzten hundert Jahren. In: 175 Jahre Blindenbildung in Deutschland – 1806–1981 – Rückblick und Ausblick. (Festschrift zum 175jährigen Jubiläum der Johann-August-Zeune-Schule für Blinde in Berlin-Steglitz). Berlin 1981, 141–154.

Bleidick, U.; Rath, W.: Bedingungen für die Entstehung und Weiterentwicklung der pädagogischen Förderung Behinderter im internationalen Vergleich. In: Mitter, W.; Klauer, K. J. (Hrsg.): Vergleichende Sonderpädagogik. (Handbuch der Sonderpädagogik, Bd. 11). Berlin 1987, 48–98.

Bundesarbeitsgemeinschaft für Rehabilitation (Hrsg.): Die Rehabilitation Behinderter – Wegweiser für Ärzte. Köln 1984.

Bundesminister für Arbeit und Sozialordnung (Hrsg.): Bericht und Empfehlungen der Nationalen Kommission zum Internationalen Jahr der Behinderten 1981. Bonn 1981.

Deutscher Bildungsrat (Hrsg.): Zur pädagogischen Förderung behinderter und von Behinderung bedrohter Kinder und Jugendlicher. (Empfehlungen der Bildungskommission). Bonn 1973

Drave, W.; Schäfer, W. D.: Ergebnisse einer Augenreihenuntersuchung an 24 000 Schülern in Unterfranken. (Reihe »Integration«, Bd. 1). Würzburg 1985.

Freigang, M.: Früherkennung von Sehstörungen und Augenerkrankungen bei Säuglingen und Kleinkindern. In: Bundesvereinigung für Gesundheitserziehung e. V. (Hrsg.): Besser sehen – mehr vom Leben. Bonn-Bad Godesberg 1976, 27–31.

Glofke, E.-M.: Sehgeschädigte Menschen zwischen Stigma und Selbstwertung. Koblenz 1983.

Hamann, B.: Einrichtungen für Blinde und Sehbehinderte. Taschenbuch des Verbandes der Blinden- und Sehbehindertenpädagogen e. V. Hannover-Kirchrode 1993.

Mersi, F.: Sehbehindertenpädagogik und Schwerhörigenpädagogik – Anmerkungen zur Verselbständigungsgeschichte zweier pädagogischer Spezialdisziplinen. In: Zeitschrift für Heilpädagogik 23 (1972), 35–44.

Mersi, F.: Geschichte der Erziehung Sehbehinderter. In: Rath, W.; Hudelmayer, D. (Hrsg.): Pädagogik der Blinden und Sehbehinderten. (Handbuch der Sonderpädagogik, Bd. 2). Berlin 1985, 36–46.

Mersi, F.; Schindele, R.: Überlegungen zur Entwicklung eines flexiblen Bildungssystems für Sehbehinderte in der Bundesrepublik Deutschland. In: Schindele, R. (Hrsg.): Unterricht und Erziehung Behinderter in Regelschulen. Rheinstetten [2]1980, 410–427.

Mohr, H. (Hrsg.): Integration verändert Schule – Konzepte der Arbeit sonderpädagogischer Förderzentren. Hamburg 1993.

Pape, R.: Medizinische Ursachen und Wirkungen von Sehschäden. In: Geißler, H. u. a.: Blinde und Sehbehinderte in unserer Welt. Karlsruhe 1971, 17–84.

Pape, R.: Ophthalmologische Aspekte. In: Rath, W.; Hudelmayer, D. (Hrsg.): Pädagogik der Blinden und Sehbehinderten. (Handbuch der Sonderpädagogik, Bd. 2). Berlin 1985, 487–513.

Rath, W.: Systematik von Behinderungen. In: Bleidick, U. (Hrsg.): Theorie der Behindertenpädagogik. (Handbuch der Sonderpädagogik, Bd. 1). Berlin 1985, 25–47.

Rath, W.: Sehbehindertenpädagogik. Stuttgart, Berlin, Köln, Mainz 1987.

Rath, W.: Blinde Jugendliche. In: Bundesanstalt für Arbeit (Hrsg.): Behinderte Jugendliche vor der Berufswahl – Handbuch für Schule und Berufsberatung. Wiesbaden 1990a, 285–299.

Rath, W.: Sehbehinderte Jugendliche. In: Bundesanstalt für Arbeit (Hrsg.): Behinderte Jugendliche vor der Berufswahl – Handbuch für Schule und Berufsberatung. Wiesbaden 1990b, 301–313.

Rath, W.; Appelhans, P. u.a.: Sehauffällige Schüler in allgemeinen Schulen – Sehbeeinträchtigung als Variable schulischen Lernens. Frankfurt a. M., Bern, New York, Nancy 1985.

Schindele, R.: Didaktik des Unterrichts bei Sehgeschädigten. In: Rath, W.; Hudelmayer, D. (Hrsg.): Pädagogik der Blinden und Sehbehinderten. (Handbuch der Sonderpädagogik, Bd. 2). Berlin 1985, 89–123.

Schmidtke, H.; Schober, H.; Wallmann, G.: Sehanforderungen bei der Arbeit. Stuttgart 1967.

Schulz, R.: Möglichkeiten der beruflichen Integration Sehgeschädigter im dualen Ausbildungssystem mit Hilfe von Computereinsatz. In: Zeitschrift für Heilpädagogik 41 (1990): Beiheft 17, 86–94.

Sorsby, A.: Incidence and Causes of Blindness in England and Wales. (Hobbs) Southampton 1972.

Ständige Konferenz der Kultusminister der Länder in der Bundesrepublik Deutschland (Hrsg.): Empfehlung zur Ordnung des Sonderschulwesens. Bonn 1972.

Ständige Konferenz der Kultusminister der Länder in der Bundesrepublik Deutschland (Hrsg.): Empfehlungen zur sonderpädagogischen Förderung in den Ländern der Bundesrepublik Deutschland. Bonn 1994.

Teumer, E.: Die berufliche Rehabilitation der Sehbehinderten. In: Bericht über die Internationale Sonnenberg-Tagung vom 29. 11.-8. 12. 1968. Braunschweig 1968, 157–181.

Thimm, W.: Soziologische Aspekte von Sehschädigungen. In: Rath, W.; Hudelmayer, D. (Hrsg.): Pädagogik der Blinden und Sehbehinderten. (Handbuch der Sonderpädagogik, Bd. 2). Berlin 1985, 535–568.

Tuttle, D. W.: Self-Esteem and Adjusting with Blindness – The Process of Responding to Life's Demands. (Charles C Thomas) Springfield, III. 1984.

Ward, M. E.: The Visual System. In: Scholl, G. T. (Ed.): Foundations of Education for Blind and Visually Handicapped Children and Youth – Theory and Practice. (American Foundation for the Blind) New York 1986, 35–64.

Wiedenlübbert, S.: Gegebenheiten und Perspektiven der Berufsbildung Sehgeschädigter. In: Kongreßbericht, 29. Kongreß für Sehgeschädigtenpädagogik. Hannover-Kirchrode 1983, 215–223.

Wiedenlübbert, S.: Berufsförderung. In: Rath, W.; Hudelmayer, D. (Hrsg.): Pädagogik der Blinden und Sehbehinderten. (Handbuch der Sonderpädagogik, Bd. 2). Berlin 1985, 368–380.

World Health Organization: International Classification of impairments, disabilities, and handicaps. (WHO) Geneva 1980.

World Health Organization: ICIDH, 2. Teil: Internationale Klassifikation der Sehschädigungen, Fähigkeitsstörungen und Beeinträchtigungen. Übersetzung von R.-G. Matthesius. Berlin, Wiesbaden 1995, 213–413.

C. Sprachbehindertenpädagogik

Alfons Welling

1. Einleitung

Angesichts der Aufgabe, einen Abriß der Sprachbehindertenpädagogik vorzulegen, stellt sich eine Reihe zentraler Fragen. Gibt es gegenwärtig einen unbestrittenen Kern sprachbehindertenpädagogischer Gegenstandsbereiche und damit einen Begriffskern der Sprachbehindertenpädagogik, der entsprechend darstellbar wäre? Setzt man dann einen solchen voraus, dann stellt sich eine zweite Frage. Welcher Inhalt liegt ihm zugrunde, und existiert innerhalb der Sprachbehindertenpädagogik ein ›Konsens‹ hierüber? Wie weit reicht dieser gegebenenfalls? Und schließlich wäre die Frage zu beantworten, wie man denn mit den gewiß sehr verschiedenen theoretischen Grundsatzentscheidungen umgehen möchte, die ja eigentlich, trotz eines möglicherweise vorhandenen Begriffskerns, verschiedene Typen von Sprachbehindertenpädagogik hervorbringen.

Diese Fragen werden im vorliegenden Beitrag anhand ausgewählter Schwerpunkte behandelt. Aufgrund der Vielschichtigkeit der Fragen und der möglichen Antworten erscheint es hinsichtlich der Ausführungen sinnvoll, dabei nicht so sehr nach *der* Sprachbehindertenpädagogik zu trachten, sondern sich von dem möglichen Benutzer- oder Adressatenkreis dieses Beitrags leiten zu lassen und von hierher zu einer Typologie der Darstellung zu gelangen. Bei dieser Aufgabe ist dann zu berücksichtigen, daß es sich, wie bereits im Titel dieser von Ulrich Bleidick organisierten Reihe der *Einführung in die Behindertenpädagogik* zum Ausdruck gebracht, um eine *Einführung* in eine der Teildisziplinen der Behindertenpädagogik handeln soll. Dabei ist als möglicher Adressatenkreis zunächst an diejenigen zu denken, die sich vielleicht zu Beginn ihres Studiums mit Frageweisen, Grundlagen und Problemstellungen dieser Disziplin befassen wollen, oder an diejenigen, die nach Jahren der Praxis sich vergewissern möchten, worin die gegenwärtigen Frageweisen und Problemlagen der Sprachbehindertenpädagogik bestehen oder zumindest, was dafür gehalten werden kann.

Dies bedenkend sollen sprachbehindertenpädagogische Wissens- und Forschungsbereiche an exemplarischen Ausschnitten dargestellt werden, hier allerdings ausschließlich auf das Kindesalter bezogen. Dem liegt die didaktische Absicht zugrunde, eine *Einstellung zum Gegenstandsbereich* der Sprachbehindertenpädagogik zu modellieren, die typische historische und gegenwärtige Denkmuster in Erscheinung treten läßt und problematisiert. Mit diesem Zugang soll eine Voraussetzung geschaffen werden zu erkennen, daß sprachbehindertenpädagogisches Denken heute seinen Ausgangspunkt nicht mehr, wie seit langem üblich gewesen, in den ›Problemen des sprachgestörten Kindes und Jugendlichen‹ sieht, sondern in den problematischen *Bedingungen* ihrer Entwicklung, wobei das einzelne Kind oder der einzelne Jugendliche als Teil dieser Bedingungen betrachtet wird.

Dazu gehört, daß auch von Störungen die Rede sein muß, von Sprach-, Sprech-, Stimm- und Redestörungen, also von der Sprachpathologie. Diese soll an vielen Beispielen im *zweiten Kapitel* ausgeführt werden. Hier gilt es zu bedenken, daß dieser sprachpathologische Begriff von Störung, so wie er in der historischen und gegenwärtigen Fachliteratur verwendet wird, in der Regel die Funktion betont und dabei einen Begriff von Normalität voraussetzt, der einen Vergleichsmaßstab schafft: Gestörte Entwicklung sei funktionell gestört im Vergleich zu normaler Entwicklung, so eine der Grundannahmen, was immer man unter normaler Entwicklung verstehen möchte. Diese Idee von Normalität haben die verschiedenen Bezugswissenschaften (beispielsweise Linguistik, Neurologie) und Praxisdisziplinen wie die Medizin im Auge, in denen historisch und gegenwärtig hauptsächlich die notwendige Grundlagenforschung betrieben wird. Konkret: Es werden im zweiten Kapitel dieses Beitrags Standpunkte zu Sprach-, Sprech-, Stimm- und Redestörungen vorgestellt, die gegenwärtig in bezug auf ein charakteristisches Verständnis dieser Störungen eine Rolle spielen. Diese zu kennen, kann in sprachbehindertenpädagogischer Hinsicht bedeutsam werden. Es ist leicht einzusehen, daß Sprachpathologie nicht dasselbe ist wie Sprachbehindertenpädagogik. Weder befaßt sich die Sprachpathologie mit Fragen der Pädagogik, noch gehört die Beschäftigung mit der konkreten kulturellen und gesellschaftlichen Lebenssituation der Menschen mit Sprachbehinderung zu ihrem wissenschaftlichen Anliegen. Gleichsam die reine Form, das klinische Bild des Pathologischen der Sprache, des Sprechens, der Stimme und der Rede ist ihr Thema. Deshalb sollte man vom Standpunkt der Pädagogik aus ihre Definitionen, Thesen, Hypothesen usw. als Konstrukte betrachten, als abstraktes hypothetisches Wissen. Sprachbehindertenpädagogik dagegen hat es als Pädagogik nicht in erster Linie mit abstrakten Größen, sondern mit konkreten Menschen in ihrer Alltagspraxis zu tun. Abstraktes Konstruktwissen über Sprach-, Sprech-, Stimm- und Redestörungen kann aber mithelfen, so wird hier unterstellt, die Situation der konkreten Kinder und Jugendlichen in ihrer Lebenswelt und den Organisationsbedarf ihrer unterrichtlichen und therapeutischen Förderung zumindest ausschnitthaft zu verstehen. Hier ergänzen sich Sprachpathologie und Sprachbehindertenpädagogik. Eine Abgrenzung beider Gebiete erfolgt im *dritten Kapitel*, und zwar in historischer und systematischer Hinsicht. Schließlich findet Sprachbehindertenpädagogik, jedenfalls ihre institutionalisierte Praxis, in einem gesellschaftlich gewollten und deshalb bildungspolitisch geordneten Rahmen statt. Wichtige Rahmenbedingungen, die für die Realisierung sprachbehindertenpädagogischer Praxis in schulischen Einrichtungen gelten, werden im *vierten Kapitel* angesprochen und sprachdidaktisch gewichtet, vor allem auf schulischen Unterricht und schulische Sprachtherapie bezogen, ehe im *Schlußkapitel* ein Ausblick gegeben wird, der das Verhältnis von Sprachbehindertenpädagogik und Allgemeiner Pädagogik anspricht.

2. Spezielle Grundlagen: Sprachbehindertenpädagogische Konstrukte

Bei den in über hundertjähriger Geschichte vorgenommenen Klassifikationen von Sprachstörungen handelt es sich traditionell in erster Linie um solche nach medizinischen Gesichtspunkten. In jüngerer Zeit liegen weitere, vor allem linguistische Kriterien zugrunde, auch patholinguistische, entwicklungspsycholinguistische, entwicklungsneurologische. So soll im Rahmen dieser allgemeinen Einführung in die Sprachbehindertenpädagogik versucht werden, einen Abriß über sprachbehindertenpädagogische Konstrukte zu geben, allerdings ohne Anspruch auf Vollständigkeit und ohne eine um das Detail bemühte Auslegung.

Es wird in folgender Weise verfahren: Jedem der Unterabschnitte wird eine vorläufige terminologische Abklärung vorangestellt, gefolgt von einem kurzen historischen Abriß über Betrachtungsweisen des jeweiligen Konstrukts, ehe jeweils eine exemplarische Auswahl gegenwärtiger Sichtweisen referiert wird.

2.1 Sprachentwicklungsstörung

Die *Störung* der Sprachentwicklung ist zu unterscheiden von der *Verzögerung* dieser Entwicklung. Während es sich im zweiten Fall um eine zeitlich charakterisierbare Verlangsamung gegenüber der angenommenen Normalentwicklung handelt und jene in dieser Hinsicht ›gestört‹ ist, wird im ersten Fall, mit dem Begriff der Sprachentwicklungsstörung, auf eine spezifische sprachstrukturelle Besonderheit abgehoben, die verschiedene Aspekte des Sprachgebrauchs betreffen kann.

In älteren, medizinisch orientierten Klassifikationen wurde von einer Sprachentwicklungsstörung gesprochen, wenn zumindest drei Voraussetzungen gegeben waren: *Dyslalie* (Stammeln), *Dysgrammatismus* und *Wortschatzdefizite* (Wortschatzschwäche, Wortschatzschwierigkeiten). Teilweise werden diese Voraussetzungen als Ausgangspunkt für Beschreibungsvorschläge noch bis in jüngste Zeit beibehalten, beispielsweise bei Wurst (1980) oder bei Offergeld (1994). Teilweise werden ›ältere‹ mit ›neueren‹ sprachsystematischen Terminologien nomenklatorisch vermengt, ohne genügend auf Strukturidentität der Ansätze zu achten, also darauf, ob die Ansatzpunkte theoretisch überhaupt miteinander harmonieren, wie beispielsweise bei Grohnfeldt (1993). Oder es wird, grundlegender, von explizit sprachtheoretischen und spracherwerbstheoretischen Auffassungen ausgegangen, um das Phänomen der Sprachentwicklungsstörung zu modellieren, beispielsweise in dem von Kriz (1984) herausgegebenen Sammelband. Wie bereits diese vier Literaturbeispiele illustrieren, sind die vorgenommenen Einteilungen und definitorischen Abgrenzungen bis in die Gegenwart sehr uneinheitlich und teilweise widersprüchlich. Dies bestätigt auch eine von Häring, Schabik-Ekbatan und Schöler (1997) ausgewertete Fragebogenerhebung in

250 sprachheilpädagoischen und logopädischen Einrichtungen im deutschsprachigen Raum. Diese Erhebung förderte den Gebrauch völlig uneinheitlicher Definitionskriterien zutage, was unter dem Begriff der Sprachentwicklungsstörung verstanden wird. Es bedürfte einer gesonderten Arbeit, hier eine systematische Kritik zu formulieren und kriterienbegründete Vereinheitlichungsvorschläge zu unterbreiten (ähnlich Amorosa 1984).

Im Zuge der neuerdings stärker psycho- und patholinguistischen sowie sprach(erwerbs)theoretischen Verankerung der Sprachbehindertenpädagogik hat sich seit gut anderthalb Jahrzehnten zunehmend durchgesetzt, Phänomene der Sprachentwicklungsstörung deskriptiv anhand der Kategorien der linguistischen Teildisziplinen zu erfassen. Dabei greifen verschiedene Entwürfe auf die *Grammatik* i.w.S. zurück, auch auf *Phonologie* und *Semantik*, soweit es diesen darum geht, Sprache als ein System, als ein in sich strukturiertes Gebilde zu betrachten, welches nach bestimmten möglichen Regeln prinzipiell aufgebaut ist und funktioniert. Sie werden ergänzt von der *Pragmatik*, deren Ziel es ist, die grundsätzlichen Regeln, nach denen Sprache in Redesituationen eingesetzt wird, also – im linguistischen Sinne – die Regeln des Sprachgebrauchs aufzudecken (Linke, Nussbaumer & Portmann 1996, 6ff.).

Allerdings kann die *Vielfalt* der Aspekte einer Sprachentwicklungsstörung erwartungsgemäß nicht allein auf dieser Grundlage beschrieben werden. Forschungsaktivitäten, die für diesen Zugang zum Problemfeld die eine oder andere linguistische Teildisziplin nutzen (Baumgartner & Füssenich 1997), legen dies auch gar nicht nahe. Soweit erkennbar, werden in der Regel Teilaspekte der kindlichen Sprachentwicklungsstörung je nach linguistischer Ebene herausgegriffen und in besonderer Weise thematisiert.

Eine vergleichbare Beschränkung der Perspektive gilt, wenn es um statistische Angaben zum Vorkommen dieser sprachlichen Beeinträchtigung geht, beispielsweise im Vorschulalter. So kamen Heinemann und Höpfner (1992) nach Durchführung eines Screening-Verfahrens zur Erfassung von Kindern mit Sprachentwicklungsstörung im Mainzer Raum zu dem Ergebnis, daß bei 25 Prozent der Dreieinhalb- bis Vierjährigen eine »hochgradige bzw. mittelgradige« und gar bei 50 Prozent dieser Altersgruppe eine »leichte« Sprachentwicklungsstörung vorlag. Bezüglich solcher

Ergebnisse warnt beispielsweise Grimm (1997, 51) davor, »weiterhin wissenschaftlich nicht haltbare Phantasiezahlen zu verbreiten«. Zusammen mit Doil, Müller und Wilde konnte die Autorin (Grimm et al. 1996) Untersuchungen aus dem amerikanischen Sprachraum auch für deutsche Verhältnisse bestätigen, daß etwa 10 Prozent der dreijährigen Kinder eine persistente Sprachentwicklungsstörung aufweisen, die mit zusätzlichen kognitiven und sozialen Beeinträchtigungen verbunden ist: »Daß 10 % der Vorschulkinder aus dem Bereich der Normalität fallen, sollte alarmierende Wirkung zeigen. Warum aber manche Autoren meinen, von 30% oder sogar noch mehr reden zu müssen, bleibt nicht nur unverständlich, sondern ist vor allem auch unsolide und gefährlich.« (Grimm 1997, 50) Fromm, Schöler und Scherler (1998, 25ff.) referieren Untersuchungen über die epidemiologische Verbreitung von Sprachentwicklungsauffälligkeiten im deutschsprachigen und anglo-amerikanischen Raum, die von Häufigkeiten zwischen drei Prozent und über 20 Prozent in einer Population ausgehen, je nach überprüften Leistungsbereichen und zugrundegelegten Definitionskriterien. Die Autorengruppe faßt ihr eigenes Forschungsergebnis wie folgt zusammen (ebd., 28): »Unsere Untersuchungen bestätigen die aktuell verbreiteten Angaben über die rapide Zunahme von Sprachentwicklungsauffälligkeiten in Deutschland nicht. Nach unserer Schätzung sind etwa 3 % der Kinder eines Jahrgangs als sprachentwicklungsgestört zu betrachten (...).« Andere Quellen sprechen realistisch von fünf Prozent (ebd.); ein Drittel davon wird als »Spezifische Sprachentwicklungsstörung« (specific language impairment: SLI) eingestuft.

Gegenwärtig ist der Begriff *Sprachentwicklungsstörung* in zweierlei Hinsicht differenziert und gebräuchlich: in einem weiten Sinn und im Sinn der »Spezifischen Sprachentwicklungsstörung«. In einem weiten Sinn wird damit jene Gruppe von Symptomatiken bezeichnet, die aufgrund möglicherweise sehr verschiedener Ätiologien und Entwicklungshintergründe auf eine Beeinträchtigung bzw. Verzögerungen der kindlichen Sprachentwicklung verweisen (Grimm 1999). Solche Hintergründe sind ›unspezifisch‹ und können sehr vielfältig sein (beispielsweise bei Sprachgebrauch unter den Bedingungen einer peripher-organischen Schädigung wie bei der Lippen-Kiefer-Gaumen-Segel-Spalte, einer frühkindlichen zentralen Läsion oder Funktionsstörung wie bei zerebraler Bewegungsstörung, sensorischer

Beeinträchtigung wie bei Gehörlosigkeit, Schwerhörigkeit, Blindheit u.a.m.). Was die Formen der Sprachentwicklungsstörung und ihre Symptomatik anbelangt, so scheint, wie bei der ›normalen‹ Lernentwicklung, inter- und intraindividuelle Variabilität ein verläßliches Charakteristikum der Störung zu sein.

Was das Bild der *Spezifischen Sprachentwicklungsstörung* betrifft, so wird von der Annahme einer »spezifischen« Beeinträchtigung sprachlich-struktureller Lernfähigkeiten des Kindes ausgegangen. Die Sprachentwicklung beginnt verzögert, verläuft inkonsistent und desynchronisiert, bei durchschnittlicher nonverbaler Intelligenz (Grimm 1999, 102). Für den deutschsprachigen Raum referieren Schöler, Fromm und Kany (1998) »Erscheinungsbilder, Verlauf und Folgerungen für Diagnostik und Therapie«, so der Untertitel des Herausgeberbandes. Leonard (1998) gibt einen Überblick über den internationalen Forschungsstand. Definitionsgemäß wird hierbei die Gruppe der Kinder ausgeschlossen, bei denen gleichzeitig niedrige nonverbale Intelligenz, sensorische Beeinträchtigungen, neurologische Schädigungen (kindliche Aphasie, Dysarthrophonie), starke sozial-emotionale Auffälligkeiten (bei unauffälligem neurologischen Befund) oder bei pervasiven Störungen (Autismus u.a.) festgestellt werden. Allerdings werden diese Ausschlußkriterien von einigen Autoren problematisiert (Fromm et al. 1998, 23). Auch Kauschke (1998) macht auf die individuelle Variation der Symptomatik aufmerksam und auf die Heterogenität der Störungsbilder bei Kindern dieser Gruppe.

Ob *Sprachentwicklungsstörung* oder *Spezifische Sprachentwicklungsstörung* – ihre Symptome und gegebenenfalls erkannten Regelhaftigkeiten können unter Zuhilfenahme der von der Linguistik bzw. Psycholinguistik bereitgestellten Beschreibungsmittel (bezogen auf die einzelnen Sprachebenen) und mit Bezug auf Entwicklungstheorien analysiert werden. Im folgenden soll hierüber ein geraffter Überblick gegeben werden.

2.1.1 Phonologisch-phonetische Entwicklungsstörung

Einen ersten Zugang zum Verständnis einer Entwicklungsstörung, die phonologisch-phonetisch charakterisiert ist, liefern die theoretischen Bezugssysteme Phonologie und Phonetik. Die *Phonologie* richtet ihre Aufmerksamkeit auf die kleinsten bedeutungsunterscheidenden Einheiten der gesprochenen Sprache, auf die Phoneme. Sie liefert Kenntnisse darüber, welche sprachlichen Elemente die Unterscheidung sprachlicher Ausdrücke (Wort, Wortgruppe, Satz) im Hinblick auf ihre bedeutungsbezogene, inhaltliche Verschiedenheit gewährleisten (Linke et al. 1996, 401ff.). Die (artikulatorische) *Phonetik* befaßt sich mit den Bedingungen und Voraussetzungen für die Ausführung von Sprechbewegungen und sieht diese im koordinierten Zusammenspiel einer Vielzahl von Organen als funktionelle Einheiten gegeben. Hierbei, also bei der Erzeugung lautsprachlicher Zeichen, wirken drei große Funktionsgruppen zusammen: (Sprech-)Atmung (Respiration), Stimmerzeugung (Phonation) und Lautbildung (Artikulation und Resonanz; Wängler 1972; Pétursson & Neppert 1996).

In der einschlägigen Fachliteratur wurden und werden die Fragen einer phonologischen und/oder phonetischen *Entwicklungsstörung* übergreifend auch als *Aussprachestörung des Kindes* diskutiert. So ist der Einbezug von Phonologie und Phonetik als Betrachtungshintergrund zwar notwendig, insofern es um die Beschreibung von *Aussprache* geht, aber nicht hinreichend, insofern es um die Beschreibung oder gar Erklärung der *Entwicklung* dieser Aussprache geht – dies ist mit den Mitteln der Phonologie und Phonetik nicht möglich; ihr Gegenstand ist ein systematischer, kein entwicklungstheoretischer. Auch für ein tieferes Verständnis der *Störung* dieser Entwicklung genügen die Bezugssysteme von Phonologie und Phonetik nicht. Denn um eine Störung als solche zu verstehen, bedarf es einer entwicklungstheoretischen Vergewisserung, weil jede gestörte Aussprache immer an einer entwicklungsmäßigen Norm gemessen wird, sei es im Blick auf ein Alltagsverständnis von ›guter Aussprache‹ eines Kindes in einem bestimmten Alter, sei es unter Verwendung expliziter phonologisch-phonetischer Entwicklungstheorien.

Phonologisch-phonetische Entwicklungsstörung oder Aussprachestörung? Wie immer dieses Phänomen genannt wird, in jedem Fall dienen Phonologie und Phonetik sowie Theorien der phonologischen und phonetischen Entwicklung gleichsam als Bezugshintergrund, wenn es um die Beschreibung von Störungen auf diesem Gebiet gehen soll.

Der historische Aspekt dieser Aussage ist allerdings unter Vorbehalt zu sehen, denn selbstverständlich waren Phonetik und Phonologie und die angesprochene entwicklungstheorische Grundorientierung nicht immer und nicht in derselben Gründlichkeit Bezugssysteme für die Beschreibung und das Verständnis der Aussprachestörung des Kindes wie heute. Denn als Schultheß im Jahre 1830 daranging, die »Krankheit Stammeln« (Dyslalie, gr. *dyslalia*) von der »Krankheit Stottern« (Balbuties, lat. *balbutio*) zu trennen, konnte er sich auf nichts anderes berufen als auf die seinerzeit anerkannte ärztliche Heilkunst. Und so war es später im letzten Viertel des 19. Jahrhunderts von Vorteil, daß die medizinische Praxis zunehmend auch durch die *Sprachphysiologie* als Bezugssystem bereichert wurde (Rothschuh 1978). Im hier gegebenen Zusammenhang fanden sprachphysiologische Erkenntnisse besonders im »Gesetz« von Schultze (1880, 27f.) ihren historischen Kristallisationspunkt. Er ging davon aus, »dass die Sprachlaute im Kindermund hervorgebracht werden, die von den mit der geringsten physiologischen Anstrengung zu Stande kommenden Lauten allmählich übergeht zu den mit größerer, und endet bei den mit größter physiologischer Anstrengung zu Stande gebrachten Lauten.« Dabei verstand Schultze unter »physiologischer Anstrengung« das »Maß der Nerven- und Muskelarbeit, welche nötig ist, um die zur Hervorbringung eines Sprechlautes notwendige Stellung der Stimmwerkzeuge herbeizuführen«. Dieses physiologische Gesetz galt bis Mitte dieses Jahrhunderts neben anderem als Grundlage der wissenschaftlichen Sprachheilkunde (Liebmann 1901; Fröschels 1913; Gutzmann 1924; Nadoleczny 1926; u.a.), ja, es findet sich noch bis in die 90er Jahre im Literaturgut der Sprachbehindertenpädagogik wieder, beispielsweise in Form der Terminologie von den ›leichten‹ und ›schweren‹ Lauten (Überblick bei von Knebel & Welling 1996). In dem Maße aber, in dem die *Phonetik* im Zuge des historischen Wandels ein zunehmend interessantes und wichtiges Bezugssystem für die Beschreibung lautsprachlicher Gegebenheiten wird, wird sie auch wichtig bei der Frage nach der Spezifik kindlicher Aussprachestörung: Nicht mehr (nur) das physiologische ›Kraftmaß von leicht und schwer‹, sondern die phonetische Spezifik der Einzellaute und ihrer koartikulatorischen Bedingungen bei der Hervorbringung von phonetischen Kontexten steht in Betracht (Gutzmann 1911, 67ff.; Wängler & Bauman-Wängler 1983–1986; Schlenker-Schulte & Schulte 1990).

Zum Bemühen in den 60er und vor allem in den 70er Jahren dieses Jahrhunderts, sprachbehindertenpädagogisches Denken weitergehend bezugswissenschaftlich zu fundieren, gehören die frühen Vorschläge von Jussen (1964; 1967) und vor allem von Scholz seit Ende der 60er Jahre (1969; 1974). Diese Autoren plädieren nicht nur für phonetische, sondern – weitergehend – für *sprachwissenschaftliche* Grundlegungen, wenn es um ein – im Sinne des Wortes – ›tiefergreifendes‹ Verständnis von gestörter Aussprache gehen soll. Denn mit dem Einbezug sprachwissenschaftlicher Erkenntnisse geht es nicht mehr nur um Oberflächenphänomene, sondern weitergreifend um strukturelle Tiefenphänomene. Die Phonologie gewinnt Bedeutung, die Phonetik wird deshalb aber nicht unwichtig. Doch nicht nur sprachsystematisches, auch spracherwerbstheoretisches Wissen wird im deutschsprachigen Raum besonders seit Anfang der 80er Jahre immer wichtiger. So wurde das Verständnis der kindlichen Aussprachestörung vor allem durch den seit geraumer Zeit von Scholz geforderten Einbezug *phonologischer* Aspekte grundlegend erweitert (auch Hacker & Weiß 1986; Hacker 1997; Hacker & Wilgermein 1999; Romonath 1991).

Um auf die begriffliche Seite dieser Störung zurückzukommen – was bedeutet *phonologisch-phonetisch*? Um ein Wort aussprechen und diese Aussprache analysieren zu können, bedarf es der Berücksichtigung von zunächst zwei Aspekten: Phonetisch betrachtet wird das Wort respiratorisch, phonatorisch und artikulatorisch realisiert. Phonologisch gesehen setzt dies ein sprachbezogenes phonologisches Wissen voraus, auf dem diese Realisierungen gründen. Deshalb wird kindliche Aussprachestörung zunehmend als phonetisch-phonologische bzw. als phonetische und/oder phonologische Entwicklungsstörung gefaßt.

Die in diesem Beitrag vorgeschlagene Beschreibungsart *phonologisch-phonetisch* ist motiviert durch Auffasssungen über phonologische Entwicklung, wonach es die Aneignung des *phonologischen* Systems ist, das den phonetisch beschreibbaren Sprachlautproduktionen und -rezeptionen erst ihre phonologisch erklärbare sprachliche Ordnung verleiht – und nicht umgekehrt. Phonologische und phonetische *Entwicklung* stehen, so eine kognitionstheoretische Hypothese, in einem engen Wechselwirkungsverhältnis, mit Betonung der phonologischen Seite. Bei der *Störung* dieser Entwicklung handelt es sich folglich um eine *phonologisch-phonetische Entwicklungsstörung* (Ingram 1976; Macken & Ferguson 1983; Stoel-Gammon 1991).

2.1.2 Morpho-syntaktische Entwicklungsstörung

Bekanntlich haben sprachliche Äußerungen eine *Form* – auf der Wort- wie auf der Satzebene. Die Morphologie ist die ›Lehre von den Wortarten‹, die Syntax die ›Lehre vom Satz‹. Die *Lehre von den Wortarten* thematisiert jene Wortformen und Wortklassen, die nach grammatischen Kriterien gebildet werden: Wortbildungsmöglichkeiten, morphologische Ausprägungsmöglichkeiten (wie Flexion), syntaktische Verwendungsmöglichkeiten. Die *Lehre vom Satz* umgreift die Lehre von den Regeln, nach denen in einer Sprache aus den Wörtern größere Einheiten geformt werden: Phrasen, einfache Sätze und schließlich komplexe, aus mehreren Teilsätzen zusammengesetzte Satzgefüge. Syntaxregeln beinhalten Aussagen über die Kombinatorik von syntaktischen Wörtern zum Bau von Sätzen. Mit dem Terminus *morpho-syntaktisch* ist also ein enger Form-Funktionszusammenhang zwischen Morphologie und Syntax zum Ausdruck gebracht (Linke et al. 1996, 47f.). Was die Aneignung dieses sprachlichen Teilbereichs durch das Kind betrifft, geht man von der allgemein akzeptierten Tatsache aus, daß der Form-Funktionszusammenhang in der sich entwickelnden Kindersprache nicht identisch ist mit dem der Erwachsenensprache.

Die gegenwärtige Sprachpathologie verfolgt die Tendenz, linguistisches Beschreibungswissen von Grammatik, also von Morphologie und Syntax, zu nutzen, um sich entwickelnde morpho-syntaktische Strukturen in der Kindersprache zu dokumentieren, sie in eine vergleichende Beziehung zu Hypothesen über grammatische Entwicklung zu setzen (welcher Theorie auch immer) und Störungen in diesem Prozeß zu markieren. Dabei werden noch sehr verschiedene Terminologien für dieses entwicklungstheoretische Konstrukt verwendet, mit teilweise gleicher, teilweise sehr unterschiedlicher Bedeutung. Sie reichen von »Dysgrammatismus« oder »Entwicklungsdysgrammatismus« über »Entwicklungsdysphasie« (engl. *developmental dysphasia*; Wyke 1978) bis zu »Störungen der Grammatik«, um nur einige aktuelle Beispiele zu nennen.

Ein historisches Verdienst kommt besonders Liebmann (1901) zu. Als Spracharzt trug er um die Jahrhundertwende maßgeblich zur Überwindung der in erster Linie an Erwachsenen ausgerichteten aphasiologischen Betrachtung von gestörter Kindersprache bei. In seinem gleichnamigen Aufsatz über den *Agram-*

matismus infantilis stellte er verschiedene »Arten« (Syndrome) zusammen, wobei er in besonderer Weise die grammatische Seite des auffälligen Sprachgebrauchs beim Kind reflektierte. In der Praxis wurden die »Arten« über Jahrzehnte im Sinne von Schweregraden interpretiert, was keineswegs Liebmanns Absicht gewesen war. Dannenbauer (1983, 98), der sich seit den 80er Jahren als einer der ersten und renommiertesten Vertreter innerhalb der Sprachbehindertenpädagogik mit der Theoriebildung auf diesem Gebiet auseinandergesetzt hat, kommt in seiner Analyse zu folgendem Schluß: »Im Grunde ist das Kriterieninventar der Einteilung nach Schweregraden als ein Sammelsurium vager Anhaltspunkte zu betrachten, das der Erwachsenengrammatik entnommen ist, und das weder über die individuelle Ausprägung der grammatischen Störungen noch über die Verständlichkeit der Sprache – geschweige denn über die sprachliche Handlungskompetenz des einzelnen Kindes – irgendetwas aussagen kann.« Die Gründe für das langjährige Stagnieren der Forschung auf dem Gebiet der morpho-syntaktischen Entwicklungsstörung sieht Dannenbauer unter anderem darin, daß die kritiklose Verwendung des von Liebmann (1901) dargestellten »Agrammatismus infantilis« in den medizinischen oder medizinisch orientierten Ansätzen einen gesicherten Kenntnisstand suggerierte. Damit sei über die eigentlich bestehende Unsicherheit und Unwissenheit auf diesem Gebiet hinweggetäuscht worden.

Der klassische Dysgrammatismusbegriff ist unter anderem das Ergebnis der unpräzise formulierten Bezugssysteme (siehe »präskriptive Erwachsenengrammatik«; Scholz 1981). Wird in der sprachpädagogischen Praxis eine solcherart außerindividuelle Bezugsgröße der Sprachgemeinschaft zugrundegelegt, sind diagnostische und therapeutische Fehlurteile vorprogrammiert: Präskriptive, also vorschreibende und Normen setzende Grammatiken verfehlen die sprachliche Wirklichkeit eines Kindes. Erst die systematische Beachtung und Berücksichtigung von Forschungsergebnissen vor allem aus dem angloamerikanischen Raum (beispielsweise aus der Linguistik, Sprachpsychologie, Spracherwerbsforschung) haben die inhaltliche Unzulänglichkeit sowie sprachdiagnostische und sprachtherapeutische sowie sprachunterrichtliche Untauglichkeit dieser hier auch aus klassisch-medizinischer Perspektive verfolgten Ansätze offenkundig gemacht. Für den deutschsprachigen Raum wären in diesem Zusammenhang vor allem die Forschungsgruppen um Clahsen, Grimm und Schöler zu würdigen (eine Auswahl: Clahsen 1988; Dannenbauer 1997a; Grimm 1999; Hansen 1996; Rothweiler, Pitsch & Siegmüller 1995; Schöler et al. 1998). Zentrales Bestreben neuerer Forschungsarbeiten ist die detaillierte und systematische Beschreibung der Erscheinungsformen. Diese dient als Grundlage für das Generieren von Hypothesen, anhand derer man etwas über die Normalentwicklung kindlicher Sprache erfahren und gegebenenfalls auch das Zustandekommen derartiger Störungen erklären kann.

Aufgrund der Forschungshypothesen wird das Störungsbild in einer gewissen übereinstimmenden Tendenz folgendermaßen definitorisch eingeengt: Die Sprachentwicklung setzt verzögert ein und verläuft verlangsamt; die sogenannte nonverbale Testintelligenz liegt mindestens im Normalbereich; sogenannte Primärdefizite (wie allgemeine geistige Retardierung, Sinnesschädigungen, psychische Beeinträchtigungen) sind auszuschließen; die sprachlichen Schwierigkeiten der betroffenen Kinder liegen vornehmlich im morpho-syntaktischen Bereich. Meist ist das Erscheinungsbild auch durch phonologisch-phonetische Auffälligkeiten gekennzeichnet.

Gegenwärtig kann das Erscheinungsbild im ganzen weder einheitlich beschrieben noch erklärt werden. Daher ist es auch (noch) nicht möglich, die morpho-syntaktische Entwicklungsstörung positiv und explikativ zu definieren. Der Sachverhalt wird infolgedessen dadurch bestimmt und abgegrenzt, daß diejenigen Faktoren genannt werden, die auszuschließen sind, wenn es sich um die hier gemeinte Störung der Sprachentwicklung handelt. Die wenig gesicherten Erkenntnisse hinsichtlich des Erscheinungsbildes und der Entstehungsbedingungen spiegeln sich in der Heterogenität der Auffassungen und in der Uneinheitlichkeit der Terminologie bezüglich dieser Störung besonders krass wider.

2.1.3 Semantisch-lexikalische Entwicklungsstörung

Sprachliche Äußerungen haben nicht nur eine Form, sie haben auch einen *Inhalt*, womit das zentrale Charakteristikum von Sprache zum Ausdruck gebracht scheint: Ohne inhaltliche Aussage bliebe der Sprachgebrauch ohne kommunikative Bedeutung, liefe in zweifacher Hinsicht ins Leere: in der des sprachlichen Zeichens als solchem und der des Sprache gebrauchenden Menschen. Ersteres ist hier von Interesse: Es muß eine systematische Beziehung geben zwischen den sprachlichen Zeichen und dem, was mit ihnen bezeichnet wird. Mit dieser Frage beschäftigt sich die Semantik, die *Lehre von den Bedeutungen* sprachlicher Äußerungen und den *lexikalischen Eigenschaften* der Wörter (Linke et al. 1996, 131ff.).

Schon früh wurde in der sprachheilkundlichen Literatur das *Wort* und seine *Bedeutung* mit dem *Begriff* zusammengeführt, wobei das Wort selbstverständlich noch nicht semantisch, also sprachgebunden betrachtet wurde, aber auch nicht (mehr) sensualistisch, also sinnenbezogen: »Worte sind uns mehr als nur in Laute umgesetzte Bilder der Dinge, wie sie in den Sinnen sich abspiegeln, sie sind uns *Bilderzeichen* für die Dinge, wie wir sie durch Abstraction mit hinter dem ewigen Wechsel ihrer Erscheinungen *begriffen* haben, d.i. *Begriffszeichen*.« (Kussmaul 1877, 13; Hervorh.i.Orig.) In dieser Definition ist das Wort nicht mehr ein »Spiegel rein sinnlicher Anschauungen« (ebd., 12), das man sich möglichst häufig ›sinnlich‹ (durch Hören, Sehen, Tasten usw.) zugänglich machen kann, um einen ›Wortschatz‹ sozusagen von außen anzuhäufen. Worte sind nach Kussmaul vielmehr »Zeichen für die Vorstellung« (ebd., 23), wobei »Vorstellung« zu jener Zeit, wie bei Preyer (1923, 347) nachzulesen, ›Assoziationsverknüpfung‹ oder ›Erinnerungsverknüpfung‹ bedeutete, identisch mit ›Begriff‹, wie Preyer am Beispiel ›Milch‹ erläutert: »Das oft empfundene süße, warme Naß, das mit dem Saugen associiert ist, bildet nunmehr eine relativ klare Vorstellung und zwar eine der ersten, wenn nicht die erste. Entsteht diese Vorstellung oft, so verknüpfen sich die zu ihrer Bildung notwendig gewesenen Einzelwahrnehmungen immer fester.« Wörter als Mittel der Äußerung von Vorstellungen bilde das Kind, so in gleicher Weise bei Kussmaul und Preyer, hauptsächlich durch Schallnachahmung, Begriffe durch Assoziationen, verbunden durch die Bedeutung, die die Erwachsenen den Wörtern geben bzw. die in den Dingen selbst liegen. Dieses Verständnis von Wort, Begriff und Bedeutung lag, vorbehaltlich einer genaueren Prüfung, dem Entwicklungs- und Sprachpathologiegedanken der sprachheilkundlichen Theoriebildung jahrzehntelang zugrunde. Nach Treitel (1894, 6) lerne das Kind »im Laufe von drei bis vier Jahren die Sprache seiner Heimat, (...) den Schall und die Bedeutung der

Worte (...).« Für Erscheinungen, die dieser Norm nicht genügen, findet man daraufhin im Sinne der phoniatrischen Begriffsbildung (Luchsinger 1959) Ausdrücke wie »Wortschatzschwäche«, »Wortschatzstörung«, »verminderter Wortschatz«, »eingeschränkter Wortschatz«, »undifferenzierte Begriffsbildung«, »Sprechscheuheit«, »Ausdrucksarmut«, »Wortfindungsstörung« u.a.m. Sogar Veröffentlichungen jüngeren Datums verzichten aus ätiologischen Erwägungen für ein Verständnis von »Wortschatzschwäche« nicht auf klassisch-phoniatrische Beschreibungen wie »angeborener, familiärer Schwachschwächetypus« (Böhme 1983, 55) oder »allgemeine Sprachentwicklungsschwäche« (Grohnfeldt 1991, 7), auch wenn sie, wie letztere, terminologisch als »Störungen der Semantik« (ebd.) gefaßt werden (Jürgens 1996). Wortbegriff, Bedeutungsbegriff und Begriffsbegriff sind innerhalb der wissenschaftlichen Sprachheilkunde und der jüngeren Sprachbehindertenpädagogik theoretisch noch unzulänglich differenziert.

Wie bereits bei der Frage der morpho-syntaktischen ist auch im Fall der semantisch-lexikalischen Entwicklungsstörung die gegenwärtige Diskussionslage widersprüchlich und theoretisch unbefriedigend. So kommt Dannenbauer (1997b, 14) zu der Feststellung, daß die Frage der »Wortfindungsprobleme« bei Kindern »ein sehr vernachlässigtes Thema der Sprachpathologie in den deutschsprachigen Ländern« ist. Und Füssenich (1997, 80) urteilt gar: »Das Problem der Bedeutungen und vor allem das der Bedeutungsentwicklung ist ungelöst.« Deshalb ist es vielleicht hier wie dort der beste Weg, sich verstärkt kritisch mit Forschungsrichtungen (z. B. linguistisch, psychologisch, entwicklungspsychologisch) und Forschungsansätzen (z. B. behavioristisch-lerntheoretisch, kognitionstheoretisch, psycholinguistisch) auseinanderzusetzen, die die Entwicklungsprobleme von Wortbedeutung und deren semantisch-lexikalischer Beschreibung thematisieren (Braun 1991; Seiler & Wannenmacher 1983; 1985; Szagun 1991; Wannenmacher & Seiler 1981). Je nachdem, welche Forschungsrichtung zugrundegelegt ist, wird das Arbeitsfeld der semantisch-lexikalischen Entwicklungsstörung beurteilt. Hierzu einige Beispiele: *Linguistische* Bedeutungsforschung erklärt sozusagen das Wort durch das Wort; sie versucht, durch Annäherung an andere Wörter (Worterklärungen im Lexikon), durch Gleichheits- oder Kontrastbeziehung zur Bedeutung eines anderen Wortes zu kommen (Bedeutung eines Wortes als Summe ›semantischer Merkmale‹). *Psychologische* Bedeutungsforschung erklärt das Wort durch den Begriff, und zwar durch Rückgriff auf die allgemein gebräuchliche Bedeutungsinterpretation (Bestimmung von Verwendungsarten und -restriktionen von Wörtern und Sätzen in alltäglichen Sprachgebrauchssituationen) und auf begriffliche Strukturen oder Repräsentationen (auf das entsprechende Wissen und Verstehen, das den Bedeutungen eines ›semantischen Feldes‹ unterliegt). *Entwicklungspsychologische* Bedeutungsforschung erklärt Wortentwicklung (semantisch-lexikalische Entwicklung) durch begriffliche Entwicklung, also durch Rückgriff auf die sich entwickelnden begrifflichen Strukturen oder Repräsentationen. Nach einer Beurteilung Brauns (1991, 196) erscheint dieses Modell der begriffsorientierten Bedeutungsforschung »hinreichend theoretisch fundiert und empirisch nachvollziehbar belegt«, so daß ihm »große semantikdidaktische Bedeutung« zukommt. Nach diesem Forschungsansatz liegen semantisch-lexikalische Entwicklungsstörungen keineswegs im begrifflichen Bereich begründet, sondern in einer Asynchronität von begrifflicher Strukturiertheit und Wortgebrauch. Darüber hinaus wird gegenwärtig das Konzept des *mentalen Lexikons* diskutiert, auch innerhalb der Sprachbehindertenpädagogik (Dannenbauer 1997b; Glück 1998). In diesem Lexikon, so wird angenommen, ist das sprachliche Wortwissen in organisierter Form netzwerkartig gespeichert. Speicherungswirksamkeit und Abrufkapazität formaler und inhaltlicher Sprachelemente können in spezifischer Weise beeinträchtigt sein und zu entsprechenden Worterkennungs-, Wortbenennungs- und Wortfindungsschwierigkeiten führen.

2.2 Neurolinguistische und neurophonetische Sprach- und Sprechstörung im Kindesalter

Die im folgenden vorgenommene Einteilung von Sprach- und Sprechstörungen in *neurolinguistisch* und *neurophonetisch* erfolgt in Anlehnung an die international gebräuchliche Klassifikation von Sprachgebrauch und Sprechtätigkeit bei neurologischen Erkrankungen (Blanken, Dittmann, Grimm, Marshall & Wallesch 1993). Während der Begriff *neurolinguistisch* auf die systematische Seite der Sprache zielt, beispielsweise bei Aphasie (Sprache als System betroffen), wird mit dem Terminus *neurophonetisch* auf das Insgesamt der Sprechrealisation verwiesen, wie von von Cramon und Vogel (1984, 72) beschrieben wird: »Neurophonetik befaßt sich nicht nur mit den zentralen Stimmstörungen, sondern gleichfalls auch mit den durch Hirnläsion bedingten Störungen der Artikulation (Dysarthrie im engeren Sinne), der Sprechatmung und der Prosodie.«

So wird mit der Bezeichnung *Aphasie* eine Beeinträchtigung sprachsystematischer Fähigkeiten (Sprechen, Verstehen, Lesen, Schreiben) bezeichnet, also eine Beeinträchtigung in den phonologischen, morphologischen, syntaktischen, semantischen und lexikalischen Bereichen der Sprache; es handelt sich um eine multimodale Störung des Sprachsystems. Diese können je nach Aphasietyp mehr oder weniger stark betroffen sein, je nach den aphasischen Hauptsyndromen. In jedem Fall ist Aphasie eine Sprachstörung (Huber, Poeck & Weniger 1997). Anders bei der *Sprechapraxie*. Diese betrifft ausschließlich die Fähigkeit, gesprochene Sprache zu äußern, das heißt genauer, die Sprechbewegungsabläufe in ihren räumlich-zeitlichen Aspekten zu planen (zu »programmieren«). Insofern sind nur phonologisch-phonetische Leistungen beeinträchtigt. Im Gegensatz zur Aphasie als einer multimodalen Störung ist die (reine) Sprechapraxie als (reine) Outputstörung unimodal betroffen, wenn auch häufig inkonstant. Die semantische und syntaktische Verarbeitung kann unauffällig sein (Ziegler & von Cramon 1989). Da aber eine Sprechapraxie im Erwachsenenalter selten ohne Aphasie vorkommt, muß auch mit Beeinträchtigungen in den sprachsystematischen Fähigkeiten gerechnet werden (Sprachverständnis, schriftsprachliche Leistungen). Auch bei der *Dysarthrophonie* handelt es sich nicht, wie bei der Aphasie, um eine neurolinguistische Störung, sondern um eine neurophonetische, also um eine Störung des Sprechens und mithin der Resonanz, der Sprechatmung und der Phonation. Es geht hierbei also nicht um eine reine Artikulationsstörung (Huber 1997). Deshalb ist häufig auch – statt von Dysarthrie – von Dysarthrophonie die Rede. Beeinträchtigungen im motorischen System zeigen sich in Form von Schwächungen, Verlangsamungen, Dyskoordinationen und Tonusveränderungen der betroffenen Muskulatur, aber nicht nur in Störungen der Sprechmotorik, sondern auch in weiteren motorischen Subsystemen wie Kauen, Schlucken und Mimik (Ziegler, Vogel, Gröne & Schröter-Morasch 1998).

Im folgenden werden diese allgemeinen Ausführungen zur Nomenklatur der neurolinguistischen und neurophonetischen Sprach- bzw. Sprechstörungen im Erwachsenenalter nicht weiter verfolgt. Hier sollen auschließlich einige Hinweise gegeben werden zu einer Perspektive der kindersprachlichen Phänomene dieser Störungen. So wird kurz auf kindliche Aphasie bzw. erworbene Aphasie im Kindesalter, auf Entwicklungssprechapraxie und auf Entwicklungsdysarthrophonie eingegangen.

2.2.1 Aphasie im Kindesalter und Entwicklungsaphasie

Aphasien sind neurologisch bedingte Sprachstörungen. Das *A-* in *Aphasie* (gr. *phasein = sprechen*, mit Alpha privativum) verweist nicht eigentlich auf einen Sprach*verlust* im Sinne von Sprachlosigkeit oder auf einen *ursächlichen* Mangel im Hinblick auf Sprachgebrauch und Sprachverstehen, sondern auf ein *funktionelles Versagen einer Tätigkeit* (Kandler 1959). Genau wie bei den vorherigen Klassifikationsbeispielen von Sprachstörungen kommt es hier noch weniger auf die vernehmbare *Sprech*äußerung an, da Aphasie als *Sprach*störung gilt, deren Erwerb im Kindesalter von dem im Erwachsenenalter unterschieden werden muß.

Unter Aphasie wird in der klassischen Aphasiologie üblicherweise eine erworbene Störung der Sprache *nach vollzogenem Spracherwerb* verstanden, die infolge einer organischen Hirnschädigung auftritt und alle Sprachmodalitäten (Sprachproduktion, Sprachrezeption, Lesen und Schreiben) betrifft. Schon früh wird im sprachpathologischen Schrifttum vor Gleichsetzungen von Aphasie im Erwachsenenalter und im Kindesalter gewarnt. »Jedenfalls hat man sich den Aphasien der Kinder gegenüber anders als denjenigen der Erwachsenen zu verhalten«, so resümierte Treitel (1894, 80) bereits Ende des vergangenen Jahrhunderts das, was er unter »Sprachlosigkeit« im Kindesalter verstand. Und seine anatomisch-physiologische Argumentation in diesem Zusammenhang erinnert in gewisser Weise, wenn auch tatsächlich sehr vage, an das, was später »Plastizität des kindlichen Gehirns« genannt wird (Kandel et al. 1996).

Von *erworbener Aphasie im Kindesalter* spricht man im neurolinguistischen Verständnis dann, wenn nach entwickelter Erstsprache, also etwa nach dem vierten Lebensjahr, die entwickelten Funktionen für Sprachproduktion und Sprachperzeption wieder ›zerfallen‹ (Förster & Welling 1991, 110ff.; Satz & Lewis 1993, 646f.; Wallesch & Kertesz 1993, 99). Leischner (1987, 272) definiert die erworbene Aphasie im Kindesalter in folgender Weise: »Von kindlichen Aphasien kann man nur dann sprechen, wenn bei Kindern, deren Sprachentwicklung bereits abgeschlossen war, durch eine Hirnerkrankung oder Hirnverletzung ein vollständiger oder teilweiser Verlust der Sprache eingetreten ist.« Traumatische Hirnschäden sind die häufigste Ursache (bedingt durch Verkehrsunfälle, Sportunfälle, Stürze, Mißhandlungen u.a.). Weitere Ursachen können Epilepsien, vasculäre Erkrankungen, Hirntumore, Gehirnabzesse, Gehirnentzündungen sowie degenerative Erkrankungen des Zentralnervensystems sein. Symptomatisch sind vorwiegend Auffälligkeiten der Sprachproduktion: Reduzierung der Spontansprache, also eine Art mutistischen Schweigens; nichtflüssiges, stockendes, telegrammartiges Sprechen; Auffälligkeiten auf der phonologisch-phonetischen, semantisch-lexikalischen und morpho-syntaktischen Ebene; Störungen des Schriftsprachgebrauchs (wenn Lese- und Schreibfähigkeiten zuvor angeeignet werden konnten).

Während in der deutschsprachigen Literatur Aphasie im Kindesalter *nach* der Erstsprachentwicklung von der Aphasie in den ersten Lebensjahren unterschieden wird, wird in der neueren anglo-amerikanischen Forschungsliteratur der Begriff *Aphasie* auf das Kind in jeder Altersstufe bezogen, das nach Hirnschädigung eine Beeinträchtigung seiner Sprache aufweist, unabhängig davon, in welcher Entwicklungsphase es sich zur Zeit der Schädigung befindet (Martins 1994). Terminologisch wird dann zwischen *erworbener Aphasie im Kindesalter* (engl. *acquired childhood aphasia* oder einfach *childhood aphasia*) und *Entwicklungsaphasie* (engl. *developmental aphasia* oder *developmental dysphasia*) abgegrenzt (Satz & Lewis 1993), um den Zeitpunkt der Schädigung neurolinguistisch zu berücksichtigen: »rather than *losing* language ... actually suffer from a failure to *develop* language« (Cantwell & Baker 1987, 3).

2.2.2 Entwicklungssprechapraxie

Ist von Sprechapraxie (engl. *apraxia of speech*) im Erwachsenen- oder im Kindesalter die Rede, dann ist, wie bei Aphasie, immer eine Unterscheidung von Sprache (engl. *language*) und Sprechen (engl. *speech*) impliziert: *Sprache* als Verstehen und Formulieren von Wörtern und Sequenzen von Wörtern ist grammatisch geordnet und steht im Dienst des Austauschs von Menschen über ihre Gedanken und Gefühle, Ideen und Bedürfnisse; *Sprechen*, das die Wahrnehmung von Einzellauten und Lautsequenzen impliziert und der Ermöglichung von sprachlichem Austausch dient, meint die Realisation selbst. Hieran anschließend kennzeichnen Darley, Aronso und Brown (1975, 250ff.), die im internationalen Raum zunächst bedeutensten Vertreter dieses neurophysiologischen Konzeptes, die Sprechapraxie als »impairment of motor speech programming«. Dieses äußert sich in einer Art spezifischer Suchhandlungen bei zielgerichteten artikulatorischen Bewegungsabläufen zur Hervorbringung bestimmter Laute, Lautsequenzen und Wörter (Gracco 1991). Mit der Klassifikation dieser Störung der Sprechbewegungskontrolle als ›Programmierstörung‹ ist Sprechapraxie abgegrenzt von Aphasie als (multimodaler) Sprachstörung und von Dysarthrophonie als einer Art ›Ausführungsstörung‹ aufgrund geschädigter Innervation der Sprechmuskulatur.

Noch mehr als die Sprechapraxie im Erwachsenalter ist die verbale Entwicklungssprechapraxie im Kindesalter ein wissenschaftlich umstrittenes und vieldiskutiertes Thema im Bereich der kindlichen Sprach- und Sprechstörungen, vor allem im angloamerikanischen Raum. Im deutschsprachigen Raum wird dieser Problematik gegenwärtig noch wenig Aufmerksamkeit zuteil. Die Entwicklungssprechapraxie (engl. *developmental verbal apraxia* bzw. *dyspraxia* oder *developmental apraxia of speech*) verweist auf eine Symptomatik, die der erworbenen Sprechapraxie im Erwachsenenalter durchaus vergleichbar ist, hauptsächlich auf der Ebene der Sprachproduktion.

Bereits in den 50er Jahren hat Froeschels (1952, 29) auf die Notwendigkeit einer Unterscheidung aufmerksam gemacht: »The possibility of the existence of apraxia in a ›spastic child‹ should be remembered constantly if his skill is less developed than is to be expected from the degree of paralysis present.« Allerdings hatte der Autor eine Art Extremitätenapraxie im Kindesalter im Sinn, weniger eine verbale *Sprech*apraxie. Dieses Phänomen beschrieb

Morley (1967, 237). Die Autorin führte aus, die Sprechbewegungsmuskeln erschienen ›normal‹ für unwillkürliche und spontane Bewegungen sowie für willentliche Nachahmungen von Bewegungen, aber anderenfalls unangemessen. Hierzu heißt es: »... inadaequate for the complex and rapid movements used for articulation and the reproduction of sequences of sounds used in speech«.

Die verbale Entwicklungssprechapraxie ist ätiologisch unbestimmt. Symptomatisch hierfür ist eine Art Artikulationsstörung mit der Hauptcharakteristik einer auffälligen Sequenzierung von Artikulationsbewegungen. Schwierigkeiten bei der Planung und Ausführung sprechmotorischer Bewegungen, artikulatorisch-tastendes ›Suchen‹ nach dem Ziellaut, der Zielsilbe, dem Zielwort; Inkonstanz der lautlichen Produktionen – dies sind Beispiele für die Symptomatik dieser Sprechstörung, die zudem mit Auffälligkeiten im sprachlichen Bereich (vor allem in der Grammatikalität) einhergehen kann, vor allem bei schwereren Formen (Square 1994).

Offenbar erinnert die Symptomatik stark an das Bild der oben beschriebenen phonologisch-phonetischen Entwicklungsstörung. In der Tat wird diese Perspektive gegenwärtig kontrovers diskutiert (Velleman 1994): Inwieweit handelt es sich bei der Entwicklungssprechapraxie um ein eher *phonetisches* Problemfeld (mit begleitenden sprachlichen Beeinträchtigungen), inwiefern um ein vornehmlich *phonologisches* (mit Konsequenzen auf der Ebene der Artikulation)? Im ersten Fall würde es sich um eine ›motorische Programmierungsstörung‹ handeln, die das Kind daran hindert, unter Berücksichtigung der Koartikulationsbedingungen eine Strategie der wortspezifischen zeitkontrollierten ›motorischen Programme‹ zu entwickeln; es hätte Schwierigkeiten, Geschwindigkeit und Dauer der Artikulationsbewegungen innerhalb des Vokaltraktes zu planen und durchzuführen. Im zweiten Fall würden sich typische phonologische Prozesse zeigen, beispielsweise als Vereinfachungen von Konsonantenverbindungen, bei regelhafter Veränderung der erforderlichen Artikulationsstellen oder als gegenseitiger Austausch von Artikulationsstellen und Überwindungsmodi, wenn etwa Lippenlaute gleich häufig ersetzt werden durch Alveolarlaute wie Alveolarlaute durch Lippenlaute, was dann als ziemlich stabiles Charakteristikum bei verbaler Entwicklungssprechapraxie gilt (Ammann 1997). Als wahrscheinlich erfolgreiche Forschungsperspektive wird eine »phonologisch-phonetische« Orientierung vorgeschlagen, die die Spezifika der phonetischen und phonologischen Seite und ihre wechselseitigen Beziehungen berücksichtigt (Glasson 1984, 93f.).

Im ganzen ist die Forschungslage allerdings noch sehr uneinheitlich. Noch Anfang der 90er Jahre wird bemängelt, daß die Erkenntnisse über die Sprechapraxie im Erwachsenenalter oft ohne jede Modifizierung auf das Kindesalter angewendet werden (Stackhouse 1992; Stackhouse & Snowling 1992).

2.2.3. Entwicklungsdysarthrophonie

Bei der *Dysarthrophonie* handelt es sich nicht, wie bei Aphasie, um eine Sprachstörung, sondern um eine Störung des Sprechens und mithin der Resonanz, der Sprechatmung (Respiration) und der Stimmgebung (Phonation), also nicht um eine reine Lautbildungsstörung im Sinne einer Artikulationsstörung. Deshalb ist häufig auch – statt lediglich von Dysarthrie – von »Dysarthrophonie« (Peacher 1950) die Rede, um den funktionellen Zusammenhang von Respiration, Phonation und Artikulation zum Ausdruck zu bringen, seltener von »Dysarthrophonopneumie«, wie von Netsell (1984) vorgeschlagen worden war. Beeinträchtigungen im motorischen System zeigen sich in Form von Schwächungen, Verlangsamungen, Dyskoordinationen, Tonusveränderungen der betroffenen Muskulatur nicht nur als Sprechstörung; sie zeigen sich auch in weiteren motorischen Subsystemen wie Kauen, Schlucken und Mimik (Ziegler et al. 1998).

Entwicklungsdysarthrophonie (engl. *developmental dysarthria*) ist eine relativ neue Bezeichnung im Klassifikationssystem kindlicher Sprach- und Sprechstörungen. Damit wird eine Sprechstörung in Verbindung mit neuropathologischen Gegebenheiten bezeichnet, vor allem in Verbindung mit einer Hirnschädigung vor oder während der Sprach- und Sprechentwicklung. Aus theoretischen und empirischen Gründen ist eine Entwicklungsdysarthophonie nicht mit einer erworbenen Dysarthrophonie bei Erwachsenen gleichzusetzen. Während letztere eine neurophonetische Störung nach erworbener Sprache betrifft, ist erstere ausschließlich dem Kindesalter zugerechnet: »Der Unterschied zu den Dysarthrien bei Erwachsenen liegt darin, daß die Motorik beim Eintritt der Störung noch nicht, wenig oder fehlentwickelt ist und dadurch artikulatorische Bewegungsmuster noch nicht genügend erworben werden konnten.« (von Deuster 1984, 309).

Vor allem eine kindliche zerebrale Bewegungsstörung zum Zeitpunkt vor (pränatal), während oder unmittelbar nach der Geburt (perinatal) oder in der frühen Kindheit (postnatal) kann sich in Form einer Entwicklungsdysarthrophonie auswirken (Thomson & Robin 1993). Nach älteren im deutschsprachigen Raum durchgeführten Untersuchungen von Böhme (1976, 122) ließ sich bei 30% der von ihm untersuchten Kinder mit zerebraler Bewegungsstörung eine Dysarthrophonie finden. Einige Beispiele für ursächliche Hintergründe seien genannt (von Arentsschild 1982, 122), so für pränatale Schädigungen: Blutgruppenunverträglichkeit der Eltern, Embryopathien (Virusinfektionen), Stoffwechselstörungen, Genußgifte (Alkohol, Nikotin); für perinatale Schädigungen: gehirntraumatische Schädigung (intrakranielle Blutungen), Sauerstoffmangel durch Geburtskomplikationen (Asphyxie, perinatale Hypoxie); für postnatale Schädigungen: Infektionen (bakteriell oder virusbedingte Meningoencephalitis, Impfschäden), Schädelhirnverletzungen (bei Kindesmißhandlung), Intoxikationen (Vergiftungen, schwere Ernährungsstörungen).

Aber damit sind die neuropathologischen Hintergründe der Verursachung einer zerebralen Bewegungsstörung nur ansatzweise umrissen. Thomson & Robin (1993) verweisen auf die *Vielfalt* neurologischer Erkrankungen und damit auf die Vielfalt ihrer möglichen Ausformungen im Kindesalter. Infolgedessen existieren, ähnlich wie bei der Dysarthrophonie im Erwachsenenalter, je nach Verursachung, Zeitpunkt, Ort und Ausdehnung der Hirnschädigung eine Vielfalt von Typen, Syndromen und Erscheinungsformen der Entwicklungsdysarthrophonie, einschließlich der vielfältig möglichen Kompensationen. Anders als in einigen deutschsprachigen Veröffentlichungen ausgeführt, gilt seit langem, daß sich spezifische Ausprägungen in der Gesamtmotorik – schlaff, spastisch, dyskinetisch, ataktisch – nicht als solche auch in der Sprechmotorik wiederfinden lassen (*müssen*) und umgekehrt (Hixon & Hardy 1964). Zudem ist meist nicht nur die Sprechtätigkeit betroffen. Beeinträchtigungen finden sich ebenso in den motorischen Subsystemen der Sprechproduktion wie Respiration, Phonation, Resonanz und Artikulation (für eine Übersicht über die aktuelle Forschungslage: Thompson & Robin

1993, 839ff.). »Kindliche Dysarthrien«, wie in früheren Veröffentlichungen oft geschehen, nur als »Störungen bei Sprechbewegungen« (beispielsweise von Arentsschild 1982, 145) zu definieren, greift also erheblich zu kurz. Aber auch nicht nur das Sprechen einschließlich zugehöriger Subsysteme ist betroffen. Obschon es sich bei der Entwicklungsdysarthrophonie im Grunde tatsächlich um eine Beeinträchtigung in den verschiedenen motorischen Systemen handelt, gibt es vereinzelt auch Hinweise auf spezifische Strukturmerkmale der Aussprache, wie phonologische Prozeßanalysen gezeigt haben (Hodson 1980). Darüber hinaus kann die Sprachentwicklung insgesamt betroffen sein, ob in Form einer Sprachentwicklungsbehinderung (Leischner 1987) oder Sprachentwicklungsverzögerung (Johannsen & Rennhack 1982).

2.3 Peripher-organisch bedingte Sprach- und Sprechstörung im Kindesalter

Der Beschreibungsterminus *peripher-organisch* ist eine Verlegenheitsbezeichnung. In Ermangelung einer angemessenen Terminologie, die nicht das Organische, sondern das Linguistische bzw. Phonetische bezeichnen würde, sei er hier verwendet. Zwar hat dieser Begriff eine gewisse Tradition vor allem in der medizinischen und physiologisch-phonetischen Sprach- und Stimmheilkunde, in der zentral-nerval bedingte und peripher-organisch bedingte Sprach- und Sprechstörungen abgegrenzt werden, um auf ätiologische Hintergründe dieser Gruppen von Störungen zu verweisen (z. B. Wängler & Bauman-Wängler 1983–1986). Aber im Einklang mit der auch international bevorzugten Bezeichnung ›neurolinguistische und neurophonetische‹ Sprach- und Sprechstörungen (Blanken et al. 1993) hätte man sich hier einen Oberbegriff gewünscht, der die linguistische Charakterisierung dieser Störungen treffen würde. Auch bei Blanken et al. wird man hier nicht fündig; die folgenden hier nun darzustellenden Konstrukte – *Lippen-Kiefer-Gaumen-Segel-Spalte* und *Dysgnathie* – finden sich dort unter der Hauptüberschrift »Pathologies and disorders of language development«.

2.3.1 Lippen-Kiefer-Gaumen-Segel-Spalte

Bei den Lippen-Kiefer-Gaumen-Segel-Spalten (LKGS-Spalten) handelt es sich um angeborene Fehlbildungen des Organismus (kraniofaziale Dysplasien), die sich postnatal in verschiedenen Formen und Schweregraden ausprägen. LKGS-Spalten entstehen in der embryonalen Gesichtsentwicklung der frühen Schwangerschaft, wenn die Vereinigung der an der Gesichtsbildung beteiligten Nasen- und Oberkieferwülste teilweise oder ganz ausbleibt (Schumacher & Christ 1993, 212ff.). Das Ausmaß solcher Spaltbildungen reicht von einer leichten Lippenrotkerbe bis zu einer durchgehenden doppelseitigen Spalte in den anatomischen Regionen der Lippe, des Kiefers, des knöchernen (harten) Gaumens, des muskulären (weichen) Gaumensegels, der Nase und der knöchernen Nasenscheidewand. Als Folge dieser Schädigung ist nicht nur mit einer Hörbeeinträchtigung (Schalleitungsstörung), mit einer Beeinträchtigung der Eß- und Trinktätigkeit des Kindes (aufgrund der offenen Verbindung zwischen Mundhöhle und Nasenrachenraum), seiner Gesichtsmimik (Nasenflügel, Oberlippe, Augenbrauen) und Atmungstätigkeit (Hochatmung) zu rechnen. Auch die Entwicklung des Sprechens und mithin des Sprachgebrauchs kann aufgrund der veränderten organischen Bedingungen je nach Ausmaß der Schädigung und der Kompensationsmöglichkeiten mehr oder weniger beeinflußt sein.

Seit Jahrhunderten, auch in den frühen sprachheilkundlichen Schriften, wird diese Schädigung des Organismus immer wieder als ›Hasenscharte‹, ›Wolfsrachen‹ und ›Schafsnase‹ bezeichnet (Gabka 1964). Diese Bezeichnung ist nicht nur unwissenschaftlich; sie ist zutiefst diskriminierend und stigmatisierend. Sie ›vollendete‹ sich in der Zeit des Nationalsozialismus in rassehygienischen Positionen als biologistische Trennung von Minderwertigem und Hochwertigem und führte nicht selten zu Sterilisation und Vernichtung (Uhlemann 1990a). Hieran waren auch Vertreter der Sprachheilkunde propagandistisch beteiligt, zum Beispiel Gutzmann jun. (1939).

LKGS-Spalten sind weltweit und auch in Deutschland ständig im Zunehmen begriffen. Statistiken aus der Zeit um die Jahrhundertwende nennen noch eine Häufigkeit von einem Fall mit LKGS auf 1700 bis 2000 Geburten, in den 30er Jahren bewegten sich die Angaben um ein Verhältnis von eins zu 1000 (Bethmann 1963). Gegenwärtig liegt das Verhältnis bei etwa eins zu 500

(Grimm 1990). Was die Entwicklung der Sprechtätigkeit betrifft, so ist die Sprachlautbildung abhängig von den respiratorischen, phonatorischen und vor allem artikulatorischen Möglichkeiten des Kindes unter den Voraussetzungen bestimmter Spaltformen und ihrer operativen Behandlung (Zeitpunkt und Form). So ist aufgrund der nicht selten anzutreffenden Hochatmung eine zwerchfellgestützte Atemfunktion beeinträchtigt. Die Stimme kann heiser oder verhaucht klingen. Aufgrund der geschädigten Velumfunktion findet man häufig einen nasalen Stimmklang, ein ›offenes Näseln‹ (*Rhinophonia aperta*). Bei Plosiv- und Frikativlauten kann es zum Nasendurchschlag kommen, wenn das Velum nicht den lautbildend notwendigen sphinkterartigen (zusammenziehenden) Abschluß des Nasenraumes herstellen kann und die Lautbildungsluft nasal entweicht. Auch kann sich eine rückverlagerte Artikulation mit pharyngealen oder laryngealen Ersatzlauten ergeben, oder das Merkmal der Bilabialität oder Labiodentalität bestimmter Laute kann bei bestimmten Lippenspaltformen (median, unilateral, bilateral etc.), pathologischen Kieferformen und Zahnstellungsanomalien nicht gebildet werden und führt zur ›mechanischen Dyslalie‹.

Nur in enger interdisziplinärer Zusammenarbeit mit den Fachgebieten der Kieferchirurgie, Kieferorthopädie, Zahnmedizin, Kindermedizin, Phoniatrie und Hals-Nasen-Ohrenheilkunde können Fachkräfte der pädagogisch-psychologischen und sprachtherapeutischen Frühförderung (Logopäden, Sprachheilpädagogen) die ästhetischen, funktionellen, sprachlichen und psychosozialen Beeinträchtigungen als Aufgabe interdisziplinärer Kooperation gewichten (Grimm 1990, 397ff.; Fleiner & Bohring 1996). Dabei geht es nicht nur um Aspekte der Funktion des Sprechens i.e.S., sondern auch darum, auf die spezifischen sprachlichen Interaktions- und Kommunikationsverhältnisse zwischen dem Kind mit LKGS und seiner familiären Umwelt aufmerksam zu werden, um rechtzeitig auch auf die besonderen Erschwerungen der Sprachentwicklung eingehen zu können (Clifford & Clifford 1989, 130ff.; Uhlemann 1990b, 121ff.; Peterson-Falzone & Landahl 1993, 859ff.).

2.3.2 Dysgnathie

Erscheint der Gebißkomplex *eugnath*, so gilt er als morphologisch (vor der Form her) und funktionell (von der Aufgabe her betrachtet) unauffällig. Alle Abweichungen von diesem eugnathen Zustand bezeichnet man in der Kieferorthopädie als *dysgnath* (gr. *gnathos* = Kiefer), wobei in der Regel nicht das Gebiß als solches betrachtet wird, sondern das gesamte stomatognathe System (Mund und Kiefer betreffend) als Funktionseinheit, einschließlich des Gesichtsschädels. *Dysgnathie* ist also ein Oberbegiff für Gebißanomalie, die auf weiterreichende Aspekte wie Auffälligkeiten in der Zahnstellung, in der Funktion des Kiefergelenks, in den Kieferformen (Ober- und Unterkiefer) und ihren Größen- und Lageverhältnissen zueinander sowie in der Lage des Gebisses im Schädel verweist. Hierzu gehören auch die mastikatorische Funktion (Nahrungsaufnahme, kauende Zerkleinerung, Bolusbildung, Bolustransport zum Racheneingang), die rezeptiv-sensorische Funktion (Wahrnehmung von Tast-, Geschmacks- und Geruchsempfindung), die ästhetisch-physiognomische Funktion (Gesichtsausdruck) und die respiratorische Funktion (Mundatmung, Nasenatmung). Deutlich ist, daß das stomatognathe (oder orofaziale) System auch eine phonetische Funktion hat und damit für die Sprachlautbildung eine wichtige Aufgabe erfüllt und eine Bedingung darstellt (Zahnstellung, Atemführung, Gaumenform, Bewegungsabläufe der Zunge) (Clausnitzer 1997, 212f.).

Zahnstellungsanomalien waren bereits zu Beginn der wissenschaftlichen Sprach- und Stimmheilkunde ein Thema. Kussmaul (1877, 258) klassifizierte die damit zusammenhängenden Artikulationsschwierigkeiten als *dyslalia dentalis* und führte aus: »Mangel der Zähne und fehlerhafte Stellung der Zahnreihen hindern namentlich die richtige Bildung des s, sch, englischen th, des f und n, aber auch das t, i und ü klingen nicht rein.« Diese phänomenale Beschreibung einer ›kausalen Mechanik‹ von Zahnstellung und Sprachlautbildung (ebenso Gutzmann 1892) erscheint angesichts der von dem deutschen Anatom Roux um die Jahrhundertwende entwickelten Lehre von der »funktionellen Anpassung« linear und damit unangemessen. Roux postulierte 1883 einen Zusammenhang von Form und Funktion und gelangte aufgrund zahlreicher experimenteller Beobachtungen zu dem Ergebnis, »dass allen functionellen Anpassungen entsprechende Veränderungen des materiellen, die Function vollziehenden Substrates zu Grunde liegen müssen und diese können entweder rein qualitative oder quantitative, also formale sein. Im letzteren Falle gehören sie der ›Morphologie der functionellen Anpassung‹ zu« (zit. nach Clausnitzer 1997, 213).

Die Hypothese, daß zwischen *Formen*, bespielsweise des Gebisses, und *Funktionen* des orofazialen Systems, beispielsweise der Sprachlautbildung, eine enge Wechselbeziehung existiert, ist bis heute grundlegend für das Verständnis von Dysgnathien, ihrer Ätiologie, ihrer Genese, ihrer Morphologie und ihren artikulatorischen Folgen. Balters hatte bis Mitte dieses Jahrhunderts eine grundlegende Kritik an der klassischen Kieferorthopädie formuliert, die mit ihrem »Richten« vom materiellen Substrat ausging anstatt, wie er dagegen vorschlug, »dynamisch« die »Ordnung der Bewegung« zu betonen und »so den Neu-Aufbau oder Umbau der Gewebe« zu erreichen (Balters 1960, 24). »Weichgewebe formt Hartgewebe« über die Bewegung, oder »zumindest muß eine Wechselbeziehung zwischen Weich- und Hartgewebe in Ruhe und in Funktion angenommen werden«, lautet später bei Tränkmann (1997, 152) dieser Grundgedanke. Das heißt, Veränderung der Formen (Dysgnathien) entstehen durch charakteristische Bewegungsmuster (Dyskinesien der Lippen, der Zunge), welche veränderte Funktionskreise nach sich ziehen und wiederum veränderte Formen hervorbringen. Beispiele für diese Funktionskreise können sein (zusammengefaßt nach Tränkmann 1997): Mundatmung, Lippen- und Zungendyskinesien, sogenannte Habits (›Lutschunarten‹, Nägelkauen), okklusale Dyskinesien. *Mundatmung* formt sich in offener Mundhaltung, beeinträchtigter Lippenkompetenz, kurzer Oberlippe, relativ hohem Untergesicht aus und bedingt dadurch eine skelettale Dysgnathie. *Lippendyskinesien* zeigen sich u.a. in Lippenbeißen und Lippensaugen und verändern dadurch den Zahn- und Kieferbereich, ebenso wie *Zungendyskinesien*, die sich in Form eines Zungenpressens, Zungenbeißens, eines viszeralen Schluckmusters zeigen können (Schlucken in Verbindung mit Grimmassieren des Untergesichtes infolge Aktivierung des Kinnmuskels, *m. mentalis*). Auch die *Habits* üben einen nachhaltigen Einfluß auf die Entwicklung der Schneidezähne während der Gebißentwicklung und auf die Unterkieferposition während des Kieferwachstums aus. *Okklusale Dyskinesien* (Okklusion = Schlußbißstellung der Zähne) können als Malokklusionen (Zahnfehlstellungen) wirksam werden und beispielsweise in Form einer Prognathie (die oberen Frontzähne stehen nach außen geneigt, dadurch wird in der Regel eine Mundatmung begünstigt) oder Progenie (Frontzahnüberbiß, untere über obere Vorderzähne) in Erscheinung treten (Frischauf & Kregcik 1985; Clausnitzer 1997, 253ff.).

Bei all den Erscheinungsformen dieser charakteristischen Form-Funktionszusammenhänge liegt ein gestörtes Gleichgewicht im stomatognathen bzw. orofazialen System (und darüber hinaus im gesamtkörperlichen Bewegungssystem) zugrunde, das sich mehr oder weniger ausgeprägt auch auf die Sprechvorgänge beim betroffenen Kind auswirkt. Diese myofunktionellen Zusammenhänge können mit einer phonetischen Entwicklungsstörung einhergehen, in Form einer Addentalität oder Interdentalität vor allem bei der Bildung der Sibilanten (Kramer 1988; Clausnitzer & Clausnitzer 1989; 1991). Auch beim Kind mit einer Form von LKGS-Spalten kann dieses Gleichgewicht gestört sein und folglich neben den organischen Veränderungen auch Folgen für das sprechmotorische Geschehen nach sich ziehen (Graf-Pinthus & Campiche 1994). Und, um diese Beispielesammlung abzuschließen, bei neurogen bedingten Sprach- und Sprechstörungen können sich verschiedene Läsionen einzelner Hirnnerven auf die Funktionen der orofazialen Muskulatur beeinträchtigend auswirken. So können bei einer Schädigung des *N. trigeminus* (Trigeminusparese) die Funktionen von *Mm. masseter* und *temporalis* gestört sein mit der Folge einer Beeinträchtigung des Kauens und Schluckens. Oder bei einer Schädigung des *N. facialis* (Facialisparese) können einzelne Muskelgruppen des Gesichts oder auch die gesamte mimische Muskulatur in ihrer Funktionsweise gestört sein, wodurch nicht nur die Mimik, sondern auch die artikulatorischen Prozesse beeinträchtigt sein können (Schalch 1994), wobei offensichtlich ist, daß auch das Kind mit einer Dysarthrophonie von dem genannten Ungleichgewicht im orofazialen System betroffen sein kann (Wirth 1994).

2.4 Dysphonie

Die menschliche Stimme ist nicht nur Sprechstimme; sie ist ebenso ein hochdifferenziertes ›Instrument‹ der Gesangsstimme, der Erzählstimme usw., deren Geschichte von der Rednerschulung der Antike bis zur Erfindung und mannigfachen Handhabung des Lautsprechers und seinem Einsatz als Massenmedium der Gegenwart beispielsweise von Göttert (1998) nachgezeichnet wurde. Stimme ist medial verstärkbar und ihr Transfer veränderbar, um etwa ein breiteres oder ferneres Publikum zu erreichen. Durch Mimik und Gestik, akustische Arrangements, optische Signale läßt sich die gesprochene Botschaft unterstreichen. Auch für das Sprechen selbst ist die Stimme eine Voraussetzung, denn »ohne Stimme erreicht das Sprechen nicht den Grad der Genauigkeit, der die Grundlage für das Verständnis des Gesprochenen im Sinne des Sprechers bildet« (Wängler 1976, 59). Die Stimme ist insbesondere auch Ausdrucksform des Menschen. Als solche ist sie markantes Merkmal der Person, ist wirksam in der sozialen Wahrnehmung, in der Selbstbewertung und hat Einfluß auf das Selbstkonzept der an der Interaktion beteiligten Personen. Insofern die menschliche Stimme normalerweise am verbalen Sprachgebrauch beteiligt ist, ist Stimme folglich auch Teil der sprachlichen Identität. Ihre Bedeutsamkeit tritt in der Regel erst dann in den Fokus der bewußten Wahrnehmung, wenn Störungen sie verändern oder ihren Gebrauch beeinträchtigen.

Die Sprach- und Stimmheilkunde hat sich seit Anbeginn dem Thema *Stimme* und *Stimmstörung* gewidmet. Ja gerade dadurch, daß sie sich die physiologische Vorstellung des Körpers als Materie zunutze machte, gehörte die Stimme und ihre Störung zu einem ihrer Hauptgebiete. Das Verständnis des Stimmorgans und seiner Funktionsstörung führte sie im allgemeinen auf drei physikalische Grundprobleme zurück, auf die Fragen nach der Frequenz der Stimmlippenschwingungen, nach deren Mechanismus und nach den Beziehungen, die zwischen dem Kehlkopf und dem Tracheal- und Bronchealtrakt einerseits und zwischen dem Kehlkopf und dem Ansatzrohr (Resonator) andererseits bestehen (Tonndorf 1929). In dieser Perspektive hat sich die Stimmheilkunde jahrzehntelang nahezu ausschließlich mit meßbaren Gegebenheiten des Stimmumfangs im Kindesalter und mit Fragen des Stimmwechsels in der Pubertät befaßt. Als Entwicklungsstörungen der Stimme bei Kindern wurde vor allem das Symptom der chronischen Heiserkeit (Dysphonie), die völlige Tonlosigkeit (Aphonie) und alters- und geschlechtsbezogene Mutationsstörungen der Stimme, beispielsweise in Form eines zeitlich verzögerten Stimmwechsels bei Mädchen und Jungen thematisiert (Nadoleczny 1926, 169ff.).

Seit Weiss (1934) werden Stimmstörungen (oder Dysphonien) aus Sicht der Phoniatrie (Spezialgebiet der Hals-Nasen-Ohrenheilkunde, das sich mit Stimm-, Sprech- und Sprachstörungen befaßt) in zwei Arten eingeteilt, in funktionelle und in organische. *Funktionell* werden alle diejenigen Stimmstörungen verstanden, für die eine organische Veränderung als Ursache nicht nachweisbar ist; ihnen fehlt das die Störung erklärende organpathologische Substrat. Phonatorische Schwierigkeiten ergeben sich hierbei durch einen physiologisch unökonomischen Gebrauch der ursprünglich leistungsfähigen Stimme über einen längeren Zeitraum hinweg. Bei *organisch* bedingten Stimmstörungen sind dagegen eindeutig organpathologische Prozesse als Primärbedingungen identifizierbar. Diese sehr abstrakte Aufteilung wird dadurch etwas relativiert, daß funktionelle Störungen bei längerem Bestehen sekundär organische Veränderungen bedingen. So können nervöse Störungen oder starke Angstgefühle zu einer Reizung der Stimmlippen führen, die sich auf Dauer in organischen Symptomen manifestieren. Ebenso können funktionelle Störungen aus organischen Veränderungen resultieren; Stimmbandentzündungen, Stimmbandlähmungen oder Stimmbandverletzungen können beispielsweise der Auslöser sein. Funktionelle Stimmstörungen können wiederum unterteilt werden in die hyperfunktionelle und hypofunktionelle Form der Störung. Die Vorsilbe *hyper-* (›zuviel‹) verweist auf einen ständig zu hohen Kraftaufwand bei der Stimmgebung, auf eine übermäßige Anspannung der Phonationsmuskulatur; die Stimme klingt dann rauh, gepreßt, in falscher Tonlage, oder sie ermüdet vorzeitig. Die Vorsilbe *hypo-* (›zuwenig‹) bedeutet das Gegenteil. Hypotonie der Phonationsmuskulatur bedingt einen unzureichenden Stimmlippenschluß; eine schwache, leise, verhauchte Stimme ist die Folge. Funktionelle Abweichungen können als ein Zuviel oder Zuwenig an Anblasedruck oder glottischem Widerstand bezeichnet werden und auf die muskuläre Einstellung des Ansatzrohres und des gesamten Körpers einwirken (Wirth 1995). Auch diese Unterteilung ist praktisch hilfreich, aber theoretisch bleibt sie ein Hilfsgerüst; denn auch hier kann es vorkommen, daß eine primär bestehende hyperfunktionelle Dysphonie sekundär zu einer Hypofunktion führen kann, wenn beispielsweise nach jahrelangem Mißbrauch der Stimme der notwendige Spannungszustand der Kehlkopfmuskulatur nicht aufrechterhalten werden kann, wie dies nicht nur im Kindesalter, sondern auch ›Berufssprechern‹ der Fall sein kann (Johannsen 1987).

Auf weitere Angaben zu Klassifikationsmerkmalen und Mischformen sei hier verzichtet. Nahezu die gesamte moderne medizinische, sprachpathologische, logopädische und sprachbehindertenpädagogische Fachliteratur legt ein tieferes Verständnis von Stimmstörungen zugrunde, tiefer als die Betrachtung des Organs oder seiner Funktion allein zuläßt. Stellvertretend für viele sei hier Gundermann (1979, 175f.) zitiert: »Es ist praktikabel, wenn wir in Anlehnung an bedeutende amerikanische Stimmpathologen die *Stimme* als eine *Gestalt*, d.h. als eine lebendige Struktur- und Funktionseinheit betrachten. Unser diagnostischer Blick darf nicht nur auf das Einzelteil Kehlkopf gerichtet sein, sondern muß den Verbund von Respiration, Phonation, Resonation, Artikulation als visuellen *und* auditiven Gesamteindruck aufnehmen. Miteinbeziehen müssen wir schließlich die mimischen und gestischen Gestaltungen der Äußerungen. Denn Sprechen ist ein gesamtkörperlicher Vorgang. Die ›Gestalt‹ eines Menschen ist im Medium der Stimme abgezeichnet.« (Hervorh.i.Orig.)

2.5 Störung der Redefähigkeit (Logophobie, Mutismus)

»Das Wort *Reden* wird in der Regel dann gebraucht, wenn jemand *über* etwas Bestimmtes spricht (...). Um über etwas Bestimmtes zu reden, spielt die Einstellung zu den Partnern schon eine Rolle.« Nach dieser von Westrich (1986, 12; Hervorh.i.Orig.) vorgenommenen Einordnung ist die menschliche Fähigkeit zu reden in den situativen und personalen Kontext des Sprachgebrauchs verwiesen. Diese Aussage verweist keinesfalls auf eine banale Alltagserfahrung, wenn man darüber nachzudenken beginnt, in welcher Beziehung jemand zu Situationen und Personen steht, *in* denen bzw. *mit* denen jemand redet oder reden soll. In einer Redesituation *vor* anderen die eigene sprachliche Identität zu wahren, kann mit »Sprechangst« einhergehen, mit der Angst, sozial zu versagen, sich zu blamieren oder persönlich nicht akzeptiert zu werden (ebd. 16). Manifestiert sich diese Sprech- oder Redeangstproblematik, ist von *Logophobie* zu sprechen (Kriebel 1986, 31f.).

Der Begriff *Mutismus* (lat. *mutus* = stumm) teilt eine Reihe von Bestimmungsmerkmalen mit der Logophobie. Er hat eine langjährige Tradition. Bevor Tramer 1934 den Terminus »elektiver Mutismus« einführte (1934, 32), hatte bereits Kussmaul (1877, 211) auf das Phänomen des »Schweigens« hingewiesen. Bei dem von ihm benutzten Terminus *Aphrasia voluntaria* (etwa: »Freiwilliges Schweigen«, »Freiwillige Stummheit«) ging Kussmaul davon aus, daß die betroffenen Personen zwar Sprache gebrauchen »können, aber sie *wollen* nicht reden« (ebd., Hervorh.i.Orig.). Ähnlich Treitel (1894, 5): »Es giebt Kinder, welche gern und viel sprechen, und andere, welche ›sprechfaul‹ und schwer zum Reden zu bewegen sind.« Wenige Zeilen später benennt der Autor die Lage dieser vermeintlich »sprechfaulen« Kinder: vor Fremden zu reden, bringe »meist die geschwätzigsten Kinder zum Schweigen«. Auch in den folgenden Jahrzehnten, bis in die dreißiger Jahre, wurde der Terminus in der Bedeutung von »Aphrasia voluntaria« zur Beschreibung des besonderen Phänomens verwendet, daß Kinder durchgängig oder in ausgewählten Alltagssituationen auf den kommunikativen Einsatz ihrer sprachlichen Möglichkeiten ›verzichten‹.

Mit der Einführung des Begriffs »elektiver Mutismus« grenzt Tramer diesen sogleich gegen den »totalen Mutismus« ab. Bei der Beschreibung eines Patienten mit Mutismus führt er aus: »Da sich der Mutismus bei A. nur auf den Verkehr mit einem (wenn auch unbewußt) *ausgewählten* umschriebenen Kreis von Personen bezog, möchte ich hierfür den Namen *Elektiver Mutismus* vorschlagen.« (Tramer 1934, 32; Hervorh.i.Orig.). Wenn sich andernfalls das »Schweigen« nicht auf ein eingegrenztes Umfeld bezieht, sondern allgegenwärtig ist, spricht Tramer von »totalem Mutismus«. Weitere Umschreibungen des Mutismus mit beispielsweise »hysterisch«, »neurotisch«, »tymogen« oder »ideogen« (Misch 1952, 52) verlängern die Reihe der im Grunde klinisch und merkmalstheoretisch begriffenen Phänomene des Mutismus.

Der Ausdruck *stumm* wird mißverstanden, wenn man ihn ausschließlich wörtlich nimmt. So wird in jüngerer Zeit der Klassifikationsterminus *selektiver Mutismus* verwendet, um, je nach Kommunikationssituation, auf die aktive Leistung des »auswählenden« Kindes zu verweisen, wenn es seine sprachlichen Möglichkeiten nicht nutzt und in bestimmten Situationen *gegen-*

über bestimmten Personen schweigt. Das Verständnis eines Mutismus wird also in den situativen Kontext verwiesen. Dieser eher pragmalinguistische Zugang fragt nach den interaktionalen Bedingungen von Sprechsituationen und Kommunikationszwecken, nicht ohne die persönlichen Notlagen, sprachlichen Grenzsituationen und psychischen Bewältigungsstrategien des Schweigenden in seiner familiären Lebenswelt ergänzend zu thematisieren (Bahr 1996). Und wenn dann hier von einer »systemischen« Betrachtungsweise die Rede ist (Bahr 1998), handelt es sich hierbei nicht um ein Modell der Selbstorganisation des Subjekts in (s)einem System, sondern eher um ein kausal-lineares System-Umwelt-Modell, demzufolge die Anpassung eines Systems an seine Umwelt von außen gesteuert und beobachtet werden kann.

2.6 Störung der Redegestaltung (Stottern, Poltern)

Nicht nur die Fähigkeit, *zu* anderen Personen zu reden, auch die Gestaltung der Rede selbst ist als wichtiges zwischenmenschliches Mittel anzusehen, den persönlichen Sprachgebrauch anderen Menschen gegenüber bedeutsam werden zu lassen. Bei dieser Einbettung der Redegestaltung in die kommunikative Situation sind sowohl die Redemittel angesprochen, mit denen Sprache gestaltet wird (Betonung, Pause, Sprechgeschwindigkeit, Wiederholungen u.a.) als auch die Bedingungen ihres Gebrauchs. Die Möglichkeiten der individuellen Redegestaltung sind somit nicht unabhängig von der sozialen Situation und den Menschen zu begreifen, die die Entwicklung und den Gebrauch bestimmter Mittel der Redegestaltung ermöglichen oder auch nicht. Im kommunikativen Miteinander sollte in einem Redebeitrag beispielsweise das Zurückgreifen auf Sprechpausen möglich sein, ohne ständig der Angst erliegen zu müssen, daß der Kommunikationspartner den eigenen Redebeitrag weiterführt oder anderswie abbricht.

Als Störung der Redegestaltung gelten beim *Stottern* die raschen Wiederholungen von Lauten, Silben und Wörtern, zum Beispiel »da-da-da-das ist n-n-n-neu«. Sie werden als *klonisches* Stottern bezeichnet. Desweiteren können Verkrampfungen der Sprechmuskulatur beobachtet werden, die zum stummen oder geräuschvollen Pressen zu Beginn eines Wortes oder beim Weitersprechen auftreten, wie beispielsweise »d__ as __ist n__eu«. Diese Symptome werden als *tonisches* Stottern bezeichnet (Fiedler & Standop 1994). Darüber hinaus können Mitbewegungen in den Bereichen Mimik und Gestik auftreten (sogenannte Parakinesen), die zur Überwindung der Verkrampfungen jeweils individuell entwickelt werden (Bindel 1987). Ist die Redegestaltung beim Stottern allgemein eher durch Symptome wie Verkrampfung und Blockaden gekennzeichnet, wird beim *Poltern* eher eine hastige und unruhige Redegestaltung symptomatisch (Katz-Bernstein 1989; Iven 1998). Unterschiede zwischen Stottern und Poltern zeigen sich unter anderem in den Teilfunktionen der Respiration, Phonation und Artikulation.

Die *Atembewegungen* eines Menschen, dessen Redegestaltung durch Stottern gekennzeichnet ist, sind eher verkrampft und blockiert, so daß zum Beispiel keine Ausatmung möglich ist. Eine Redegestaltung mit Polterkomponente ist im Vergleich dazu mehr durch eine unruhige und ungleichmäßige Atmung charakterisiert. Die *Phonation* kann bei einer Redegestaltung, die für das Stottern charakteristisch ist, durch Blockaden der Stimmgebung und Verminderung des stimmlichen Umfangs und der stimmlichen Gestaltungsfähigkeit gekennzeichnet sein. Auch beim Poltern können die stimmlichen Anteile der Redegestaltung hinsichtlich der Variationsbreite erheblich eingeschränkt sein, so daß stimmliche Akzentuierungen eher selten sind. Es kommt jedoch in der Regel nicht zu Blockaden in der Stimmgebung. Im Vordergrund steht vielmehr eine gleichförmige Sprechweise, die durch geringe Betonungen auffällig und daher oft als monoton bezeichnet wird. Bei der *Artikulation* treten Unterschiede insofern auf, als beim Stottern Verkrampfungen der Artikulationsmuskulatur eher zu einer Blockade bei der Lautbildung führen und es im weiteren Verlauf der Störungsentwicklung auch zu Angst vor der Bildung bestimmter Laute oder Lautkomplexe kommen kann und sie infolgedessen eher vermieden werden. Die Redegestaltung beim Poltern ist durch eine Art ›verwaschene‹ Aussprache gekennzeichnet, durch Ungenauigkeit der Sprechbewegungsausführung.

Die ›Offensichtlichkeit‹ des Stotterns in bezug auf die Symptomatik und die Auswirkungen auf die gesamte Kommunikationssituation hat in der Vergangenheit zu einer unvergleichlichen Breite von Mutmaßungen und wissenschaftlichen Auseinandersetzungen über diesen Gegenstandsbereich geführt. Bis in die Antike reichen die ersten historischen Belege zur religiösen und medizinischen Konzeptualisierung der beobachteten Symptome gestörter Redegestaltung (Braun 1997). In zahlreichen sprachheilkundlichen Überblicksdarstellungen und Monographien nimmt das Thema *Stottern* von Beginn an eine zentrale Stellung ein (Gutzmann 1888; Fröschels 1913; Nadolczny 1926). Im Hinblick auf die Konstituierung der Sprachheilpädagogik als eine relativ autonome Teildisziplin weist Braun (1997, 5) dem Stottern gar den Status einer »Leitstörung der Entwicklung der Sprachheilpädagogik« zu.

Die kategoriale Fassung dessen, was Stottern ›ist‹ und was es dem Menschen, der stottert, persönlich bedeutet, hat auf diesem Hintergrund, wie vielleicht erwartet werden könnte, keine Vereinheitlichung erfahren, sondern eine mittlerweile nahezu unüberschaubare Differenziertheit in den Anschauungen und Denkansätzen, Hypothesen und Theorien. Schon in den ersten sprachheilkundlichen Versuchen, Stottern auf den Begriff zu bringen, zeigte sich die Tendenz, ein möglichst breites Spektrum der symptomatologischen Erscheinungsformen zu berücksichtigen und die ›Erklärung‹ hierfür vor dem Hintergrund der ätiologischen Annahmen zu formulieren. So wird zum Beispiel die Symptomatik der »tonischen und klonischen Hemmungen« sehr früh kategorisiert und in »Atmung, Stimme und Aussprache« unterteilt. Ursächlich für das Stottern als »Koordinationsstörung des Sprechens« galten unter anderem »genetische Dispositionen«, »seelische Probleme« und der »Bewußtseinszustand« über die eigene gestörte Sprache, wie der eher psychologisch orientierte Sprachheilkundler Nadoleczny (1926, 96) ausführte.

Wurden in den vergangenen Jahrzehnten verschiedene Konzeptualisierungen des Stotterns eher in Abgrenzung zueinander diskutiert, beispielsweise Stottern als eine Teilleistungsschwäche in sensu Graichen (1985; 1989) oder als dialogische Störung im Sinne einer Redeabstimmungsstörung in sensu Bindel (1992), so ist gegenwärtig das Bemühen festzustellen, Modelle des Stotterns zu konzipieren, die ein möglichst breites Verursachungs- und Bedingungsgefüge, ausgehend vom jeweils betroffenen Menschen, berücksichtigen. Seit langem werden hierfür in Anlehnung an die »Idiographik« des Persönlichkeitspsychologen Thomae (1968) sogenannte »idiographische Systemmodelle« (Schiepek 1986) diskutiert. »Idiographisch« meint hierbei, daß sich ein Modell jeweils auf einen konkreten »Einzelfall« bezieht. So hat Motsch (1992) seit Anfang der achtziger Jahre für eine idiographische Betrachtungsweise des Stotterns plädiert. Hansen und Iven (1992) legen in Abgrenzung zum idiographischen Modell ein »dynamisches Modell« vor, das »organisch-konstitutionelle«, »psycholinguistische« und »psychosoziale« Faktoren sowie »soziokulturelle Bedingungen« des Betroffenen in Beziehung zum Stottern setzt. Mit pädagogisch-therapeutischer Zielperspektive hat schließlich Braun (1997, 367) ein »problemorientiertes therapeutisches Stufenmodell« entwickelt, das die »Problemdefinition Stottern« nicht abstrakt, sondern individuumbezogen konkret vornimmt, was hier heißt: vom »individuellen Problem« ausgehend.

3. Sprachbehindertenpädagogik: Historische und bezugssystematische Quellenlage

In den vorgängigen Ausführungen wurde überblicksartig eine Reihe von Sprach-, Sprech-, Stimm- und Redestörungen dargestellt (zusammengefaßt: Sprachpathologie). Es sei wiederholt, daß es sich mit dieser Darstellung selbstverständlich nur um eine exemplarische *Auswahl* von Störungen, Sichtweisen und Inhalten handelt. Diese Begrenztheit ergab sich dadurch, daß sprachpathologisch lediglich das Kindesalter thematisiert wurde; die Sprachpathologie im Erwachsenenalter wurde ausgespart. Auch auf Hypothesen zur Ätiologie der einzelnen Störung wurde gelegentlich nur am Rande eingegangen. Weiterführend wären wichtig zu erörtern: Fragen der Diagnostik und Therapie; spezielle Aspekte bei den einzelnen Störungen, wie beispielsweise das Verhältnis von Sprachproduktion und Sprachwahrnehmung; ebenfalls die große Gruppe der sprachlichen Beeinträchtigungen bei psychiatrischen Störungen (bei Psychose, Schizophrenie), ebenso solche bei Autismus, bei sensorischen Beeinträchtigungen (Blindheit, Sehbehinderung, Gehörlosigkeit, Schwerhörigkeit), bei Verhaltensstörung, Körperbehinderung, Lernbehinderung, geistiger Behinderung. Schließlich wurden hier zentrale Gebiete, die mit dem kindlichen Schriftspracherwerb oder mit kindlicher

Mehrsprachigkeit zusammenhängen, ›aus sprachbehindertenpädagogischer Sicht‹ noch nicht thematisiert. Aus Platzgründen wie aus systematischen Gründen sollte die dort vorgelegte Form der *exemplarischen* Darstellungsweise genügen, um auf das Gegenstandsfeld und mithin auch auf einige Konstitutionsprobleme der Sprachbehindertenpädagogik als Pädagogik im ausgehenden 20. Jahrhundert aufmerksam zu machen.

So ist die Frage zu Recht aufgeworfen: Sollte es sich bei der Sprachpathologie als solcher bereits um den Begriffskern der Sprachbehindertenpädagogik handeln, der einleitend angefragt worden war? Oder soll gar das, was im vorgängigen zweiten Kapitel dieses Beitrags zusammengestellt worden ist, identisch sein mit der Sprachbehindertenpädagogik? Keinesfalls kann es sich darum handeln. Eine aufmerksame Lektüre der vorgängigen Abschnitte zeigt, daß eine pädagogische Diskussion nirgends geführt worden ist. Mehr noch, es ging inhaltlich nicht einmal – konkret – um Kinder mit Sprachbehinderung; allenfalls ging es – abstrakt – um Störungen!

Sprachbehindertenpädagogik, so ließe sich folgern, profiliert sich unter anderem über die Beantwortung der Frage, in welchem Verhältnis der sprachpathologische Begriff *Störung* zum Begriff *Kind mit Sprachbehinderung* steht und welchen Zugang die *Pädagogik* in diesem Zusammenhang eröffnen könnte. Die in den vorgängigen Ausführungen verwendeten Quellen seien hinsichtlich dieser Frage unter zwei Aspekten geprüft: historisch und bezugssystematisch.

3.1 Historischer Aspekt

Man kann die Sprachbehindertenpädagogik des 20. Jahrhunderts mitsamt ihren historischen Vorläufern anhand markanter inhaltlicher Merkmale in vielleicht vier große Epochen einteilen (beispielhaft vertiefend: von Knebel & Welling 1997). Ihre Kurzbeschreibung ergibt eine Relativierung des pädagogischen Impetus der Sprachbehindertenpädagogik.

Zunächst, beginnend mit Kussmaul (1877), die Sprach*heilkunde* (als erste Epoche), die im wesentlichen auf sprachphysiologischen, phonetischen, neurologischen und medizinischen Erkenntnissen beruhte: Was diese ›Gründerzeit‹ der wissenschaftlichen

Sprachheilkunde betrifft, entwickelte sie sich so kompetent und detailreich, daß sie einschließlich ihrer psychologischen Vertiefungen besonders seit den 20er Jahren (zweite Epoche) als historisch vorbildlich arbeitende Ideenströmung gewertet werden kann. (Die Darstellung der einzelnen Störungen im vorangegangenen Kapitel, soweit jeweils die historische Seite angesprochen worden ist, kann diese These illustrieren.) Allerdings war ihr Gegenstandsbereich eingegrenzt: Der Betrachtungsgegenstand war immer das Individuum, vornehmlich in seiner Körperlichkeit und Organismität. Gesellschaftliche, kulturelle und kommunikative Gegebenheiten waren in diesen Epochen zunächst Randphänomene oder, später, allenfalls Mittel zum politischen Zweck, etwa als es in den 30er und 40er Jahren galt, die Sprachpathologie aus ideologischen Gründen gegen die Menschen jener Zeit zu richten (Kolonko & Krämer 1992; Welling 1998).

Etwa ab Mitte dieses Jahrhunderts (dritte Epoche) wurde dieses relativ fest gefügte heilkundliche Begriffssystem durch Beiträge zur Pädagogisierung dieser Disziplin vor allem methodisch ›aufgelockert‹, etwa im Sinne der Sprach*heilpädagogik* als »Zweig der Heilpädagogik«, indem sie versuchte, »unter Anwendung allgemeiner und besonderer pädagogischer Mittel und zusätzlich versehen mit spezifisch sprachtherapeutischen Verfahren, die Störungen der Sprache aufzuheben und unversehrte Sprache neu zu bilden« (Heese 1967, 271). Andererseits liegt historisch der Fortschritt auf der Hand: Die ›alten‹ Ideen mit ihrer individuumzentrierten Sichtweise genügten allem Anschein nicht mehr den neuen Ansprüchen an eine praxistaugliche theoretische Breitensicht; ›neue‹ und das Blickfeld erweiternde Ideen eröffneten andere Perspektiven. Das heißt, der Alltag des Kindes samt seiner spezifischen Kommunikationsbeziehungen konnte so durch ›Einbezug‹ heilpädagogischer Methoden eher ein Thema der Praxis werden, oft allerdings ›erkauft‹ durch eine Vernachlässigung detaillierter sprachlicher Gegenstandskenntnisse, wie sie sprachheilkundlich spezifisch noch wesentlich gewesen waren.

Ab etwa Mitte der 80er Jahre eröffnete sich mit der zunehmenden Betonung des sprachlichen Gegenstandsfeldes eine weitere Perspektive als eine der zentralen Grundlagen sprachbehindertenpädagogischen Denkens. Während die Sprachheilkunde noch stark den organischen, körperlichen Gegebenheiten der Erzeugung und des Gebrauchs von Sprache beim Individuum verhaftet war, betont die jetzige Epoche – man könnte sie *Sprach*heilpädagogik nennen – stärker als je zuvor in ihrer Geschichte den *sprachlichen* Gegenstandsbereich. Anhand jeder der im vorangegangenen Kapitel dargestellten Störungen konnte dieser historische Entwicklungsfortschritt eingehender dokumentiert werden. Allerdings gilt es auch in dieser Hinsicht zu bemängeln, daß die Sprachbehindertenpädagogik damit zwar sprachlich-gegenständlich kompetenter geworden ist, die Perspektive des Kindes in seinem Alltag (noch) nicht erreicht hat, und damit weder eine pädagogische Fundierung der Sprachbehindertenpädagogik als Teildisziplin der Behindertenpädagogik noch eine erziehungswissenschaftliche Reflexion der Sprachbehindertenpädagogik als Teiltheorie der Erziehungswissenschaft gelungen ist. Denn ob wie vor hundert Jahren Medizinisches und Pädagogisches oder wie heute Linguistisches und Pädagogisches miteinander verflochten werden – ein wirklich pädagogischer Fortschritt ergibt sich so noch nicht.

Dies ist die Lehre aus der Geschichte, wenn man sie als Ideenströmung nach ihrem Verlauf und ihren Umbrüchen und nicht ausschließlich nach ihren Ursprüngen und Ergebnissen zu beurteilen versucht: Die Sprachbehindertenpädagogik ist nach und nach zwar zu einer Teildisziplin der Behindertenpädagogik geworden; ihr eigentümliches sprachpädagogisches Gebiet erscheint systematisch noch nicht erschlossen.

3.2 Bezugssystematischer Aspekt

Ein zweiter Aspekt soll etwas über den Status des Störungsbegriffs zur Kenntnis bringen. Aus sich heraus ist die Sprachbehindertenpädagogik nicht in der Lage, eine Sprachstörung fundiert zu definieren. Historisch ist unstrittig, daß die Sprachbehindertenpädagogik von Anfang an – also einschließlich ihrer Vorläufer – ihren disziplinären Horizont immer wieder überschritten hat, überschreiten mußte, um sich der Frageweisen, Argumentationen und Ergebnisse von Nachbarwissenschaften zu bedienen. Diese Nachbarwissenschaften und Nachbardisziplinen wurden so zu *Bezugs*wissenschaften und -diziplinen (zusammengefaßt: Bezugssysteme), die deshalb so genannt werden können, weil sich die Sprachbehindertenpädagogik auf diese *be-*

zieht, um sich konzeptuell zu bereichern und in praxi handlungsfähig zu werden. Wie vielfältig diese Bezugssysteme sind, derer sich die Sprachbehindertenpädagogik am Ende dieses Jahrhunderts vergewissert, davon kann die folgende Aufzählung von Beispielen, die hier (im zweiten Kapitel) als Bezug für die Beschreibung und Erklärung von Sprach-, Sprech-, Rede- und Stimmstörungen genutzt wurden, einen Eindruck vermitteln: Physiologie, Anatomie, Phonetik, Linguistik, Kognitive Linguistik, Psycholinguistik, Entwicklungspsycholinguistik, Neurolinguistik, Neurophonetik, Neurophysiologie, Sprachpsychologie, Persönlichkeitspsychologie, Entwicklungspsychologie, Embryologie, Phoniatrie, Kieferorthopädie, Kieferchirurgie, Zahnmedizin, Kindermedizin, Hals-Nasen-Ohrenheilkunde, Sprach- und Stimmheilkunde u.a.m.

Die Verwendung dieser Vielfalt von Bezugssystemen weist darauf hin, daß die Sprachbehindertenpädagogik auf allen Abstraktionsstufen aus Theoremen besteht, die von unterschiedlicher Herkunft und verschiedener Natur sind. Anders ausgedrückt: Im sprachbehindertenpädagogischen Denken finden sich spezielle Theorien und Modelle, die spezifische Ausschnitte von Wirklichkeit behandeln, je nach Gegenstandsbereich dieser wissenschaftlichen und theoretischen Bezugssysteme. Aber allein die Vielfalt und damit die Quantität von Bezugssystemen zu betonen, kann pädagogisch noch nicht bereichernd sein. Es sind die Verhältnisse zu bestimmen. Wie will man diese Bezugssysteme mit Blick auf die Konstituierung der Sprachbehindertenpädagogik als behinderten*pädagogischer* Teildisziplin bewerten? Zunächst wären zwei Antworten möglich. Denkbar wäre eine Antwort, die diese Fülle von Bezugssystemen der Sprachbehindertenpädagogik von vornherein als eine *disziplinäre Bereicherung* würdigt; denn ausgewiesenermaßen gründen die Erkenntnisse dort, in den genannten Wissenschaftsdisziplinen, auf empirischer Forschung, auch ungeachtet dessen, daß viele Fragen zum Wesen der Sprachpathologie noch immer ungeklärt erscheinen. Denkbar wäre aber auch, den Rückgriff auf die Bezugssysteme als Ausdruck einer *pädagogischen Verarmung* zu gewichten mit dem Argument, die Forschungsfragen und Forschungsergebnisse dort seien allesamt nicht unter *pädagogischer* Fragestellung gewonnen und mithin nicht hilfreich bei der Beantwortung der pädagogisch bedeutsamen Frage, mit welchem sprachbehindertenpädagogischen Förderkonzept in praxi die beste Wirkung beim Kind erzielt werden kann. Ganz im Gegenteil: Forschungen dort nutzen die Sprachpathologie, um die dort konstituierten wissenschaftlichen Gegenstandsbereiche theoretisch und empirisch zu fundieren. Beschäftigt sich beispielsweise die Linguistik mit der Aphasie, dann deshalb, um grundlagenwissenschaftlich etwa ein bestimmtes Sprachproduktionsmodell abzusichern. Oder, um ein weiteres Beispiel zu nennen, wenn sich die kognitive Linguistik mit Fragen gestörten Grammatikerwerbs befaßt, dann etwa deshalb, um ein Grammatikerwerbsmodell weiterzuentwickeln und den ›normalen‹ Grammatikerwerb gründlicher erklären zu können.

So ist wahrscheinlich eine dritte Antwort die pädagogisch ergiebigste: Aus der Sicht der Sprachbehindertenpädagogik, die es mit konkreten Menschen zu tun hat, ist dieses bezugswissenschaftlich und bezugsdisziplinär gewonnene Wissen, wie anfangs bereits ausgeführt, *hypothetisches* Wissen, ein Wissen also, das mit der Perspektive des *Kindes* in seinem Alltag zwar nichts zu tun hat, aber aus Gründen der Analyse als hypothetisches Wissen über theoretische und empirische Zusammenhänge durchaus sehr hilfreich sein kann. Denn es thematisiert ausschnitthaft den einen oder anderen Teilbereich der komplexen Wirklichkeit des Kindes, kann andererseits aber in Gänze mit ihr gar nicht verflochten sein; gerade dies macht ja seinen Konstruktcharakter aus. Gerade aber damit, mit dem Kind in seiner komplexen Wirklichkeit, hätte es eine pädagogische Praxis wesensmäßig zu tun. Daher, so ist zu folgern, sollte vom Standpunkt der Sprachbehindertenpädagogik nicht der Primat der gewiß sehr hilfreichen Bezugssysteme, sondern der der Pädagogik existieren. Und von diesem Standpunkt aus hätte sie sich mit den theoretischen und empirischen ›Angeboten‹ der Bezugswissenschaften und Bezugsdisziplinen auseinanderzusetzen.

Unterstellt man also den Primat der Pädagogik, so kann sich der Standpunkt der Sprachbehindertenpädagogik nicht mit der Anhäufung von theoretischen Konstrukten begnügen, die zudem völlig verschiedenen, zum Teil konträren Bezugssystemen entnommen sind. Dieser Standpunkt muß als übergreifender Gesichtspunkt ›naturgemäß‹ ein sprachbehinderten*pädagogischer* sein. Ausschließlich von hier aus ist letztlich die ›Auswahl‹ bezugssystematischen Wissens hinsichtlich seiner Praxistauglichkeit im Förderschwerpunkt Sprache zu begründen.

4. »Förderschwerpunkt Sprache«: Erziehung und Unterricht, Therapie und Beratung

Augenscheinlich stellen die bildungspolitischen Maßgaben eine Praxis neben der pädagogischen respektive sprachbehindertenpädagogischen Praxis dar. In der schulisch-sprachtherapeutischen Praxis haben neue Empfehlungen, Gesetze, Verordnungen und Erlasse auf Bundes- bzw. Landesebene die didaktischen Spielräume mehr oder weniger verengt oder eröffnet (Bleidick, Rath & Schuck 1995; Welling 1996b). Das für die sprachdidaktische Arbeit im behindertenpädagogischen Arbeitsfeld zentralste bildungspolitische Dokument stellen die jüngsten Empfehlungen der Ständigen Konferenz der Kultusminister (im folgenden: KMK) zum »Förderschwerpunkt Sprache« dar, die 1998 erschienen sind (KMK 1998) und die die aus dem Jahre 1978 stammenden »Empfehlungen für den Unterricht in der Schule für Sprachbehinderte« abgelöst haben (KMK 1978). Im folgenden soll auf diese »Empfehlungen« hinsichtlich ihrer inhaltlichen Substanz eingegangen werden.

4.1 »Empfehlungen zum Förderschwerpunkt Sprache« (KMK 1998)

Die genannten »Empfehlungen« thematisieren einen zentralen Bereich pädagogischer Sprachförderpraxis (Erziehung und Unterricht, Sprachtherapie und Beratung) in verwaltungsrechtlicher Perspektive. Neben grundlegenden Aussagen zu inhaltlichen Voraussetzungen und Prinzipien der Sprachförderung im sonderpädagogischen Bezugsrahmen werden Ausführungen zu organisatorischen, diagnostischen, therapeutischen und vor allem unterrichtlichen Aspekten vorgelegt.

Als zentrale Analysekategorie für die pädagogische Sprachförderung dient die *sprachliche Handlungsfähigkeit* des Kindes und Jugendlichen. Im Kern impliziert dieser handlungstheoretische Begriff von Sprache vor allem die folgenden drei Merkmale: Erstens die Sinnhaftigkeit des Sprachgebrauchs und der Sprechtätigkeit – gedeutet aus der Perspektive des Sprache gebrauchenden Subjekts in seiner Auseinandersetzung mit seiner kulturellen und gesellschaftlichen Lebenswelt: *Subjektkriterium*; zweitens Sprache als soziale Institution in ihrer Alltagsbezogenheit: *Lebensweltkriterium*; drittens Sprachgebrauch und Sprechtätigkeit im Praxisrahmen sich entwickelnder Wissensbildung: *Entwicklungs- und Lernkriterium*. Damit ist ein sprachbehindertenpädagogischer Bezugsrahmen unterstellt, der notwendigerweise vom Primat der Pädagogik bestimmt ist und eine pragmatisch hinreichende Perspektive didaktisch begründerter Sprachförderung eröffnet.

4.2 Unterrichts- und therapiedidaktische Implikationen

Mit dem Begriff *sprachliche Handlungsfähigkeit* ist eine Kategorie gewählt, die in ihrem Kern die Möglichkeit einer *sprachdidaktischen* Perspektivierung der Förderpraxis in Unterricht und Therapie enthält. Diese These soll anhand von vier inhaltlichen Feststellungen erläutert werden.

Erstens: Es ist hervorzuheben, daß mit dem Begriff *sprachliches Handeln* die in früheren Dokumenten der KMK noch anzutreffende klassisch-eigenschaftsorientierte Betrachtungsweise der sprachlichen Beeinträchtigung aufgegeben wird zugunsten einer sozialwissenschaftlichen Grundorientierung. Demnach wird eine *Sprachbehinderung* der Kinder oder Jugendlichen als eine Beeinträchtigung ihres Sprachgebrauchs als etwas betrachtet, das sozial miterzeugt wird und sich personal in spezifischer Sprechtätigkeit, Stimmgestaltung, Redefähigkeit usw. auswirkt. Folgerichtig wird die Förderbedürftigkeit der einzelnen Person in den sozialen Rahmen des Entstehens dieser Bedürftigkeit zurückverwiesen und die Herausforderung einer sozialen Verantwortungsgemeinschaft betont. Die hierin enthaltene *pädagogische Perspektive* eröffnet eine übergreifende Richtschnur für eine didaktisch verantwortete Förderungspraxis unter den Bedingungen der verschiedenen Einrichtungen, in denen der »Förderschwerpunkt Sprache« personenbezogen Geltung erlangen soll.

Zweitens: Die »Empfehlungen« verzichten auf Elemente eines sprachpathologischen Begriffssystems, das die Terminologie der historischen Sprachbehindertenpädagogik seit Ende des vergangenen Jahrhunderts klassischerweise bestimmt hat. So wird auf die bekannten klassifikatorischen Beschreibungen von Störungen verzichtet. Für diesen Verzicht lassen sich gewichtige behinderten- und allgemeinpädagogische Gründe ins Feld führen. Soweit Sprachbehinderung als eine soziale Kategorie angesehen wird, wie dies implizit den »Empfehlungen« zugrundeliegt, gibt es auch keine Gründe, ›die Sprachbehinderten‹ individuumzentriert als ›gestört‹ zu etikettieren, damit zu stigmatisieren und gegebenenfalls aus dem gewohnten institutionellen Umfeld zwecks ›besonderer Förderung‹ auszugliedern. Im Gegenteil: Die im »Förderschwerpunkt Sprache« praktizierte Pädagogik trifft das gemeinsame Merkmal all jener, die mit dem Begriff ›Sprachbehinderte‹ gemeint sind, die *sprachliche Beeinträchtigung* nämlich, die sich am schlüssigsten als *Einschränkung der sprachlichen Handlungsfähigkeit* fassen läßt. Die mit dieser Kategorie verbundenen handlungsorientierten Sprachpädagogik trägt in ihrem Verantwortungsbereich mit dazu bei, Bedingungen zu schaffen und didaktisch zu gestalten, unter denen Kinder und Jugendliche mit Sprachbehinderung lernen, die Werte und Normen, die in ihrer Lebenswelt für sie und für ihre Bezugspersonen gelten, auch ihrer Beeinträchtigung gemäß zu beurteilen und an der Veränderung der Entstehungsbedingungen mitzuwirken. Um so besser, wenn man sich dann zur Abschätzung des besonderen Bedarfs, den man für notwendig erachtet, um ihnen ein menschenwürdiges Leben in mitmenschlicher Gebundenheit zu ermöglichen, das hypothetisch gewonnene Wissen der einzelwissenschaftlichen und einzeldisziplinären Ansätze dienstbar machen kann.

Drittens: Hiermit steht im Einklang, daß die »Empfehlungen« auf den Einbezug sprachtherapeutischer Maßnahmen nicht verzichten. Neben der Beanspruchung medizinisch-therapeutischer Dienste und weiterer therapeutischer Hilfen außerschulischer Maßnahmeträger wird auch gegebenenfalls die Notwendigkeit »schulischer Sprachtherapie«, also Sprachtherapie im institutionellen Rahmen der Schule, betont. Die Sprachtherapie soll bei entsprechender realer Problemlage einer Reihe von Kindern und Jugendlichen mit sprachlicher Beeinträchtigung der individuellen sonderpädagogischen Förderung im Bereich sprachlichen Handelns die notwendige »Intensität und Spezifik« verleihen und diese dadurch therapeutisch vertiefen. Dies soll in enger Wechselwirkung mit Erziehung, Unterricht und Beratung geschehen und thematisch, möglichst nicht additiv, mit diesen verbunden sein.

Viertens: Nicht zuletzt sei der in den »Empfehlungen« an mehreren Stellen angesprochene *Präventionsgedanke* beim »Förderschwerpunkt Sprache« erwähnt. Dies nimmt sonderpädagogische ebenso wie allgemein-pädagogische Lehrkräfte in die Pflicht, bei jedem Kind und Jugendlichen ›offenen Auges‹ möglichst optimal förderliche Bedingungen, pädagogisch begründet und unterrichts- und therapiedidaktisch reflektiert, herzustellen, um der Förderbedürftigkeit auch präventiv gerecht zu werden.

5. Ausblick: Sprachbehindertenpädagogik und Allgemeine Pädagogik

Im vorliegenden Beitrag zur Sprachbehindertenpädagogik ging es nicht darum, im Sinne einer Typologie des inneren Aufbaus der Sprachbehindertenpädagogik zu verfahren, wonach vielleicht, gleichsam vom Kleinen zum Großen fortschreitend, eine in sich kohärente Struktur dieser Teildisziplin der Behindertenpädagogik hätte sichtbar werden können. Diese gibt es nicht. Auch verfolgte der Beitrag keine Typologie nach dem Vollständigkeitsanspruch, dementsprechend gleichsam lückenlos eine Art Gesamtdisziplin hätte präsentiert werden müssen. Was den Aufbau dieses Beitrags im ganzen betrifft, wurde besonders Wert darauf gelegt, historiographisch zu verfahren und so in der Kontinuität und in den Brüchen einer über hundertjährigen Geschichte neue Frage- und Denkweisen zu veranschaulichen. Dadurch wurde es möglich, in den Zeitläuften nicht nur die dauerhaften Strukturen, sondern auch die mehr oder weniger einschneidenden Veränderungen sichtbar werden und damit schließlich perspektivische Aspekte für ein gegenwärtiges Bild der Sprachbehindertenpädagogik aufscheinen zu lassen.

Um einen sprachbehindertenpädagogischen Standpunkt zu ringen, bedeutet gegen Ende dieses Jahrhunderts mehr, als beispielsweise ›nur‹ die einzelwissenschaftlichen Ansätze und Bezugsdisziplinen mit der Pädagogik appellativisch oder additiv zusammenzuführen; es bedeutet, eine Vielzahl einzelwissenschaftlicher Erkenntnisse und einzeldisziplinären Wissens angesichts der

Vielfalt und Vielschichtigkeit der Praxisprobleme vom pädagogischen Blickpunkt aus zu befragen und so gut es geht in die pädagogische Pflicht zu nehmen. Nicht mehr *ob*, sondern *wie*, *mit welchen Voraussetzungen*, *zu welchem pädagogischen Zweck* und *mit welcher pädagogischen Zielsetzung* die interdisziplinäre Arbeit aus pädagogischer Perspektive mitgestaltet werden kann – dies sollte eine der sprachbehindertenpädagogischen Hauptfragen der Zukunft sein. Von hier aus hat die Sprachbehindertenpädagogik ihr Verhältnis auch zur Allgemeinen Pädagogik zu bestimmen und ihre Interpretationen allgemeiner Prinzipien pädagogischen Denkens und Handelns offenzulegen (Welling 1996a, 81f.).

Was die Professionalisierung und Institutionalisierung der Sprachbehindertenpädagogik betrifft, so wären hauptsächlich vier Prinzipien zu nennen, die in der gegenwärtigen Sprachbehindertenpädagogik zwar noch nicht die ihnen zustehende Anerkennung finden, aber in der Allgemeinen Pädagogik seit langem bekannt sind und, wenn auch mit erheblichen Divergenzen, erziehungswissenschaftlich bearbeitet werden, wie Benner (1991, 47ff.) zusammenfaßt. Zu nennen wären erstens das Prinzip der Bildsamkeit und Bildungszielbestimmtheit; zweitens das Prinzip der Aufforderung zur Selbsttätigkeit; drittens das Prinzip der Überführung kultureller und gesellschaftlicher Determination in pädagogische Determination; viertens das Prinzip der Verbindung pädagogischer Praxis mit allen anderen Praxisformen.

Während das Prinzip der Bildsamkeit und Bildungszielbestimmtheit auf die Möglichkeit der Mitwirkung der Zu-Erziehenden an der pädagogischen Interaktion verweist, erläutert das zweite Prinzip, das Prinzip der Aufforderung zur Selbsttätigkeit, die Art und Weise, wie pädagogisches Handeln bestimmt sein muß, damit der Heranwachsende in seiner Selbsttätigkeit als bildsam erkannt und anerkannt wird und die Bildungsziele unter diesen bestimmten Bedingungen verwirklicht erscheinen. Mit dem dritten und vierten Prinzip läßt sich jener Teil des pädagogischen Grundgedankens formulieren, der sich auf das Verhältnis der interaktiven Seite pädagogischer Praxis zu deren kultureller und gesellschaftlicher Wirklichkeit bezieht. So hebt das dritte Prinzip auf die Beantwortung der Frage ab, welcher Art die realen kulturellen Gegebenheiten und gesellschaftlichen Anforderungen an pädagogisch gewollte Entwicklungsprozesse sind. Diese müssen in der pädagogischen Praxis realistischerweise berücksichtigt werden; sie gehören aber dort zurückgewiesen, wo die pädagogische Verantwortlichkeit dazu veranlaßt, behindernde Bedingungen in Augenschein zu nehmen und nach Möglichkeit für humane(re) Verhältnisse einzutreten. Das vierte Prinzip sieht die pädagogische Praxis als eine neben anderen Praxen, so daß sie die anderen Bereiche kultureller und gesellschaftlicher Wirklichkeit einbeziehen muß, beispielsweise Ethik, Ökonomie und Politik. Diese allgemeinen Prinzipien sind thematische Beispiele einer pädagogischen Diskussion, an die anzuknüpfen die zukünftige Sprachbehindertenpädagogik herausgefordert sein wird.

6. Literatur

Ahrbeck, B./Schuck, K.D./Welling, A.: Aspekte einer sprachbehindertenpädagogischen Professionalisierung integrativer Praxis. In: Die Sprachheilarbeit 37 (1992) 287–302.

Ammann, C.: Die Entwicklungs-Sprechapraxie – ein kontroverses Phänomen. In: Verband Berner Logopädinnen und Logopäden – VBl-Bulletin (1997) 4–11.

Amorosa, H.: Die diagnostische Klassifikation kindlicher Sprachentwicklungsstörungen. In: Zeitschrift für Kinder- und Jugendpsychiatrie 12 (1984) 379–390.

Arentsschild, O. von: Sprach- und Sprechstörungen. In: Biesalski, P./Frank, F. (Hrsg.): Phoniatrie – Pädaudiologie. Stuttgart 1982, 114–192.

Bahr, R.: Schweigende Kinder verstehen. Kommunikation und Bewältigung beim elektiven Mutismus. Heidelberg 1996.

Bahr, R.: (S)Elektiver Mutismus: Eine systemische Perspektive für Therapie und Beratung. In: Die Sprachheilarbeit 43 (1998) 28–36.

Balters, W.: Die Bedeutung der ›Mund-Raumfunktion‹ bei der Gestaltung und Erhaltung des Gebisses (Vortrag Hannover 1960). In: Herrmann, C. (Hrsg.): Herrn Prof. Dr. Dr. Wilhem Balters zum 80. Geburtstag. In Dankbarkeit und Verehrung seine Schüler. Heidelberg 1973, 22–29.

Baumgartner, S./Füssenich, I. (Hrsg.): Sprachtherapie mit Kindern (1.Aufl.1992). München [3]1997.

Benner, D.: Allgemeine Pädagogik. Eine systematisch-problemgeschichtliche Einführung in die Grundstruktur pädagogischen Denkens und Handelns. Weinheim 1991.

Bethmann, W.: Zur Komplexbehandlung der Lippen-, Kiefer-, Gaumenspalten. In: Deutsche Gesundheit 18 (1963) 1782–1783.

Bindel, R.: Stottern als dialogische Fehlentwicklung. Göttingen 1987.

Bindel, R.: Stottern als Redeabstimmungsstörung. In: Grohnfeldt, M. (Hrsg.): Störungen der Redefähigkeit (Handbuch der Sprachtherapie, Bd.5). Berlin 1992, 348–358.

Blanken, G./Dittmann, J./Grimm, H./Marshall, J.C./Wallesch, C.-W. (Eds.): Linguistic disorders and pathologies. An international handbook. Berlin 1993.

Bleidick, U./Rath, W./Schuck, K.D.: Die Empfehlungen der Kultusministerkonferenz zur sonderpädagogischen Förderung in den Schulen der Bundesrepublik Deutschland. In: Zeitschrift für Pädagogik 41 (1995) 247–264.

Böhme, G.: Hör- und Sprachstörungen bei Mehrfachschädigungen im Kindesalter. Stuttgart 1976.

Böhme, G.: Klinik der Sprach-, Sprech- und Stimmstörungen (1.Aufl. 1974). Stuttgart [2]1983.

Braun, O.: Allgemeiner Überblick über verschiedene Interventionsansätze zur Sprachförderung und Sprachtherapie im Bereich der Semantik. In: Grohnfeldt, M. (Hrsg.): Störungen der Semantik (Handbuch der Sprachtherapie, Bd.3). Berlin 1991, 87–109.

Braun, O.: Der pädagogisch-therapeutische Umgang mit stotternden Kindern und Jugendlichen. Eine historisch-systematische Studie. Berlin 1997.

Cantwell, D.P./Baker, L.: Developmental speech and language disorders. London 1987.

Clahsen, H.: Normale und gestörte Kindersprache. Amsterdam 1988.

Clausnitzer, R.: Kieferorthopädische Grundlagen der Sprach- und Sprechtherapie. In: Clausnitzer, V./Clausnitzer, R. (Hrsg.): Logopädie für Studierende und Praktiker. Heidelberg 1997, 211–276.

Clausnitzer, R./Clausnitzer, V.: Häufigkeit der Sigmatismen bei den verschiedenen Dysgnathien. In: Die Quintessenz 40 (1989) 1853–1858.

Clausnitzer, R./Clausnitzer, V.: Zusammenhänge zwischen Sigmatismen, fehlerhaftem Schluckmodus und Zahn- und Kieferstellungsanomalien. In: Die Sprachheilarbeit 36 (1991) 14–17.

Cramon, D. von/Vogel, M.: Zentrale Stimmstörungen. In: Bochnik, H.J./Richtberg, W. (Hrsg.): Sprache – Sprechen – Verstehen. Zur Phänomenologie und Praxis sprachlicher Kommunikationsstörungen. Erlangen 1984, 72–84.

Dannenbauer, F.M.: Der Entwicklungsdysgrammatismus als spezifische Ausprägungsform der Entwicklungsdysphasie. Historische, sprachheilkundliche und sprachpsychologische Perspektiven. Birkach 1983.

Dannenbauer, F.M.: Ist der kindliche Dysgrammatismus grammatisch? In: Die Sprachheilarbeit 34 (1989) 151–168.

Dannenbauer, F.M.: Grammatik. In: Baumgartner, S./Füssenich, I. (Hrsg.): Sprachtherapie mit Kindern (1.Aufl.1992). München [3]1997a, 123–203.

Dannenbauer, F.M.: Mentales Lexikon und Wortfindungsprobleme bei Kindern. In: Die Sprachheilarbeit 42 (1997b) 14–21.

Darley, F./Aronson, A./Brown, J.: Motor speech disorders. Philadelphia 1975.

Deuster, C. von: Dysarthrie. In: Pascher, W./Bauer, H. (Hrsg.): Differentialdiagnose von Sprache, Stimme und Gehör. Stuttgart 1984, 298–317.

Fiedler, P./Standop, R.: Stottern. Ätiologie, Diagnose, Behandlung (1.Aufl.1978). Weinheim [4]1994.

Fleiner, B./Bohring, A.: Interdisziplinäres Behandlungskonzept bei Lippen-Kiefer-Gaumenspalten. In: Päd. Praktische Pädiatrie (1996) 174–182.

Förster, U./Welling, A.: Pädagogische Aspekte der Diagnostik und Therapie aphasiebehinderter Kinder: Ein Forschungsthema. In: Deutsche Gesellschaft für Sprachheilpädagogik (dgs) e.V. – LG Hessen (Hrsg.): Behinderung. Pädagogik. Sprache. XIX. Arbeits- und Fortbildungstagung der Deutschen Gesellschaft für Sprachheilpädagogik e.V. vom 27. bis 29.9.1990 in Marburg. Gießen 1991, 108–127.

Frischauf, H.F./Kregcjk, K.: Stellungsanomalien der Zähne und Bißlageanomalien. In: Der Sprachheilpädagoge 17 (1985) 52–76.

Froeschels, E.: Dysarthric speech (Speech in Cerebral-Palsy). Magnolia/Mass. 1952.

Fromm, W./Schöler, H./Scherer, C.: Jedes vierte Kind sprachgestört? Definition, Verbreitung, Erscheinungsbild, Entwicklungsbedingungen und -voraussetzungen der Spezifischen Sprachentwicklungsstörung. In: Schöler, H./Fromm, W./Kany, W. (Hrsg.): Spezifische Sprachentwicklungsstörung und Sprachlernen. Heidelberg 1998, 21–63.

Fröschels, E.: Lehrbuch der Sprachheilkunde (Logopädie) für Ärzte, Pädagogen und Studierende. Leipzig 1913.

Füssenich, I.: Semantik. In: Baumgartner, S./Füssenich, I. (Hrsg.): Sprachtherapie mit Kindern (1.Aufl.1992). München [3]1997, 80–122.

Gabka, J.: Hasenscharten und Wolfsrachen. Entstehung, Behandlung und Operationsverfahren (1.Aufl.1961). Berlin [2]1964.

Glasson, Ch.: Speech timing in children with history of phonological-phonetic disorders. In: Seminars in Speech and Language 5 (1984) 85–95.

Glück, Ch.W.: Kindliche Wortfindungsstörungen. Ein Bericht des aktuellen Erkenntnisstandes zu Grundlagen, Diagnostik und Therapie. Frankfurt/M. 1998.

Göttert, K.-H.: Geschichte der Stimme. München 1998.

Gracco, V.L.: Sensorimotor mechanisms in speech motor control. In: Peters, H.F.M./Hulstijn, W./Starkweather, C.M. (Eds.): Speech motor control and stuttering. New York 1991, 53–76.

Graf-Pinthus, B./Campiche, M.: Die Suche nach einem holistischen Behandlungskonzept bei Lippen-Kiefer-Gaumen-Spalten. In: Freiesleben, D./Helms, P. (Hrsg.): Myofunktionelle Therapie bei orofacialen Dyskinesien: Kongreßberichte. Frankfurt a.M. 1994, 58–66.

Graichen, J.: Organismische Fehlregulationen als direkte Ursachen von Redeflußstörungen (Stottern) in neuropsychologischer Differentialdiagnostik. In: Sprache – Stimme – Gehör 9 (1985) 34–40.

Graichen, J.: Neuropsychologische Perspektiven. In: Grohnfeldt, M. (Hrsg.): Grundlagen der Sprachtherapie (Handbuch der Sprachtherapie, Bd.1). Berlin 1989, 113–134.

Grimm, G.: Lippen-Kiefer-Gaumenspalten. In: Grimm, G./Schwenzer, N. (Hrsg.): Zahn-Mund-Kieferheilkunde. Bd.2. Spezielle Chirurgie. Stuttgart ^{2}1990, 382–423.

Grimm, H.: Prävention von Sprachentwicklungsstörungen. In: Franke, U. (Hrsg.): Prävention von Kommunikationsstörungen. Stuttgart 1997, 48–56.

Grimm, H.: Störungen der Sprachentwicklung. Grundlagen – Ursachen – Diagnose – Interaktion – Prävention. Göttingen 1999.

Grimm, H./Doil, H./Müller, C./Wilde, S.: Elternfragebogen für die differentielle Erfassung früher sprachlicher Fähigkeiten. In: Sprache & Kognition 15 (1996) 32–45.

Grohnfeldt, M.: Störungen der Semantik als lange vernachlässigtes Teilgebiet gestörter Sprachentwicklung. In: Grohnfeldt, M. (Hrsg.): Störungen der Semantik (Handbuch der Sprachtherapie, Bd.3). Berlin 1991, 3–16.

Grohnfeldt, M.: Störungen der Sprachentwicklung (1.Aufl.1982). Berlin ^{6}1993.

Gundermann, H.: Diagnostik und Therapie von Stimmstörungen. In: Sprache – Stimme – Gehör 3 (1979) 174–179.

Gutzmann, H.: Über den Sigmatismus und seine Beziehung zu Zahndefekten und Zahnmißbildungen. In: Monatsschrift für die gesamte Sprachheilkunde 2 (1892) 172–177.

Gutzmann, H.: Die dysarthrischen Sprachstörungen. Wien 1911.

Gutzmann, H.: Sprachheilkunde. Vorlesungen über die Störungen der Sprache mit besonderer Berücksichtigung der Therapie (1.Aufl.1912). Berlin ^{2}1924.

Gutzmann, H. jun.: Erbbiologische, soziologische und organische Faktoren, die Sprachstörungen begünstigen. In: Die deutsche Sonderschule 6 (1939) 485–496.

Hacker, D.: Phonologie. In: Baumgartner, S./Füssenich, I. (Hrsg.): Sprachtherapie mit Kindern (1.Aufl.1992). München ^{3}1997, 15–79.

Hacker, D./Weiß, K.H.: Zur phonemischen Struktur funktioneller Dyslalien. Oldenburg 1986.

Hacker, D./Wilgermein, H. (Hrsg.): Aussprachestörungen bei Kindern. Ein Arbeitsbuch für Logopäden und Sprachtherapeuten. München 1999.

Hansen, D.: Sprachtherapie und Dysgrammatismus. Grundlagen, Diagnostik und Therapie. München 1996.

Hansen, B./Iven, C.: Stottern bei Kindern im (Vor-) Schulalter. Dynamische Prozesse und individualisierte Sichtweisen in Diagnostik und Therapie. In: Die Sprachheilarbeit 37 (1992) 240–267.

Häring, M./Schakib-Ekbatan, K./Schöler, H.: Zur Diagnostik und Differentialdiagnostik von Sprachentwicklungsauffälligkeiten. In: Die Sprachheilarbeit 42 (1997) 221–229.

Heese, G.: Sprachgeschädigtenpädagogik. In: Jussen, H. (Hrsg.): Handbuch der Heilpädagogik in Schule und Jugendhilfe. München 1967, 270–296.

Heinemann, M./Höpfner, C.: Screening-Verfahren zur Erfassung von Sprachentwicklungsverzögerungen (SEV) im Alter von 3 bis 4 Jahren bei der U 8. In: Der Kinderarzt 23 (1992) 1635–1639.

Hixon, T.J./Hardy, J.C.: Restricted motility of the speech articulators in cerebral palsy. In: Journal of Speech and Hearing Research 29 (1964) 293–306.

Hodson, B.: The assessment of phonological processes. Danville 1980.

Huber, W.: Dysarthrie. In: Hartje, W./Poeck, K. (Hrsg.): Klinische Neuropsychologie (1.Aufl.1982). Stuttgart [3]1997, 144–168.

Huber, W./Poeck, K./Weniger, D.: Aphasie. In: Hartje, W./Poeck, W. (Hrsg.): Klinische Neuropsychologie (1.Aufl.1982). Stuttgart [3]1997, 80–143.

Ingram, D.: Phonological disability in children. New York 1976.

Iven, C.: Poltern. Aktuelle Erkenntnisse, Meinungen und Forschungsergebnisse zu einer fast vergessenen Sprachstörung. In: Sprache – Stimme – Gehör 22 (1998) 54–62.

Johannsen, C.: Bevor dem Lehrer die Stimme versagt. In: Krankengymnastik 39 (1987) 9–12.

Johannsen, H.S./Rennhack, A.: Hör- und Sprachstörungen. In: Thom, H. (Hrsg.): Die infantilen Zerebralparesen (1.Aufl.1963). Stuttgart [2]1982, 323–340.

Jürgens, B.: Zum kindlichen Begriffs- und Bedeutungserwerb als sprachheilpädagogisches Problem: Eine Betrachtung ausgewählter historischer und gegenwärtiger Ansatzpunkte aus entwicklungspsychologischer Perspektive (Diplomarbeit im Fach Erziehungswissenschaft vorgelegt für die Diplomprüfung, Universität zu Köln; unveröff.). Köln 1996.

Jussen, H.: Der sprachwissenschaftliche Aspekt in der Sprachheilpädagogik. In: Die Sprachheilarbeit 9 (1964) 195–209.

Jussen, H.: Die Sprachwissenschaft im Dienste der Sprachheilpädagogik bei Hirnverletzten. In: Arbeitsgemeinschaft für Sprachheilpädagogik in Deutschland e.V. (Hrsg.): Sprachheilpädagogische und hirnpathologische Probleme bei der Rehabilitation von Hirn- und Sprachgeschädigten (Vorträge und Diskussionen der 7. Arbeitstagung vom 13.-15. Oktober 1966 in Köln). Hamburg 1967, 192–198.

Kandel, E.R./Schwartz, J.H./Jessell, T.M.: Neurowissenschaften. Eine Einführung (i.amerik.Orig. 1995). Heidelberg 1996.

Kandler, G.: Zur Terminologie der zentralen Sprachstörungen. Ein Kernpunkt der Zusammenarbeit von Sprachwissenschaft und Sprachheilkunde. In: Zeitschrift für Phonetik 12 (1959) 145–160.

Katz-Bernstein, N.: Aufbau der Sprach- und Kommunikationsfähigkeit bei redeflußgestörten Kindern. Ein sprachtherapeutisches Übungskonzept (1.Aufl.1986). Luzern 31989.

Kauschke, C.: Zum Problem der Terminologie und Klassifikation bei Sprachentwicklungsstörungen. In: Die Sprachheilarbeit 43 (1998) 183–189.

Knebel, U. von/Welling, A.: Kindliche Aussprachestörung – Phänomene und Konzepte. Historische und erkenntnistheoretische Betrachtungen. In: Der Sprachheilpädagoge 29 (1997) 1–23.

Knura, G.: Grundfragen der Sprachbehindertenpädagogik. In: Knura, G./Neumann, B. (Hrsg.): Handbuch der Sonderpädagogik, Bd. 7: Pädagogik der Sprachbehinderten (1.Aufl.1980). Berlin 21982, 3–64.

Kolonko, B./Krämer, I.K.: Heilen – Separieren – Brauchbar machen. Aspekte zur Geschichte der Sprachbehindertenpädagogik. Pfaffenweiler 1992.

Konferenz der Kultusminister (KMK): Gutachten zur Ordnung des Sonderschulwesens (erstellt vom Schulausschuß der Ständigen Konferenz der Kultusminister der Länder in der Bundesrepublik Deutschland). Bonn 1960.

Konferenz der Kultusminister (KMK): Empfehlung zur Ordnung des Sonderschulwesens (beschlossen von der Ständigen Konferenz der Kultusminister der Länder in der Bundesrepublik Deutschland am 16. März 1972). Nienburg 1972.

Konferenz der Kultusminister (KMK) (Hrsg.): Empfehlungen für den Unterricht in der Schule für Sprachbehinderte (Sonderschule). Beschluß der Kultusministerkonferenz vom 10.11.1978. Neuwied 1978.

Konferenz der Kultusminister (KMK): Empfehlungen zum Förderschwerpunkt Sprache. Beschluß der Kultusministerkonferenz vom 26.06.1998. Bonn 1998.

Kramer, J.: Der Sigmatismus. Ursachen und Behandlung. Solothurn (neu bearbeitet und ergänzt) 31988.

Kriebel, R.: Einführung in die Sprechangstproblematik. In: Lotzmann, G. (Hrsg.): Sprechangst in ihrer Beziehung zu Kommunikationsstörungen. Berlin 1986, 23–33.

Kriz, J. (Hrsg.): Sprachenwicklungsstörungen. Theoretische Modelle und therapeutische Praxis. München 1984.

Kussmaul, A.: Die Störungen der Sprache. Versuch einer Pathologie der Sprache. Leipzig 1877.

Leischner, A.: Aphasien und Sprachentwicklungsstörungen. Klinik und Behandlung (1.Aufl.1979). Stuttgart 21987.

Leonard, L.B.: Children with Specific Language Impairment. Cambridge 1998.

Liebmann, A.: Agrammatismus infantilis. In: Archiv für Psychiatrie und Nervenkrankheiten 34 (1901) 240–252.

Linke, A./Nußbaumer, M./Portmann, P.: Studienbuch Linguistik (1.Aufl.1991). Tübingen [3]1996.

Luchsinger, R.: Die Vererbung von Sprach- und Stimmstörungen. In: Folia Phoniatrica 11 (1959) 7–64.

Macken, M.A./Ferguson, Ch.A.: Cognitive aspects of phonological development: Model, evidence, and issues. In: Nelson, K.E. (Ed.): Children's language. Hillsdale 1983, 255–282.

Martins, I.P. (Ed.): Acquired aphasia in children. Acquisition and breakdown of language in the developing brain. Boston 1991.

Misch, A.: Elektiver Mutismus im Kindesalter. In: Zeitschrift für Kinderpsychiatrie 19 (1952) 49–87.

Morley, E.M.: The development and disorders of speech in childhood (1st ed. 1957). Edinburgh [2]1967.

Motsch, H.-J.: Die idiographische Betrachtungsweise – Metatheorie des Stotterns. In: Grohnfeldt, M. (Hrsg.): Störungen der Redefähigkeit (Handbuch der Sprachtherapie, Bd.5). Berlin 1992, 21–60.

Nadoleczny, M.: Kurzes Lehrbuch der Sprach- und Stimmheilkunde mit besonderer Berücksichtigung des Kindesalters. Leipzig 1926.

Netsell, R.: A neurobiologic view on the dysarthrias. In: McNeil, M.R./Rosenbek, J.C./Aronson, A.E. (Eds.): The dysarthrias: physiology, acoustics, perception, management. San Diego 1984, 1–36.

Offergeld, K.: Gestörte Sprachentwicklung. Ursachen – Symptome – Behandlung (1.Aufl.1987). Bonn [4]1994.

Peacher, W.G.: The etiology and differential diagnoses of dysarthria. In: Journal of Speech and Hearing disorders 15 (1950) 252–265.

Peterson-Falzone, S.J./Landahl, K.L.: Effects of congenital malformations on speech development. In: Blanken, G./Dittmann, J./Grimm, H./Marshall, J.C./Wallesch, C.-W. (Eds.): Linguistic disorders and pathologies. Berlin 1993, 858–864.

Pétursson, M./Neppert, J.: Elementarbuch der Phonetik (1.Aufl.1991). Hamburg [2]1996.

Poeck, K.: Aphasia and apraxia. In: Blenken, G./Dittmann, J./Grimm, H./Marshall, J.C./Wallesch C.-W. (Eds.): Linguistic disorders and pathologies. Berlin 1993, 317–324.

Preyer, W.T.: Die Seele des Kindes (1.Aufl.1882). Leipzig [9]1923.

Romonath, R.: Phonologische Prozesse an sprachauffälligen Kindern. Eine vergleichende Untersuchung an sprachauffälligen und nichtauffälligen Vorschulkindern. Berlin 1991.

Rothschuh, K.E.: Konzepte der Medizin in Vergangenheit und Gegenwart. Stuttgart 1978.

Rothweiler, M.: Wortschatzerwerb und Störungen des lexikalischen Lernens (Habilitationsschrift, Universität Bremen). Bremen 1999.

Rothweiler, M./Pitsch, S./Siegmüller, J.: Spontansprachdiagnose bei Dysgrammatismus. Linguistische Analyse und Interpretation auf der Basis eines Sprachprofils zur Ermittlung des grammatischen Entwicklungsstandes bei sprachauffälligen Kindern. In: Die Sprachheilarbeit 40 (1995) 331–350.

Satz, P./Lewis, R.: Acquired aphasia in children. In: Blanken, G./Dittmann, J./Grimm, H./Marshall, J.C./Wallesch, C.-W. (Eds.): Linguistic disorders and pathologies. An international handbook. Berlin 1993, 646–659.

Schalch, F.: Schluckstörungen und Gesichtslähmung. Therapeutische Hilfen. Stuttgart [4]1994.

Schiepek, G.: Systemische Diagnostik in der klinischen Psychologie. München 1986.

Schlenker-Schulte, Ch./Schulte, K.: Stammlertherapie auf phonetischer Grundlage. In: Grohnfeldt, M. (Hrsg.): Störungen der Aussprache (Handbuch der Sprachtherapie, Bd.2). Berlin 1990, 22–61.

Schöler, H./Fromm, W./Kany, W.: Spezifische Sprachentwicklungsstörung. Erscheinungsformen, Verlauf, Folgerungen für Diagnostik und Therapie. Heidelberg 1998.

Scholz, H.J.: Zur Phonologie gestammelter Sprache. In: Die Sprachheilarbeit 14 (1969) 4–11.

Scholz, H.-J.: Zum phonologischen Aspekt des Spracherwerbs und dessen Bedeutung für die Dyslalie. In: Die Sprachheilarbeit 19 (1974) 145–152.

Scholz, H.-J.: Zum Grammatikbegriff im Konzept des Entwicklungsdysgrammatismus. In: Der Sprachheilpädagoge 13 (1981) 34–44.

Schultheß, R.: Das Stammeln und das Stottern. Über die Natur, Ursachen und die Heilung dieser Fehler der Sprache. Zürich 1830.

Schultze, F.: Die Sprache des Kindes. Eine Anregung zur Erforschung des Gegenstandes. Dresden 1880.

Schumacher, G.-H./Christ, B.E.A.: Embryonale Entwicklung und Fehlbildung des Menschen. Anatomie und Klinik (1.Aufl.1973). Berlin [10]1993.

Seiler, B./Wannenmacher, W.: Begriffs- und Bedeutungsentwicklung. In: Silbereisen, R.K./Montada, L. (Hrsg.): Entwicklungspsychologie. Ein Handbuch in Schlüsselbegriffen. München 1983, 111–120.

Seiler, T.B./Wannenmacher, W.: Begriffs- und Wortbedeutungsentwicklung: Theoretische, empirische und methodische Untersuchungen. Berlin 1985.

Square, P.A.: Treatment approaches for developmental apraxia of speech. In: Clinics in Communication Disorders 4 (1994) 151–161.

Stackhouse, J.: Developmental verbal dyspraxia I: A review and critique. In: European Journal of Disorders of Communication 27 (1992) 19–34.

Stackhouse, J./Snowling, M.: Developmental verbal dyspraxia II: A developmental perspective on two case studies. In: European Journal of Disorders of Communication 27 (1992) 35–54.

Stoel-Gammon, C.: Normal and disordered phonology in two-year-old. In: Topics in Language Disorders (1991) 21–32.

Szagun, G.: Psychologische Perspektiven zum Erwerb von Wortbedeutungen. In: Der Deutschunterricht 43 (1991) 62–77.

Thomae, H.: Das Individuum und seine Welt. Eine Persönlichkeitstheorie. Göttingen 1968.

Thompson, C.K./Robin, D.A.: Developmental dysarthria. In: Blanken, G./Dittmann, J./Grimm, H./Marshall, J.K./Wallesch, C.-W. (Eds.): Linguistic disorders and pathologies. An international handbook. Berlin 1993, 834–857.

Tonndorf, W.: Zur Physiologie des menschlichen Stimmorgans. In: Zeitschrift für Hals-, Nasen- und Ohrenheilkunde 22 (1929) 412–423.

Tramer, M.: Elektiver Mutismus bei Kindern. In: Zeitschrift für Kinderpsychiatrie 1 (1934) 30–35.

Tränkmann, J.: Ätiologie, Genese und Morphologie dyskinesiebedingter Dysgnathien. In: Sprache – Stimme – Gehör 21 (1997) 152–160.

Treitel, L.: Grundriß der Sprachstörungen, deren Ursache, Verlauf und Behandlung. Berlin 1894.

Velleman, S.L.: The interactions of phonetics and phonology in developmental verbal dyspraxia: Two case studies. In: Clinics in Communication disorders 4 (1994) 66–77.

Wallesch, C.-W./Kertesz, A.: Clinical symptoms and syndromes of aphasia. In: Blanken, G./Dittmann, J./Grimm, H./Marshall, J.C./Wallesch, C.-W. (Eds.): Linguistic disorders and pathologies. Berlin 1993, 98–119.

Wängler, H.-H.: Physiologische Phonetik. Marburg 1972.

Wängler, H.-H.: Leitfaden der pädagogischen Stimmbehandlung. Berlin 1976.

Wängler, H.-H./Bauman-Wängler, J.: Phonetische Logopädie. Die Behandlung von Kommunikationsstörungen auf phonetischer Grundlage (Lieferungen 1 bis 6). Berlin. 1983–1986

Wannenmacher, W./Seiler, Th.-B.: Theoretische Ansätze und empirische Befunde zur Wortbedeutungsentwicklung in den 70er Jahren. In: Michaelis, W. (Hrsg.): Bericht über den 32. Kongreß der Deutschen Gesellschaft für Psychologie. Göttingen 1981, 231–300.

Weiss, D.A.: Der Begriff des Funktionellen mit besonderer Berücksichtigung der Sprach- und Stimmheilkunde. In: Monatsschrift für Ohrenheilkunde 68 (1934) 830–832.

Welling, A.: Pädagogische Sprachheilarbeit und interdisziplinäres Denken – ein allgemeiner Impuls. In: Deutsche Gesellschaft für Sprachheilpädagogik (dgs) – LG Westfalen-Lippe (Hrsg.): Interdisziplinäre Zusammenarbeit: Illusion oder Vision? dgs-Kongreß vom 26.-28.9.1996 in Münster. Hamm 1996a, 75–87.

Welling, A.: Sprachtherapie in freiberuflicher und schulischer Praxis – ein schmaler Pfad zwischen Politik, Medizin und Pädagogik. In: Deutsche Gesellschaft für Sprachheilpädagogik (dgs) e.V. – LG Westfalen-Lippe (Hrsg.): Interdisziplinäre Zusammenarbeit: Illusion oder Vision? dgs-Kongreß vom 26.-28.9.1996 in Münster. Münster 1996b, 983–1001.

Westrich, E.: Die Sprechangst als dialogisches Problem. In: Lotzmann, G. (Hrsg.): Sprechangst in ihrer Beziehung zu Kommunikationsstörungen. Berlin 1986, 1–22.

Wirth, G.: Sprachstörungen. Sprechstörungen. Kindliche Hörstörungen (1.Aufl.1977). Köln ^{4}1994.

Wirth, G.: Stimmstörungen. Lehrbuch für Ärzte, Logopäden, Sprachheilpädagogen und Sprecherzieher (1.Aufl.1977). Köln ^{4}1995.

Wurst, F.: Sprachentwicklungsstörungen und ihre Behandlung (1.Aufl.1973). Wien ^{3}1980.

Wyke, M.A. (Ed.): Developmental dysphasia. London 1978.

Ziegler, W./Cramon, D. von: Die Sprechapraxie – eine apraktische Störung? In: Fortschritte der Neurologie und Psychiatrie 57 (1989) 198–204.

Ziegler, W./Vogel, M./Gröne, B./Schröter-Morasch, H.: Dysarthrie. Grundlagen – Diagnostik – Therapie. Stuttgart 1998.

D. Verhaltensgestörtenpädagogik

Norbert Myschker

1. Einleitung

Mit der vorliegenden Einführung soll ein neuere Entwicklungen berücksichtigender Überblick über eine Pädagogik bei Verhaltensstörungen gegeben werden, wie sie sich gegenwärtig darstellt und wie sie der Autor im Hinblick auf handlungsleitende Konzeptionsbildung für notwendig und angemessen hält. Dabei sind Schwerpunktsetzungen nötig und – wegen der Enge des verfügbaren Raumes – Verkürzungen nicht zu vermeiden.

Mit einer kurzen Darstellung zur Historie soll zunächst darauf verwiesen werden, daß die Pädagogik bei Verhaltensstörungen in einer langen Tradition steht und in ihrem gegenwärtigen Zustand nur auf dem Hintergrund einer historischen Folie recht verstanden werden kann. Es hat in Deutschland – wie in anderen Ländern auch – sehr lange gedauert, bis es zu einer Abkehr von Zwang und Strafe und zu verstehenden, für die betroffenen Kinder und Jugendlichen hilfreichen Maßnahmen kam. Lange gedauert hat es in Deutschland auch, bis sich die Pädagogik der Erziehung unter erschwerten Bedingungen widmete. Da sich die Allgemeine Pädagogik des Problems der Förderung schwieriger Kinder nicht in genügendem Maße annahm, etablierte sich seit Mitte der sechziger Jahre innerhalb der Sonderpädagogik die Fachrichtung »Verhaltensgestörtenpädagogik«. Inzwischen stößt es auf Ablehnung, von den »Verhaltensgestörten« zu sprechen. Die gemeinten Kinder und Jugendlichen sind häufig intelligent, gesellig und fröhlich usw., zeigen zwar auch Verhaltensstörungen, sind aber deshalb nicht als »verhaltensgestört« zu typisieren und in ihrem gesamten Menschsein unter dem Aspekt eines Merkmals zu sehen. Aus diesem Grunde wird nunmehr auch der Begriff »Pädagogik bei Verhaltensstörungen« und nicht »Verhaltensgestörtenpädagogik« verwendet.

Wie jede wissenschaftliche Disziplin hat auch die Pädagogik bei Verhaltensstörungen ihre Begriffslehre, ihre Gegenstandslehre und ihre Institutionenlehre. Diese drei Lehrbereiche werden in weitgehender Beschränkung auf die deutschen Verhältnisse dargestellt. Mit der Darstellung soll vermittelt werden, daß beginnende Probleme im Verhaltensbereich oder sich entwickelnde und verfestigende Verhaltensstörungen bei Kindern und Jugendlichen für die Erwachsenenwelt Signalcharakter haben und auf die Verpflichtung verweisen müssen, Hilfestellung zu geben zur Problem-, Konflikt- und letztlich zur Lebensbewältigung. Dafür müssen im Hinblick auf die Erscheinungsformen, die Verursachung und Genese von Verhaltensstörungen, die Möglichkeiten in Erziehung, Unterricht und Therapie sowie zur Organisation der Institutionen, die Interventionskonzepte realisieren, die Erkenntnisse der relevanten humanwissenschaftlichen Disziplinen herangezogen werden, um Einseitigkeiten zu vermeiden und ganzheitliche Perspektiven, Verfahren und Konzepte als angemessen ansehen und verwirklichen zu können. Insofern wird einem Konzept das Wort geredet, das als synthetisch bezeichnet werden kann, das auch scheinbar differierende Ansätze in einen Zusammenhang zu bringen versucht und integrative sowie separierende Fördermaßnahmen nicht als widersprüchlich ansieht, sondern als Teilbereiche eines differenzierten pädagogischen Konzepts, das von der – evtl. einmaligen – Beratung bis zum – evtl. mehrjährigen – Schul- bzw. Milieuwechsel reicht.

2. Historischer Überblick

Kinder und Jugendliche mit unerwünschten Abweichungen im Verhalten, mit Defiziten oder die Umwelt irritierenden Eigentümlichkeiten im Verhaltensrepertoire hat es zu allen Zeiten in allen Kulturen gegeben. Wie stark sie auffällig wurden und mit welchen Reaktionen die Umwelt ihnen begegnete, geschah in Abhängigkeit von kulturellen, religiösethischen, ökonomischen und sozialen Gegebenheiten. Die Reaktionen waren durch die Jahrhunderte hindurch sehr vielfältig und reichten im europäischen Kulturkreis von der Hinrichtung über die verschiedenen Formen körperlicher Züchtigung bis hin zu verständnisvoller Hilfe zu einer sozial adäquaten Entwicklung. Soweit mit den Maßnahmen das Leben geschont wurde, lassen sich diese mit den Begriffen Separieren, Isolieren, Disziplinieren und Normalisieren zusammenfassend bezeichnen. Die besonderen Einrichtungen, die für Kinder und Jugendliche mit Verhaltensstörungen entstanden und das Erfahrungsfeld waren für die Entwicklung einer differentiellen Pädagogik, die wir heute als Verhaltensgestörtenpädagogik bezeichnen, lassen sich von ihren Ursprüngen über ihre Entfaltung und Konsolidierung bzw. ihren Niedergang in fünf historiographischen Linien verfolgen:

1. Die sozialpädagogische Linie:
   Waisenhäuser – Rettungshäuser – Erziehungsheime – Heimschulen;
2. Die kriminalpädagogische Linie:
   Zuchthäuser – Jugendstrafvollzug – Gefängnisschulen;
3. Die schulpädagogische Linie:

3.1 Beobachtungsklassen – Erziehungsklassen – Kleinklassen;

3.2 Sonderklassen – Sonderschulen – Integrierte Fördereinrichtungen;

4. Die pädagogisch-psychiatrische Linie:
   Einrichtungen der Psychopathenfürsorge – Kliniken für Kinder- und Jugendpsychiatrie – Klinikschulen;
5. Die berufspädagogische Linie:
   Arbeitserziehung – Industrieschulen – Fortbildungsschulen – Berufsschulen – Berufsbildungswerke (vgl. Myschker 1993).

Innerhalb der einzelnen historiographischen Linien spiegeln sich jeweils spezifische Entwicklungen in theoretischer, praktischer und organisatorischer Hinsicht wider, die häufig von Gemeinschaften, Gruppen Gleichgesinnter, aber auch von Einzelpersonen initiiert und getragen wurden. Einige Einrichtungen gibt es nicht mehr: Rettungshäuser, Zuchthäuser, »Psychopathen«fürsorge gehören der Vergangenheit an; Heime und Heimschulen reduzieren sich oder sind in einigen Bundesländern bereits völlig abgebaut; gleiches gilt für Berlin und die einzelnen Stadtbezirke im Hinblick auf die Beobachtungsklassen für Schüler/innen mit Verhaltensstörungen.

Die historiographische Linie von den Klöstern über Findelhäuser und Rettungshäuser zu den Erziehungsheimen kann als sozialpädagogisch typisiert werden. Prägende Gedanken und Initiativen gingen von Pädagogen und Theologen wie Ph. J. Spener (1635–1705), A. H. Francke (1663–1727), J. H. Pestalozzi (1746–1827), J. H. Wichern (1808–1881) und A. Aichhorn (1878–1949) aus.

Eine weitere für die heutige Pädagogik bei Verhaltensstörungen relevante Linie läßt sich als kriminalpädagogisch bezeichnen. Ende des 16. Jahrhunderts kam in Amsterdam der neue Gedanke auf, Kinder und Jugendliche, die Straftaten begangen hatten, nicht durch Leib- und Lebensstrafen sühnen zu lassen, sondern durch Zucht und Arbeit in ihrem Verhalten zu ändern. Dieser Gedanke manifestierte sich in der weiteren Entwicklung in einer speziellen Gerichtssamkeit für delinquente junge Menschen (Jugendgerichtsgesetz von 1922) und in speziellen Maßnahmen und Einrichtungen.

Für die Unterrichtung von Kindern und Jugendlichen mit Verhaltensstörungen und die Etablierung einer eigenständigen akademischen Fachrichtung der Sonderpädagogik haben die beiden historiographischen Linien Bedeutung, die einerseits Beobachtungsklassen, Erziehungsklassen und Kleinklassen, andererseits Sonderklassen, Sonderschulen und Maßnahmen integrierter Förderung umfassen und zusammenfassend als schulpädagogische Linie bezeichnet werden können. Für Erziehung, Unterricht und pädagogisch-therapeutische Interventionen haben sich unterschiedliche Konzepte elaborieren lassen, von denen die wichtigsten wegen ihrer weitgehenden Ausrichtung auf dahinter stehende psychologische Ansätze als psychoanalytisch (S. Freud 1856–1939), individualpsychologisch (A. Adler 1870–1937), lerntheoretisch (z. B. I. P. Pawlow, J. B. Watson, B. F. Skinner, A. Bandura), humanistischpsychologisch (C. Rogers) oder wegen ihres integrationswissenschaftlichen Verständnisses und Rückgriffs auf verschiedene Ansätze als synthetisch bezeichnet werden können (z. B. Myschker 1993).

Die historiographische Linie, die von den ersten Einrichtungen für »geisteskranke« und »psychopathische« Kinder und Jugendliche (ab 1864) bis zu den gegenwärtigen Kliniken für Kinder- und Jugendpsychiatrie mit angeschlossenen Schulen oder Klassen reicht, kann als pädagogisch-psychiatrisch benannt werden. Das handlungsleitende Verständnis in diesen Kliniken und pädagogischen Institutionen steht in Abkehr von einem Anlagebedingungen akzentuierenden und »Ausmerzen« fordernden Psychopathie-Konzept in der Tradition, die mit Jean Itard (1774–1838) und seiner verständnisvollen und einfallsreichen Erziehung des »Wilden von Aveyron« begann, über Edward Seguin und Maria Montessori fortgeführt wurde und durch Sigmund Freud und Alfred Adler sowie durch deren Schüler, Anhänger und Weiterdenker eine besondere Qualität gewann für diagnostische und pädagogisch-therapeutische Maßnahmen.

Eine letzte historiographische Linie ist die berufspädagogische. Mit der beginnenden Neuzeit wurden die Schwierigkeiten gesehen und auch – zumindest ansatzweise – berücksichtigt, die Jugendliche mit Verhaltensstörungen mit der Eingliederung in die Arbeits- und Berufswelt haben. Erziehungs- und Strafanstalten sowie auch das öffentliche Schulwesen realisierten Konzepte zur Vorbereitung auf ein auch wirtschaftlich selbständiges Leben. Europaweites Vorbild für eine Erziehung zur Arbeit durch Arbeit wurden seit dem Ende des 16. Jahrhunderts die Amsterdamer Zuchthäuser. Nach den Katastrophenjahrzehnten des 17. Jahrhunderts, die der Dreißigjährige Krieg über Deutschland brachte, widmeten sich in der geistigen Gefolgschaft von Johann Jakob Spener die Pietisten intensiv der Arbeits- und Selbständigkeitserziehung auch schwieriger junger Menschen. Hauptziel in den großen und weithin als Vorbild wirkenden Halle'schen Anstalten von August Hermann Francke waren neben Gottgefälligkeit und Frömmigkeit wirtschaftliche Tüchtigkeit und »Nützlichkeit«, die über systematische handwerkliche Arbeitserziehung zu erreichen versucht wurden. Arbeitsbezogenes Wissen vermittelten mit der sich ausweitenden industriellen Entwicklung die »Sonntagsschulen« und vor allem die »Industrieschulen«. Die vielerorts im 18. und 19. Jahrhundert gegründeten Industrieschulen gehen auf die Institution des Pastors Wagemann zurück, die 1784 in Göttingen gegründet wurde (vgl. Trost 1930). Für Wichern, der 1833 das ebenfalls für ganz Deutschland vorbildlich wirkende »Rauhe Haus« in Hamburg gründete, war die Erziehung zur Arbeit durch Arbeit der dritte bedeutsame Erziehungsfaktor neben der Familie und der Schule. Der in nicht wenigen Einrichtungen zur Ausbeutung ausgearteten Arbeitserziehung junger Menschen gab er eine auch für die Zukunft verbindliche pädagogische Ausrichtung mit der Erziehung zur komplexen Arbeitsfähigkeit über Charakterbildung und die Aneignung handwerklicher Fähigkeiten.

Auf diese erste Phase innerhalb einer berufspädagogisch-historiographischen Linie, die in deutlicher Verbindung zur sozial- und zur kriminalpädagogischen Linie steht, folgte eine zweite Phase, die mit den Fortbildungs- und späteren Berufsschulen sowie mit der Berufsschulpflicht seit 1938 und dem »dualen System« der Ausbildung im Betrieb und in der Berufsschule eine stärkere berufspädagogische und berufsbezogene Ausprägung bekam. Das zu einem selbständigen System ausgebaute Hilfsberufsschulwesen (vgl. Myschker 1969) wurde in der Bundesrepublik Deutschland aus guten Gründen aufgegeben. Behindertenpädagogen zeigten nach dem 2. Weltkrieg zunächst eine aus den Zeitverhältnissen erklärbare Zurückhaltung im Hinblick auf die berufliche Eingliederung ihrer ehemaligen Schülerinnen und Schüler (vgl. Ellger-Rüttgardt 1982, 59). Als Reaktion auf das in Pädagogenkreisen heftig kritisierte »Berufsbildungsgesetz« (BBiG) von 1969 entwickelte sich ein verstärktes Engagement, mit dem der Beginn einer dritten Phase innerhalb der berufspädagogischen Linie bezeichnet werden kann. Erziehung zur Erwerbsfähigkeit und Eingliederung in einfache Arbeitsverhältnisse wurden als berufspädagogische Zielsetzungen überwunden zugunsten einer beruflichen Qualifizierung junger Menschen mit Behinderungen, die ihren Bedürfnissen und Möglichkeiten angepaßt war, Chancengleichheit und Solidarität zu realisieren hatte und das duale System durch eine Integration allgemeiner und beruflicher Bildung zu überwinden suchen sollte. Durch Empfehlungen, Verordnungen und Gesetze konnten vielfältige Maßnahmen und Einrichtungen zur Berufsvorbereitung, Berufsberatung und Berufseingliederung etabliert werden, die für junge Menschen mit Lern- und Verhaltensstörungen deutliche Hilfen sein können, um in ein befriedigendes Arbeits- und Berufsleben hineinzufinden (siehe dazu ausführlicher: Myschker 1993, 24–27).

3. Verhaltensstörungen

3.1 Begriffsbestimmung

Der Begriff Verhaltensstörung hat sich als Fachterminus weitgehend durchgesetzt, auch wenn er nicht gern gebraucht und nicht allgemein akzeptiert wird. Alternativbegriffe wie Verhaltensauffälligkeit oder Verhaltensschwierigkeit werden verwendet, um den als diskriminierend empfundenen Störungsbegriff auszuklammern und sich neutraler auszudrücken. Es wird auch versucht, die Bezeichnung Verhaltensbehinderung (vgl. z. B. Bach

1989) und Verhaltensschädigung (vgl. z. B. Großmann/Gerth 1990) einzuführen.

In der älteren Literatur wurden – bevor sich der Terminus Verhaltensstörung verbreitete – Begriffe wie Psychopathie, Schwererziehbarkeit, Verwahrlosung, Entwicklungshemmung, Gemeinschaftsschwierigkeit und Erziehungsschwierigkeit – um aus der Vielzahl nur die wichtigsten zu nennen – nebeneinander und in gleichem oder ähnlichem Verständnis benutzt. Der Begriff Verhaltensstörung (behavior disorder) wurde 1950 von dem 1. Weltkongreß für Psychiatrie wegen der Enge der »alten Begriffe der Neurose, Psychopathie, Neuropathie, Nervosität und Charakterfehler« als Oberbegriff eingeführt für alle »Abwegigkeiten der Handlungen und Haltungen von den einfachsten ›Ungezogenheiten‹, dem Ungehorsam, dem Jähzorn, den Tics, den Eß- und Schlafstörungen bis zu den schwersten Formen der Verwahrlosung und Kriminalität« (Wiesenhütter 1964, S.138). Er hat Eingang gefunden in die Amtssprache vieler Bundesländer und der Kultusministerkonferenz sowie in den Sprachgebrauch der Bildungskommission des deutschen Bildungsrats, der meisten Fachwissenschaftler und auch der Praktiker (vgl. Schultheis 1974). Er wird auch in dieser Darstellung durchgängig benutzt.

Der Begriff Verhalten faßt die Gesamtheit menschlicher Aktivitäten zusammen, die im Wechselspiel zwischen Organismus und Umwelt entstehen und von einfachen Reaktionen auf Reize bis zu willentlichen, komplexen, umweltverändernden Handlungen reichen. Verhalten kann grob nach adaptiven und maladaptiven Aspekten differenziert werden. Adaptives Verhalten ist das Ergebnis adäquater Wahrnehmung, Verarbeitung, Einschätzung und Aktivierung. Es dient situativ und allgemein zur adäquaten Umweltbewältigung (vgl. Stottet al. 1975). Maladaptives Verhalten dagegen basiert auf dysfunktionalen Rezeptionen und Kognitionen. Es ist durch unangemessene, unvorteilhafte und sozial unverträgliche Situations- und Lebensbewältigung charakterisiert. Unter Einbeziehung dieser Erwägungen wird der Begriff »Verhaltensstörung« folgendermaßen verstanden:

Verhaltensstörung ist ein von den zeit- und kulturspezifischen Erwartungsnormen abweichendes maladaptives Verhalten, das organogen und/oder milieureaktiv bedingt ist, wegen der Mehrdimensionalität, der Häufgkeit und des Schweregrades die Entwicklungs-, Lern- und Arbeitsfähigkeit sowie das Interaktionsgesche-

hen in der Umwelt beeinträchtigt und ohne besondere pädagogisch-therapeutische Hilfe nicht oder nur unzureichend überwunden werden kann.

Im Sinne dieser Definition hat sich Verhaltensgestörtenpädagogik in Theorie und Praxis mit Kindern und Jugendlichen zu beschäftigen, deren gestörtes und störendes Verhalten besondere kognitive, emotionale und soziale Lernhilfen notwendig macht. Verhaltensstörungen stellen sich dem Erzieher als Erschwerungen im Erziehungs- und Bildungsprozeß in unterschiedlicher Ausprägung dar. Um diese unterschiedliche Ausprägung zu kennzeichnen, wurden in der älteren Pädagogik die Begriffe Erziehungsschwierigkeit, Schwererziehbarkeit sowie Schwerst- und Unerziehbarkeit benutzt, die gegenwärtig als zu eng auf die Erziehungssituation bezogen angesehen und wegen des Anklangs einseitiger Schuldzuweisung abgelehnt werden. Graduelle Unterschiede werden durch die Feststellung des jeweils individuellen Förderbedarfs der Kinder und Jugendlichen zum Ausdruck gebracht.

3.2 Erscheinungsformen und Verbreitung

Zu unterscheiden sind primäre und sekundäre Verhaltensstörungen. Während primäre Verhaltensstörungen eine spezifische Genese unabhängig von anderen Behinderungen haben, treten sekundäre Verhaltensstörungen als Folgesymptome von Sinnes-, Körper-, Sprach- und Intelligenzschäden auf. Verhaltensstörungen finden sich deshalb häufig als Folgesymptome anderer Behinderungen, weil entweder die Behinderung das soziale und/oder emotionale Aktions- und Reaktionsrepertoire beeinträchtigt oder weil die Umwelt durch eine inadäquate Einstellung auf die Behinderung Störungen provoziert und verstärkt. Die Erscheinungsformen sind bei primären wie sekundären Verhaltensstörungen weitgehend die gleichen; allerdings treten bei den einzelnen Behinderungsarten bestimmte Verhaltensstörungen gehäuft auf (siehe Myschker 1993).

Die Symptome und verschiedenen Symptomkombinationen, die dem Begriff Verhaltensstörung subsumiert werden, sind sehr vielfältig. Von Autismus über Hyperaggressivität, Konzentrationsschwäche, Schulphobie bis Vagabundieren und Zwanghaftigkeit läßt sich ein Katalog von mehr als 100 Symptomen erstellen. Die Vielfältigkeit und Unterschiedlichkeit hat bisher die Darstellung eines differenzierten, nach ätiologischen und prognostischen Kriterien ordnenden, der pädagogischen und therapeutischen Praxis dienlichen Klassifikationsschemas unmöglich gemacht. Zur gliedernden Deskription von Verhaltensstörungen kann aufgezeigt werden, wie sich die Störungen in verschiedenen Lebensbereichen manifestieren. Gegliedert werden soll nach dem sozialen und dem emotionalen Bereich, dem schulischen Leistungsbereich, dem Erziehungs- und dem Körperbereich. Kinder und Jugendliche mit Verhaltensstörungen zeigen meist in mehreren oder sogar in allen aufgeführten Bereichen Auffälligkeiten.

Im sozialen Bereich sind heftige Aggressionen, egoistisches Agieren, rücksichtsloses Durchsetzen als »gemeinschaftsbedrängende« und resignatives Zurückziehen, passives Ertragen und Kontaktarmut als »gemeinschaftsbedrängte« Verhaltensweisen zu konstatieren. Übermäßige Ängstlichkeit, Bindungsschwäche, Depressivität, Stimmungslabilität, aber auch Brutalität und Lieblosigkeit sind häufig vorkommende emotionale Störungen. Die Schulleistungen entsprechen trotz durchschnittlicher oder überdurchschnittlicher Intelligenz nicht den Erwartungen: Störungen im Schreib-Lese-Prozeß sind häufig, ebenso Rechenstörungen (vgl. zusammenfassend: Rolous-Borgward 1997, 194–201). Schulabsentismus bzw. »Schuleschwänzen« ist eine häufig vorkommende kovariierende Problematik. Schulabsentismus ist signifikant häufig verbunden mit aggressiv-ausagierendem Verhalten, Eigentumsdelikten und Drogenmißbrauch (vgl. Ricking 1997, 229–240). Aufmerksamkeitsstörungen stellen ein Kernsymptom dar. Verstärkt treten Konzentrationsschwäche, Leseversagen und Rechenstörungen auf. Auf erzieherische Impulse wird mit Abwehr reagiert, so daß übliche pädagogische Maßnahmen wie Appell, Aufforderung, Lob, Tadel und Strafe häufig erfolglos bleiben. Das Angebot des Erziehers, Beschützer, Führer, Freund, Helfer oder Ratgeber zu sein, kann nicht angenommen werden. Im Körperbereich sind Funktionsstörungen wie Einkoten, Einnässen, Kopf- und Magenschmerzen, Schlafstörungen und vegetative Übererregbarkeit festzustellen.

Klassifikationsversuche in Verarbeitung empirisch erfaßter Daten ermöglichen bisher mit genügender Sicherheit, unter Kindern und Jugendlichen mit Verhaltensstörungen zwei große, gegensätzliche Gruppen zu unterscheiden. Weniger gut belegt sind zwei weitere Gruppen. So lassen sich unterscheiden: zum einen Kinder und Jugendliche mit überwiegend externalisierender bzw. ausagierender Symptomatik mit den Erscheinungsformen Aggressivität, Hyperaktivität, Konzentrationsmangel, Renitenz und Wutanfällen, zum anderen Kinder und Jugendliche mit internalisierender, ängstlich-gehemmter Symptomatik, Kinder und Jugendliche mit unreifen, altersinadäquaten Verhaltensweisen und Kinder und Jugendliche, deren Verhalten als sozialisierte Delinquenz typisiert wird (vgl. Achenbach 1966, Quay 1972, zusammenfassend: Havers 1979, Kauffman 1985, Myschker [3]1999).

Seit einigen Jahren werden für klassifikatorische Maßnahmen (Diagnosen) sowie für die Verständigung unter Fachleuten über psychosoziale Störungen der verschiedenen Erscheinungsformen und Schweregrade weltweit zwei Klassifikationssysteme verstärkt eingesetzt, und zwar das »Diagnostic and Statistical Manual of Mental Disorders«, in deutscher Version »Diagnostisches und Statistisches Manual Psychischer Störungen«, (neueste Form: DSMIV) der »American Psychiatric Association« (APA) sowie die »International Classification of Deseases, Chapter V (F): Mental and Behavioural Disorders – including disorders of psychological development, in deutscher Version »Internationale Klassifikation psychischer Störungen, Kapitel V (F)«, (neueste Form: ICD-10) der »World Health Organization« (WHO).

Die ICD-10 nennt – neben den auch auf das Erwachsenenalter bezogenen Kategorien Schizophrenie, Affektive Störungen (Manie und/oder Depression), Neurotische/Belastungs-/somatoforme Störungen (Phobien, andere Angststörungen, Zwangsstörungen), Verhaltensauffälligkeiten mit körperlichen Störungen (z. B. Eß- und Schlafstörungen), Persönlichkeits- und Verhaltensstörungen (z. B. paranoide, schizoide, dissoziale, Borderline-Persönlichkeitsstörung, abnorme Gewohnheiten, Störungen der Geschlechtsidentität, der psychosexuellen Entwicklung) – als im Bereich der Verhaltensstörungen bei Kindern und Jugendlichen relevante Erscheinungsformen Entwicklungsstörungen sowie Verhaltens- und emotionale Störungen (siehe WHO 1991): Entwicklungsstörungen beginnen im Kleinkindalter und in der Kindheit. Zu ihnen gehören Störungen des Sprechens und der Sprache, Störungen schulischer Fertigkeiten (z. B. Lese-Rechtschreibstörung, Rechenstörung), Störungen der Motorik (z. B. Dyspraxie) und tiefgreifende Entwicklungsstörungen wie die Syndrome des frühkindlichen Autismus nach Kanner und der autistischen Psychopathie nach Asperger. Verhaltens- und emotionale Störungen haben ihren Beginn in der Kindheit und in der Jugend. Ihnen werden subsumiert hyperkinetische Störungen (z. B. Aktivitäts- und Aufmerksamkeitsstörung, hyperkinetische Störung des Sozialverhaltens), Störungen des Sozialverhaltens (z. B. Störung des Sozialverhaltens in der Familie, Störung des Sozialverhaltens bei fehlenden sozialen Bindungen, Störung des Sozialverhaltens mit oppositionellem, aufsässigem Verhalten), kombinierte Störungen des Sozialverhaltens und der Emotionen (z. B. Störungen des Sozialverhaltens mit depressiver Störung), emotionale Störungen des Kindesalters (z. B. emotionale Störung mit Trennungsangst, phobische emotionale Störung, Störung mit sozialer Überempfindlichkeit, emotionale Störung mit Geschwisterrivalität), Störungen sozialer Funktionen mit Beginn der Kindheit und Jugend (elektiver Mutismus, reaktive Bindungsstörung, Bindungsstörung mit Enthemmung), Ticstörungen und andere Verhaltens- oder emotionale Störungen (Enuresis, Enkopresis, Pica, Stottern, Poltern).

Viele Verhaltensstörungen im Kindes- und Jugendalter, die in allen pädagogischen Einrichtungen zum verstärkt auftretenden Problem werden, werden nach dem DSM-IV klassifikatorisch erfaßt mit den Begriffen »Störung des Sozialverhaltens«, »Störung mit oppositionellem Trotzverhalten« und »Antisoziale Persönlichkeitsstörung« (siehe APA 1996).

Da Verhaltensstörungen in Abhängigkeit von der Erwartungsnorm und beeinflußt durch situative Bedingungen zu sehen sind, führen Untersuchungen zur Verbreitung von Verhaltensstörungen zu unterschiedlichen, nicht immer vergleichbaren und kritisch zu beurteilenden Ergebnissen. Deutsche Untersuchungen erbringen mit einem Anteil von ca. 20 % an Schülern mit Verhaltensstörungen ähnlich hohe Angaben wie angelsächsische (vgl. Kauffman 1985).

Amtliche bundesdeutsche Stellen gehen davon aus, daß »1% eines schulpflichtigen Jahrgangs . . . verhaltensgestört und damit behindert« ist (Kultusministerkonferenz 1972, Deutscher Bildungsrat 1973) und »weitere 3 bis 4% durch andauernde Mißerfolge in der Schule oder negative soziale Bedingungen von Behinderung bedroht« sind (Deutscher Bildungsrat 1973). Dagegen legen angelsächsische Gremien ihrer Planung deutlich höhere Werte zugrunde, was den Problemen in der Praxis eher gerecht wird und bessere personelle und materielle Bedingungen ermöglicht (vgl. Kauffman 1985).

3.3 Ursachen

Verhaltensstörungen sind meist multifaktoriell bedingt, d. h. verschiedene pathogene Faktoren führen in einem zeitlichen Nacheinander und in einem kulminierenden Prozeß dazu, daß sich Störungen entwickeln, mehr und mehr ausprägen und verfestigen. So kann es im Laufe von Jahren auf der Basis einer geringfügigen hirnorganischen Schädigung durch emotionale Unstimmigkeiten im Eltern-Kind-Verhältnis, falsches Erziehungsverhalten, soziale und kognitive Überforderung in der Schule oder Leistungs- und Konkurrenzdruck zu schweren Fehlentwicklungen kommen. Zur Klärung der Ursachen von Verhaltensstörungen sind deshalb die Forschungsergebnisse der Humanwissenschaften, insbesondere der Medizin, der Psychologie, der Soziologie und der Pädagogik heranzuziehen.

3.3.1 Der medizinische Aspekt

Organische Schädigungen vor, während oder nach der Geburt können zu Verhaltensstörungen führen. Als vorgeburtliche Schädigung sind Chromosomen-Veränderungen zu nennen, die z. B. das im Verhaltensbereich durch Antriebsarmut und Distanzlosigkeit auffallende Turner-Syndrom (Häufigkeit 1:4000) und das durch einen gestörten Realitätsbezug, Trägheit, Passivität, manisch-depressive und dissoziale Tendenzen auffallende Klinefelter-Syndrom erbringen (Häufigkeit 1:500, vgl. Steinhausen 1988, 341).

Überwiegend auf Einwirkungen unter der Geburt – aber auch nachgeburtlich auf Unfall und Krankheit – sind Störungen und Beeinträchtigungen des Zentralnervensystems zurückzuführen, aus denen die meisten organisch bedingten Verhaltensstörungen resultieren. Sie zeigen sich bei Kindern und Jugendlichen häufig als körperliche Entwicklungsverzögerung (Retardierung), motorische Störungen (Inkoordination), Ablenkbarkeit und Bewegungsunruhe (sensorische und motorische Hyperaktivität), verringerte Umstellbarkeit (Perseveration), Gestaltgliederungsschwäche (Dissoziation und Reversion), Sprech- und Sprachstörungen, Konzentrations- und Gedächtnisschwäche, Gefühls- und Wertarmut, Distanz- und Kommunikationsstörungen, abrupte Anpassungs- und Leistungsschwankungen. Verhaltensstörungen können auch organisch bedingt durch Drüsenstörungen sein (endokrine Funktionsstörungen). Von Bedeutung sind insbesondere Störungen der Schilddrüse, der Nebenschilddrüse, der Nebenniere und der Keimdrüsen. Störungen im hormonalen System bzw. Endokrinopathien sind gekennzeichnet durch das »endokrine Psychosyndrom« (Bleuler), das durch übersteigerte oder reduzierte Stärke einzelner Triebe oder des gesamten Antriebs und durch Stimmungsveränderungen in Erscheinung tritt. Es zeigen sich ähnliche Symptome wie bei hirnorganischen Schädigungen. Verhaltensstörungen sind auch im Zusammenhang zu sehen mit präpsychotischen Tendenzen, den Psychosen Schizophrenie, Zyklophrenie und frühkindlichem Autismus sowie mit epileptischen Manifestationen. Bei den Psychosen sind Störungen im Ich-Erleben sowie Affekt-, Denk- und Kommunikationsstörungen gegeben. Ererbte wie erworbene Epilepsie (Verhältnis 20:80) zeigt sich in großen und kleinen Anfällen. Aktuelle Symptome wie Dämmerzustände mit reduziertem Denkvermögen, gestörter Realitätserfassung, gesteigerter Erregbarkeit, ängstlicher Verstimmung, Unruhe und Mißlaunigkeit können – abhängig von der Schwere und Dauer der Krankheit sowie konstitutionellen Gegebenheiten – hineinmünden in chronische Persönlichkeitsveränderung und fortschreitenden Intelligenzabbau (siehe dazu z. B. American Psychiatric Association 1996, Remschmidt 1987, Steinhausen 1988).

3.3.2 Der psychologische Aspekt

Unterschiedliche Erklärungsmodelle für die Verursachung von Verhaltensstörungen kommen aus den verschiedenen psychologischen Schulen, von denen die psychoanalytische und die lerntheoretische die bedeutendsten sind und die deshalb und wegen ihrer Gegensätzlichkeit behandelt werden sollen.

Psychoanalytische Autoren betonen die Bedeutung der frühen Kindheit und der Eltern-Kindbeziehung für die Verursachung von Verhaltensstörungen (Freud, S. 1953; Freud, A. 1971 und 1973; Erikson 1984).

Das Kind durchläuft in den ersten vier bis fünf Lebensjahren die als oral, anal und urethral-phallisch bezeichneten Entwicklungsphasen, die jeweils charakterisiert sind durch die Vorherrschaft bestimmter Teiltriebe sowie die Zentrierung auf bestimmte Körperöffnungen und deren biologische Funktion. Können sich diese Elemente nicht adäquat entwickeln und zu einer Funktionseinheit verschmelzen, kommt es zu Störungen, die die Entwicklung einer gesunden Grundstruktur der Persönlichkeit beeinträchtigen. Die Beeinträchtigung ist um so stärker, je früher die Störung einsetzt. Wenn die prägenitalen Organisationsphasen nicht adäquat durchlaufen werden konnten, kann auch die Bewältigung der nachfolgenden ödipalen Phase nicht gelingen, die jeder menschliche Neuankömmling bewältigen muß; »wer es nicht zustande bringt, ist der Neurose verfallen« (Freud 1905). Eine in früher Kindheit entwickelte labile Grundstruktur ist also für die Genese von Verhaltensstörungen von größter Bedeutung. Konstitutionelle Bedingungen wirken nur als begünstigende, Versagungs- und Überforderungssituationen als auslösende Momente.

Eine gesunde Entwicklung ist für das Kleinstkind nur möglich, wenn sich die maßgebliche Umwelt »kindgerecht« verhält, d. h. die Grundbedürfnisse nach Liebe, Geborgenheit, Sicherheit, Beachtung, Anerkennung und Erfolg befriedigt. Die maßgebliche Umwelt sind die Eltern, ist insbesondere die Mutter oder eine Dauerpflegeperson, auf die sich das Kind fixieren kann. Eine längere Trennung von der Dauerpflegeperson im ersten Lebensjahr beeinträchtigt nicht nur die gesunde Entwicklung, sondern bedroht das Leben des Kindes. Es kommt zu schweren seelischen und körperlichen Verfallserscheinungen (anaklitische Depression), die – wenn die Trennung länger als fünf Monate dauert – zum Tode führen oder in das Erscheinungsbild des Hospitalismus hineinmünden (Spitz 1968). Hospitalismus als allgemeine körperliche und geistig seelische Retardierung findet sich auch bei jenen Kindern in Heimen, Anstalten oder auch Familien, die nicht zu einem innigen Kontakt zu einer Dauerpflegeperson kommen konnten.

Nicht nur die Mutterentbehrung ist für ein Kind pathogen, sondern auch ein Zuviel oder Zuwenig in der affektiven Beziehung. Kinder einer überaus liebevollen und übernachsichtigen Mutter können anspruchsvoll, mißmutig, und »spoiled« (verdorben, verwöhnt), die einer lieblosen, überstrengen Mutter mürrisch, unzufrieden und aggressiv werden (Jackson/Klatskin u. a. 1952). Auf bewußte wie unbewußte Ablehnung reagieren schon kleine Kinder sehr sensibel. Ablehnung erbringt Aggressivität, Affektflachheit, Verwahrlosung. Wenn unbewußte Ablehnung sich in Perfektionismus oder auch Overprotection-Verhalten äußert, kann dies zu mangelndem Selbstvertrauen und Zwangserscheinungen bzw. zu Abhängigkeit, Unselbständigkeit, Egoismus und verzögerter Reifung führen (Adler 1976 a u. b, Kanner 1972).

Ein emotional warmes, akzeptierendes Verhältnis zwischen Eltern und Kind ist auch außerordentlich bedeutsam für den Prozeß der Identifikation, der die Normeninternalisierung und damit ein sozialadäquates Leben ermöglicht. Der Prozeß der Identifikation resultiert aus der symbiotischen Beziehung zwischen Mutter und Kleinstkind. Das Kleinstkind lebt mit der Mutter in einer Einheit. Die mit der weiteren Entwicklung erlebte Auflösung dieser Einheit führt dazu, daß das Kind versucht, die Zweierbeziehung durch positive Besetzung möglichst eng zu gestalten, zu einer Identifikation mit der Mutter zu kommen, d. h. sie ganz und gar in ihrem Streben und Wollen zu akzeptieren. Für das Kind hat das »den Vorteil, daß es sich wie in seinen frühesten Zeiten wieder mit der Mutter eins fühlen kann, wenn auch diese neue Einheit zwischen Mutter und Kind auf das Gebiet der Moral und Idealbildung beschränkt ist« (Freud, A. 1968, 160). Wie bei den ersten wird auch bei den späteren Objektbesetzungen die aus diesen resultierende Libido in das Ich aufgenommen, zur Überich- und Ichidealbildung durch Identifikation benutzt und »an die durch die Identifizierung hergestellte Ichveränderung« gebunden (Freud, S. 1968 Bd. XIII, 274). Objektbesetzungen oder innige affektive Beziehungen ermöglichen also Identifizierung, Internalisierung, Ich-Veränderung. Aber auch Versagungen und Triebhemmungen müssen sein, da sie Identifikationsprozesse einleiten und weiterführen. Das Fehlen von Versagungen ist in gleicher Weise verhängnisvoll wie harte Ablehnung, die Blockierungen erzeugt sowie die Objektbesetzung und somit die Überichsbildung beeinträchtigt. Durch Identifikation mit sozialinadäquaten

Vorbildern und durch Identifikationsstörungen infolge der Verunmöglichung positiver Beziehungen ergeben sich Mängel des »verbietend-kontrollierenden Überichs« und des »leitenden Ichideals«, die für die Genese von Verhaltensstörungen, insbesondere im Sinne dissozialen (Verwahrlosung) bzw. delinquenten Verhaltens, von großer Bedeutung sind (Moser 1972, 191). Ein »asoziales Überich« und ein »kriminelles Ich« können entstehen und die Heranwachsenden zu »hassenden« Kindern und Jugendlichen machen (Redl/Wineman 1970).

Aus lerntheoretischer Sicht sind – wie alle Verhaltensweisen – auch Verhaltensstörungen im wesentlichen als gelernt zu betrachten. Auf der Basis konstitutioneller Gegebenheiten, deren Bedeutung nicht übersehen wird, führen Lernvorgänge in allen Altersphasen hauptsächlich nach den Prinzipien des klassischen Konditionierens, des operanten Konditionierens und des Imitations- oder Modell-Lernens zum Aufbau und zur Modifikation von Verhaltensweisen (siehe z. B. Krech/Crutchfield u. a. 1985). Erste Versuche zum klassischen Konditionieren machte um die Jahrhundertwende der russische Physiologe Pawlow. Er konnte nachweisen, daß sich ein neutraler Reiz, wie ein akustisches oder optisches Signal, mit einer autonomen Reiz-Reaktionsfolge so verbinden läßt, daß er unabhängig von dem natürlichen Reiz die Reflexkette auslösen kann. Berühmt wurde sein Hundeexperiment, in dem es gelang, nach mehrmaliger gleichzeitiger Darbietung des natürlichen, unkonditionierten Reizes Futter und des neutralen Stimulus Licht- oder Tonsignal den Reflex Speichelfluß ohne Futter nur durch das Signal auszulösen, d. h. den neutralen zu einem konditionierten Stimulus zu machen. Indem er den konditionierten Stimulus differenzierte und die Futtergabe von der Lösung von Diskriminationsaufgaben abhängig machte, konnte er aggressive und resignative Verhaltensstörungen erzeugen, d. h. die Möglichkeit experimenteller Neurosen aufzeigen. Durch weitere Forschungen stützte er seine These, nach der tierisches und menschliches Verhalten aus dem Zusammenwirken von Hemmungs- und Erregungsprozessen resultiert. Verhaltensstörungen wie Neurosen und Psychosen sind das Resultat starker Konflikte zwischen beiden Prozessen und sind charakterisiert durch die unterschiedliche Gewichtung von Hemmung und Erregung.

Die englischen Lernpsychologen Eysenck und Rachmann unterscheiden zwei Typen neurotischer Störungen: dysthymische

Störungen, wie Angstzustände, Depressionen, Phobien und Zwänge, und sog. »Störungen zweiter Art«, zu denen z. B. Alkoholismus, Enuresis und psychopathische Störungen gehören. Dysthymische Störungen, die den Großteil der Neurosen ausmachen, entstehen durch klassisches Konditionieren, indem es zu einer Verknüpfung eines traumatischen Ereignisses oder mehrerer subtraumatischer Ereignisse mit einem neutralen Reiz kommt, so daß der neutrale Reiz als bedingter Reiz die Funktion des traumatischen Ereignisses, des unbedingten Reizes also, übernimmt und zu einem autonomen Störfaktor wird. Sowohl der bedingte als auch der unbedingte Reiz können nun das »fehlangepaßte emotionale Verhalten bewirken« (Eysenck/Rachmann 1970, 15). So kann ein Kind z. B., das bei Dunkelheit einer schrecklichen Angst ausgesetzt wurde und traumatisierende vegetative Reaktionen erlebte, diese unangenehmen Reaktionen künftig auch unabhängig von dem Angstauslöser immer zeigen, wenn es dunkel ist, d. h. eine Dunkelangst entwickeln.

Nach Mowrer kommt das verhaltenssteuernde Normensystem des Menschen (psychoanalytisch: Überich) durch klassisches Konditionieren als ein Inventar gelernter Gewohnheiten zustande. Er stellt fest, daß die Umwelt in irgendeiner Weise auf nonkonformes Verhalten mit Bestrafung reagiert. Nonkonformes Verhalten wird zum bedingten Reiz und verbindet sich mit dem unbedingten Bestrafungsreiz, d. h. der unangenehmen vegetativen Furcht- und Schmerzreaktion, so daß nach einiger Zeit auf nonkonformes Verhalten vegetatives Unbehagen als bedingte Reaktion folgt. Die unbewußte Tendenz, dieses Unbehagen zu vermeiden, führt zu normgerechtem Verhalten unabhängig von einem realen Bestrafungsreiz (psychoanalytisch: Normeninternalisierung). Es läßt sich folgern, daß ohne grenzenweisende Erziehung, womit auch das Erleben unangenehmer Konsequenzen bei Überschreitung der Grenzen gemeint ist (psychoanalytisch: Versagung und Triebhemmung), ein sozialadäquates Normensystem nicht entwickelt werden kann.

Die zweite Art neurotischer Störungen, die Eysenck und Rachmann nennen, sind »fehlangepaßte Gewohnheiten«, die auf das Fehlen bestimmter Lernprozesse – wie z. B. häufig bei der Enuresis – oder auf Lernvorgänge durch positives Verstärken im Sinne operanten Konditionierens zurückzuführen sind. Durch operantes Konditionieren, das vor allem von dem Amerikaner Skinner erforscht wurde, sind über materielle und soziale positive wie negative Verstärker neue Verhaltensweisen aufzubauen und vorgefundene dauerhaft zu festigen. Als besonders wirksam hat sich intermittierende positive Verstärkung erwiesen (vgl. Holland/Skinner 1971).

Die meisten Lernpsychologen gehen davon aus, daß – modifiziert durch biologische Determinanten – sowohl aggressives als auch ängstliches Verhalten durch Konditionierungsprozesse entwickelt und aufrechterhalten wird. So kann sich Aggressivität als sozialinadäquate Verhaltensbereitschaft etablieren, weil Aggressionen, durch die eigene Bedürfnisse befriedigt und die anderer schnell in schädigender Weise eingeschränkt werden können, durch Anerkennungen aus der Umwelt fremdverstärkt und durch eigene starke Erfolgserlebnisse selbstverstärkt werden. Forschungen Banduras und seiner Mitarbeiter, die insbesondere zum Komplex des Imitations- oder Modell-Lernens durchgeführt wurden, erbrachten, daß – wie beim Lernen anderer Verhaltensweisen auch – beim Aufbau aggressiven Verhaltens Modelle eine bedeutsame Rolle spielen. Dabei braucht das Modell nicht »life«, sondern kann auch im Film erlebt werden (Bandura 1976).

Der Aufbau von Verhaltensmustern für die unterschiedlichsten Situationen ist nicht denkbar ohne die Mechanismen der Stimulus-Generalisierung und der Reaktions-Generalisierung. Stimulus-Generalisierung ermöglicht es, daß das konditionierte Verhalten auch durch Stimuli ausgelöst wird, die dem konditionierten Reiz ähnlich sind. Reaktions-Generalisierung führt dazu, daß ein Stimulus auch der konditionierten Reaktion ähnliche Reaktionen hervorrufen kann. Es werden Transfer-Leistungen erbracht, die spezielles Lernen verallgemeinern. Sie erklären, daß phobische Reaktionen nicht nur auf den konditionierten Reiz »weiße Ratte« hin auftreten, sondern auch durch alles Pelziges, Baumwolle oder einen langen weißen Bart ausgelöst werden, oder daß der Stimulus Frustration neben Wutverhalten, verbaler und materieller Aggression auch motorische Unruhe und Fluchtverhalten erbringen kann. Generalisierungsprozesse müssen durch Diskrimination modifiziert werden. Ein Kind muß also lernen, daß das konditionierte Verhalten nicht in allen Situationen angebracht ist, daß z. B. nicht alle Frauen »Tanten« sind, daß das im Heimatmilieu gelernte aggressive Durchsetzen im Kindergarten oder in der Schule nicht eingesetzt werden darf. »Viele der sogenannten Verhaltensstörungen« mögen »auf ungenügende Diskrimination zurückzuführen« sein (Kuhlen 1973, 30). Bei der Ausformung diskriminativer Verhaltenskontrolle aber spielen kognitive Prozesse eine bedeutende Rolle. Informationen über Erwartungen bzw. verbale Belehrungen über erwünschtes und unerwünschtes Verhalten müssen gegeben werden, damit sich ein sozialadäquates Verhaltensrepertoire entwickeln kann. Dafür ist eine affektiv gute Erzieher-Kind-Beziehung notwendig. Auch aus lerntheoretischer Sicht beeinträchtigen Beziehungsstörungen die Verhaltensformung und können die Basis für die Entwicklung von Verhaltensstörungen sein.

3.3.3 Der soziologische Aspekt

Viele Verhaltensstörungen sind als milieureaktiv anzusehen. Kommunikationsstörungen bzw. unterschiedliche Situationsdefinitionen in Verbindung mit stigmatisierenden Merkmalzuschreibungen haben ebenso Relevanz wie pathogene schichtspezifische Sozialisationsmodi. Kommunikationsforscher weisen auf Regeln hin, die in Kommunikationsabläufen (Interaktionen) eine Rolle spielen und – zu pathologischen Manifestationen führenden – Störungen unterliegen können (vgl. Watzlawik/Beavin/Jackson 1974). Da Interaktionen Kreisprozesse sind, in denen die wechselseitigen Beziehungsdefinitionen berücksichtigt werden, muß jedes Verhalten in seiner Kontextgebundenheit gesehen werden. Divergierende Beziehungsdefinitionen der Interaktionspartner, unterschiedliche Interpunktionen der Kommunikationsabläufe, Probleme in der Deutung analoger Kommunikation (Mimik, Gestik, Tonfall, Lachen usw.), widersprüchliche und insbesondere paradoxe Handlungsforderungen (Doppelbindungen) können vorübergehende Unstimmigkeiten, aber auch – bei starker und dauerhafter Wirksamkeit – neurotische und sogar psychotische Verhaltensstörungen (Schizophrenie) erbringen.

Nach der Theorie des »Symbolischen Interaktionismus«, die die Bedeutung symbolischen Umgangs (insbesondere der Sprache) im Hinblick auf Sozialisation, Identität und Rolle herausstellt, muß in der Interaktion gewährleistet sein, daß an Situationsdefinitionen alle Beteiligten teilnehmen, Beziehungen flexibel und situationsbezogen definiert werden, Erwartungen im Hinblick auf Verhalten offen sind (Rollendistanz), widersprüchliche

Erwartungen ertragen werden (Ambiguitätstoleranz), die Interaktionspartner Erwartungen und Bedürfnisse antizipieren (Empathie) und ihr Verhalten darauf ausrichten (siehe z. B. Krappmann 5/1975). Diese Bedingungen ermöglichen dem Individuum, in Auseinandersetzung mit sich und den sozialen Anforderungen der Umwelt zu einer balancierten Identität zu kommen und diese zu wahren. Im Erziehungsprozeß ist als zentrales Anliegen immer mitzubedenken, wie sich Lernerwartungen und die in ihnen »zum Ausdruck kommende Perspektive in die gebildete und balancierte Identität des Individuums integrieren« lassen (Mollenhauer 1974, 105). Werden diese Bedingungen nicht berücksichtigt, können sich Identitätsprobleme ergeben, die sich infolge rigider Einschränkung durch soziale Normen als personale Identitätsbeeinträchtigung bzw. Überangepaßtheit, infolge Unwirksamkeit sozialer Normen als Beeinträchtigung sozialer Identität bzw. Dissozialität oder Delinquenz oder infolge von Definitionsproblemen und Merkmalzuschreibungen als sehr unterschiedliche, sich steigernde Verhaltensauffälligkeiten darstellen. Merkmalzuschreibungen können bei unterschiedlichen Definitionsmöglichkeiten durch sanktionsmächtige Instanzen erfolgen (labeling approach). Werden diese Zuschreibungen z. B. von Gerichten, Jugendämtern, Schulen vorgenommen und als negative Typisierungen von der sozialen Umwelt übernommen, ist Stigmatisierung gegeben, die die Selbstdefinition der Betroffenen bestimmt und im Sinne der »self-fulfilling prophecy« (Merton) die Sozialisationschancen negativ beeinflußt. Kinder, die aus der Unterschicht kommen und leistungsschwach sind, sind besonders von Stigmatisierung bedroht (Brusten/Hurrelmann 1973).

Die weitaus meisten Kinder und Jugendlichen in Einrichtungen für Verhaltensgestörte stammen aus der Unterschicht (ca. 80 %). Dieses Faktum ist einerseits im Zusammenhang zu sehen mit relativen Sozialisationsdefiziten und sozialisationsbedingten Störungen, andererseits aber auch mit Zuschreibungs- und Stigmatisierungsprozessen, die von mittelschichtorientierten Erziehungs- und Bildungsinstitutionen ausgehen, in denen unter Konkurrenz spezifische kognitive, soziale und emotionale Leistungen gefordert werden. Durch geringes Einkommen, beengte Wohnverhältnisse, einschränkende Bedingungen am Arbeitsplatz und Ohnmachtserlebnisse ist die häufig in Relation zur Mittelschicht defizitäre und nicht selten auch pathogene familiale Sozialisation zu erklären. Eingeschränkte Sozialbeziehungen führen zu sozialer Rigidität. Die Eltern vermitteln den Kindern wenig Ehrgeiz für sozialen Aufstieg, vielmehr die Tendenz zur sofortigen Befriedigung von Bedürfnissen. Aus impulsivdistanzlosen Sozialkontakten in der Familie und einem autoritär-aggressiven Erziehungsverhalten entwickeln sich bei den Kindern Bewältigungstechniken, die Schwachen gegenüber nach dem Extrem »sadistisch punitiv« und Starken gegenüber nach dem Extrem »masochistisch-unterwürfig« tendieren. Überich-Mängel resultieren aus Identifikationsstörungen. Da die Bildungsanreize gering sind, kann sich die Begabung nicht in gleicher Weise entfalten wie bei Kindern der Mittel- und Oberschicht. Der unterschichtstypische restringierte Sprachcode wird zur Bildungsbarriere nicht nur, weil der Wortschatz gering, die Syntax einfach und fehlerhaft ist, sondern auch weil er die Entwicklung sprachlicher Intelligenz und affektiver und kognitiver Funktionen behindert. Da in der Schule auch von Kindern aus der Unterschicht Fähigkeiten wie selbstkontrolliertes demokratisches, kooperatives Verhalten verlangt werden, die sie nicht gelernt haben, milieuspezifisches gelerntes Verhalten, wie z. B. aggressives Durchsetzen, nicht akzeptiert wird, werden sie frustriert und überfordert. Lehrer in ihrer Tendenz, bessere Schüler besser und schlechtere Schüler schlechter zu beurteilen, benachteiligen sie. So reagieren sie mit Leistungsunwilligkeit, Feindseligkeit, Haß und schlagen nicht selten eine dissoziale Karriere ein, die über Heimerziehung in den Strafvollzug führt und zur Verfestigung der Störungen beiträgt.

3.3.4 Der pädagogische Aspekt

Kinder sind in ihrer Entwicklungsfähigkeit nicht nur beeinträchtigt, wenn sie wechselnde Bezugspersonen erleben (vgl. Abschnitt 3.3.2), sondern auch wenn sie wechselnden Erziehungspraktiken oder fehlleitenden Erziehungsstilen ausgesetzt sind, zu denen nach Lückert Zurückweisung, Liebesüberflutung, Herrschsucht und Unterordnung unter das Kind zu rechnen sind (Lückert 1964). Wechselnde Erziehungspraktiken stellen sich in launenabhängigem, keinem erkennbaren Konzept folgendem Erziehungsverhalten der maßgeblichen Bezugsperson oder in der Realisierung unterschiedlicher Erziehungsstile der verschiedenen wichtigen Bezugspersonen dar, so daß das Kind keine überdauernde

Einstellung finden und sich nicht auf Erwartungen ausrichten kann. Es reagiert mit Unsicherheit, Angst, Nervosität, versucht, es übergefügig allen recht zu machen oder mit Raffinesse die Erzieher gegeneinander auszuspielen. Zurückweisung macht es dem Kind unmöglich, »Urvertrauen« (Erikson 1984) zu entwickeln und die nächste Umwelt als Modell für die Übernahme sozialadäquater Normen zu akzeptieren. Verlassenheits- und Minderwertigkeitsgefühle verbunden mit übersteigertem Selbstbehauptungsstreben und Bindungsschwäche können sich in berechnenden aggressiv-grausamen, unsozialen und kriminellen Verhaltensweisen äußern. Der Erziehungsstil der Liebesüberflutung zeigt sich in den Varianten der herrschsüchtig-verzärtelnden und der nachsichtigverzärtelnden Erziehung. Während herrschsüchtig-verzärtelndes Erziehungsverhalten die Individuation beeinträchtigt sowie reduzierte Eigeninitiative, Unselbständigkeit und geringes Durchsetzungsvermögen zeitigt, führt nachsichtigverzärtelnde Erziehung zu Egoismus, unrealistischer Selbsteinschätzung, Befehlsgebaren und Renommiersucht. Autoritäre bzw. herrschsüchtige Erziehung kann im Kind starke aggressive und opportunistische Tendenzen wecken, die sich im »Radfahrerverhalten« zeigen (nach »oben« buckeln, nach »unten« treten), sowie die Bereitschaft zu destruktiv-oppositionellem, aber auch ängstlich-resignativem Verhalten grundlegen. Unterordnung unter das Kind hat häufig soziale Lerndefizite, irreale Wunschtendenzen, Herrschsucht und eine geringe Frustrationstoleranz zur Folge (vgl. z. B. Adler 1976 a u. 1976 b).

Ob die dargestellten Erziehungsstile zu den möglichen Konsequenzen im Verhalten der Heranwachsenden führen oder nicht und ob sich diese Konsequenzen als geringfügige Schwierigkeiten oder schwere Verhaltensstörungen darstellen, hängt neben milieuspezifischen Variablen auch von konstitutionellen Faktoren ab. Das ist auch bei neueren empirischen Untersuchungen zum elterlichen Erziehungsstil zu beachten, der nach einem zweidimensionalen Bekräftigungsmodell mit den bipolaren, voneinander unabhängigen Dimensionen Strenge und Unterstützung erfaßt wird. Danach werden streng und vorwiegend negativ verstärkend (strafend) erzogene Kinder ängstlicher, intoleranter, intelligenz- und schulleistungsschwächer sowie bei Gleichaltrigen unbeliebter als unterstützend und vorwiegend positiv verstärkend (lobend) erzogene Kinder. Große elterliche Strenge in Verbindung mit geringer

Unterstützung und geringe Strenge in Verbindung mit geringer Unterstützung müssen als besonders ungünstige, pathogenetisch bedeutsame Erziehungsmodi angesehen werden (Stapf/Herrmann u. a. 1972).

In amerikanischen und deutschen Untersuchungen wurde Lehrerverhalten nach den Hauptdimensionen Emotionalität und Lenkung erfaßt, wobei die beiden Pole jeder Dimension als emotionale Wärme, Wertschätzung und Zuneigung bzw. emotionale Kälte, Geringschätzung und Abneigung sowie als starke bzw. geringe Lenkung bezeichnet wurden. Es zeigte sich, daß Kinder und Jugendliche auf emotionale Kälte und Abneigung mit Angst, verminderter Selbstachtung, einer Beeinträchtigung des Selbstkonzepts und verzögerter seelischer Reifung reagieren. Stark lenkendes Verhalten wird mit oppositionellen Reaktionen, reduzierter Spontaneität und Spannungen beantwortet (Tausch/Tausch 1991). Geringschätzendes und strenges Lehrerverhalten wirkt danach in starkem Maße störungeninduzierend.

Im Erziehungs- und Bildungsprozeß besteht immer die Gefahr, daß die Umwelt mehr von dem Heranwachsenden verlangt, als er zu leisten vermag. Übersteigt die Leistungsanforderung die verfügbaren körperlichen und geistigseelischen Kräfte, ist eine Überforderungssituation gegeben, der das Individuum durch Anpassung zu begegnen versucht. Sowohl in der pädagogisch-psychologischen Überforderungsforschung als auch in der medizinisch-physiologischen Streßforschung werden drei Phasen beschrieben. Auf eine »Aggressionsphase«, in der alle Kräfte zur Bewältigung aktiviert werden, folgt eine »Regressionsphase«, die durch resignatives Verhalten und Leistungsabfall charakterisiert ist. In der »Restitutionsphase« erfolgt eine Neuorientierung, die zur Leistungssteigerung führt. In den beiden ersten Phasen kann es zu Fixierungen kommen, die sich in Verhaltensstörungen manifestieren (Mierke 1957). In ähnlicher Weise unterscheidet der Streßforscher Selye im Rahmen seines »Allgemeinen-Anpassungs-Syndroms« die Stadien Alarmreaktion und Widerstand, die Energiebereitstellung und Situationsbewältigung bedeuten. Sind die »Stressoren« zu stark und zu lange wirksam, kommt es zum Endstadium der Erschöpfung. Als Folgen des Syndroms können »Adaptionskrankheiten« mit physischen und psychischen Wirkungen auftreten (Selye 1957).

4. Diagnostik, Erziehung, Unterricht, Therapie und Beratung bei Kindern und Jugendlichen mit Verhaltensstörungen

4.1 Diagnostik

Die Diagnostik von Verhaltensstörungen erfordert die Kooperation von Mediziner, Sonderpädagoge, Psychologe und evtl. Sozialarbeiter. Der Mediziner stellt fest, ob die Verhaltensstörungen auf organische Befunde zurückzuführen sind und macht gegebenenfalls auf der Basis seiner Diagnose Vorschläge für eine begleitende medizinische Therapie. Der in der Fachrichtung Verhaltensgestörtenpädagogik ausgebildete Sonderpädagoge erhebt die notwendigen Daten bei dem Kinde selbst, in der nächsten Umgebung (Elternhaus, Heim) und in der Schule (siehe Ledl 1994; van der Kooji 1996). Als notwendig erachtet werden Daten über Schul- und Intelligenzleistungen (Schulleistungstests, Intelligenztests), über bedeutsame Persönlichkeitsvariablen wie Angst, Aggressivität, Neurotizismus, Depressivität, Erregbarkeit, Gehemmtheit usw. (standardisierte, nichtprojektive Verfahren, hauptsächlich Fragebogentests z. B. HAPEF-K, FPI), über das Sozialverhalten in verschiedenen Gruppensituationen (Verhaltensbeobachtung, Interaktionsanalyse bei Leistungsanforderungen und Freizeitbeschäftigung), über die Verhaltenseinschätzung durch Eltern und Lehrer bzw. Erzieher sowie über die Entwicklung des Kindes von der Schwangerschaft bis zur Gegenwart (Anamnese-Erhebung bei Kind und Eltern im freien oder – besser – standardisierten Interview). Neben dem Sonderpädagogen sollte auch noch ein Psychologe das Kind begutachten, nicht nur um die Perspektive einer zweiten Person verfügbar zu haben, sondern auch um gegebenenfalls dynamischen Problemen durch projektive Verfahren (Rorschach-Test, Rosenzweig-P-F-T, Murray-TAT, Sceno-Test) besser nachgehen zu können, deren Einsatz dem spezialisierten Psychodiagnostiker vorbehalten bleiben sollte, und um festzustellen, ob und wie eine begleitende klinischpsychologische Therapie durchzuführen ist. Für die gründlichere Erfassung des familialen sozio-kulturellen Hintergrundes und möglicher pathogener Faktoren ist häufig auch noch ein Gespräch mit dem zuständigen Sozialarbeiter angezeigt.

Die Datenerhebung dient sowohl der Entscheidung, ob eine Verhaltensstörung vorliegt als auch der Ausarbeitung eines Erziehungs- und Therapieplanes. Wenn in der Gesamtschau der Ergebnisse der Datenerhebung deutlich wird, daß die Leistungen nicht der möglichen Leistungsfähigkeit entsprechen, das störende und gestörte Verhalten zeitlich überdauernd und in unterschiedlichen Situationen auftritt sowie als schwere Belastung für das betroffene Kind und die Umwelt anzusehen ist, kann davon ausgegangen werden, daß eine Verhaltensstörung vorliegt. Der Erziehungs- und Therapieplan beinhaltet neben einem Vorschlag, in welcher Einrichtung das Kind am besten zu fördern ist, auch methodische und prognostische Hinweise. Diagnostische Maßnahmen begleiten zur Kontrolle und Verbesserung den Interventionsprozeß (Förderdiagnostik).

4.2 Erziehung, Unterricht und Therapie

Pädagogik bei Verhaltensstörungen wird in Erziehung, Unterricht und Therapie realisiert. Im Rahmen eines pädagogischen Konzepts, das auch verschiedene Institutionen einbeziehen kann (z. B. Heim und Heimschule), werden in individuell unterschiedlicher Akzentuierung alle drei Elemente eingesetzt, um Kindern und Jugendlichen zu helfen, ihre Störungen zu überwinden und altersgemäße Lernziele zu erreichen.

In der umfangreichen Literatur zu pädagogischen Konzepten und Arbeitsprogrammen in Anstalt, Klinik, Heim und Schule wird immer wieder die Bedeutung persönlicher Qualitäten der Lehrer/Erzieher für den Sozialisierungserfolg betont. Als Arno Fuchs 1927 die Einrichtung von »Erziehungsklassen« für Schwererziehbare reflektierte, schrieb er: »Mit dem Lehrer dieser Klasse steht und fällt die Einrichtung. Er muß in jeder Beziehung und von Natur aus für sie geeignet sein. Besitzt er diese Eignung nicht, so wird er sie sich auch nie aneignen können. Nicht nur muß diese Persönlichkeit von der Liebe, dem Geist und der Tatkraft eines Pestalozzi erfüllt, sie muß auch durch ein feines psychologisches Verständnis, überlegenes Wissen und Können und einen hohen Grad von Takt ausgezeichnet sein, damit die eigenartigen Zöglinge in ihm stets den Überlegenen, sie Durchschauenden und doch den gütigen Freund erkennen« (Fuchs 1927, 38). In ähnlicher Weise äußern sich auch Pädagogen der Gegenwart. So werden vom Erzieher »Charisma« und Affektbeherrschung erwartet; auch muß er als Person »in Ordnung sein« (Bärsch 1968). Letztere pauschale Apostrophierung wird von Blackham detailliert, wenn er meint, daß der Erzieher in seinen Grundbedürfnissen in einem vernünftigen Maß befriedigt und in der Lage sein muß, »gesunde zwischenmenschliche Beziehungen herzustellen und aufrechtzuerhalten«. Auch muß er ein gut funktionierendes Abwehrsystem zur »Beherrschung von übermäßigen Schuld-, Angst-, Feindseligkeitsgefühlen und ungewöhnlicher Erregbarkeit« haben und haltlosen Kindern Halt geben können (Blackham 1971, 136–137).

Der Katalog der Eignungsvoraussetzungen ist anspruchsvoll, weil Kinder und Jugendliche mit Verhaltensstörungen in besonderem Maße die physische und psychische Kraft des Pädagogen beanspruchen und nicht nur sein Selbstverständnis bzw. seine soziale Identität beeinträchtigen, sondern auch seine soziale Sensibilität und seine Handlungsmöglichkeiten (vgl. Bittner/Ertle/Schmidt 1974). Anlagebedingte Merkmale mögen eine Rolle spielen, aber sicher nicht eine so ausschließliche, wie Fuchs noch meinte. Adäquates Lehrer-/Erzieherverhalten ist in weiten Bereichen zu lernen, muß aber auch durch entsprechende organisatorische Bedingungen gesichert werden. Es ist also nicht damit getan, daß sich der Verhaltensgestörtenpädagoge ein Verhalten im Sinne bestimmter Unterrichts- und Erziehungsprinzipien aneignet. Er muß seine Arbeit in Kooperation mit allen Mitarbeitern und gestützt durch diese in einem spezifisch strukturierten Feld nach einem übergreifenden Konzept tun, das nicht nur auf die Sozialisierung der Kinder und Jugendlichen, sondern auch auf die Psychohygiene der Mitarbeiter ausgerichtet ist (siehe dazu z. B. Spiess 1991 und 1998; Mutzeck 1992, 1995 und 1996).

Auf die in großer Zahl vorliegenden Konzeptionen und Arbeitsberichte, die verschiedenen theoretischen Ansätzen verpflichtet sind, kann an dieser Stelle nicht näher eingegangen werden (siehe z. B. Kluge 1969, Benkmann 1989, Hußlein 1983, Myschker 1999, als Überblick Wittrock 1998). Es sei nur auf zwei sehr unterschiedliche Grundmodelle verwiesen, die auch von unterschiedlichen ätiologischen Bedingungen ausgehen und spezifische Implikationen für Erziehung, Unterricht und Therapie haben, nämlich auf die psychoanalytische und die lerntheoretische Konzeptionsbildung zur Sozialisierung verhaltensgestörter Kinder und Jugendlicher (vgl. Abschnitt 3.3.2).

Da aus psychoanalytischer Sicht eine Fehlentwicklung gegeben ist, die aus psychischen Konflikten, einer »pathologischen Abwehr« (Bettelheim) und Identifikationsstörungen resultiert, muß dem Kind bzw. dem Jugendlichen die Gelegenheit gegeben werden, seine Konflikte auszuleben, über Bedürfnisbefriedigung Sicherheit zu gewinnen und die Abwehr aufzugeben sowie in eine positive Übertragung und einen Identifikationsprozeß zu kommen. Für den Erziehungs- und Bildungsprozeß ergibt sich daraus ein Dreiphasenablauf. In der ersten Phase ist ein Gewährenlassen ohne Grenzen wie bei Aichhorn oder Bernfeld bis hin zum Chaos oder in sehr weit gesteckten Grenzen wie bei Bettelheim gegeben. Zwischen Erzieher und Kind soll sich eine positive Beziehung anbahnen, die »das Kind schließlich dazu heraus(fordert), seine Persönlichkeit zumindest teilweise nach dem Vorbild der Person oder der Personen zu verändern, die ihm nun so wichtig sind. Es identifiziert sich mit ihnen ... und diese Identifikation ist oft der Ausgangspunkt für die Organisation seiner eigenen Persönlichkeit« (Bettelheim 1970, 36). In dieser zweiten Phase lebt das Kind nach dem Vorbild und im Sinne seiner Bezugsperson(en). Wenn es durch Identifikation mit dem Vorbild die Normen und Werte internalisiert und seine Persönlichkeit für ein selbständiges, sozialadäquates Leben organisiert hat, erreicht es die dritte Phase, in der es sich aus dem pädagogischen Bezug lösen und die Sondereinrichtung verlassen kann (vgl. dazu auch Denk 1967). Voraussetzung für die Realisierung dieses Konzepts ist ein hoher Personal- und Materialaufwand. Es gilt, ein »therapeutisches Milieu« zu schaffen (Bettelheim, 1970 u. 1975/Redl 1971), in dem das Kind in Befriedigung seiner Bedürfnisse und in intensiver Betreuung durch Erwachsene die drei Phasen effektiv durchlaufen kann. Als spezielle pädagogische und therapeutische Techniken werden eingesetzt z. B. das »Life Space Interview« (Aktuelle Konfliktbearbeitung – Redl 1971), die Spaziergang-Behandlung (Zulliger 1966 u. 1967), unterschiedliche spieltherapeutische Verfahren wie Psychodrama (Moreno 1959), Puppenspiel (Rambert 1969), freies Spiel (Axline 1974, Anna Freud 1971 u. 1973, Klein 1983), Sandspiel (Kalff 1979, Alvin 1983), musiktherapeutische Verfahren (Schwabe 1974), Zeichnen (Rambert 1969), Fingermalen (Pekny 1963). Verfahren, mit denen unbewußte Konflikte und

Abwehrvorgänge bearbeitet werden, erfordern den speziell ausgebildeten Psychotherapeuten.

Aus lerntheoretischer Sicht sind Verhaltensstörungen auf Fehllernen oder Lerndefizite zurückzuführen. Bei einem hyperaggressiven Kind z. B. wird nicht davon ausgegangen, daß es unter »Aggressionsdruck« steht und die Möglichkeit haben muß, diesen unter speziellen organisatorischen Bedingungen – z. B. in einem »Aggressionsraum« – durch Entladung zu senken, damit »die Notwendigkeit der Aggressionsabfuhr abnimmt« (Bettelheim 1970, 98). Hyperaggressives Verhalten resultiert im wesentlichen aus Imitationslernen, operanter Konditionierung und Selbstverstärkung. Alle Techniken, die »Aggressionsabfuhr« ermöglichen, reduzieren nicht die Aggressionsbereitschaft, sondern steigern sie (Bandura 1976 u. 1979). Es wird auch nicht davon ausgegangen, daß sich Fehlverhalten durch Aufarbeiten frühkindlicher Ursachen von selbst reduziert. Die lebensgeschichtliche Genese wird für Maßnahmen zur Verhaltensänderung größtenteils als irrelevant angesehen (Eysenck/Rachmann 1970).

Es geht darum, die das Fehlverhalten bedingenden Variablen in der gegenwärtigen Umwelt zu erkennen, um die unerwünschten, die Umwelt und das Individuum beeinträchtigenden Verhaltensweisen zu löschen und fehlendes, erwünschtes Verhalten aufzubauen. Das geschieht durch Methoden der Pädagogischen Verhaltensmodifikation, die von Lehrern und Erziehern eingesetzt werden können, und durch Methoden der Verhaltenstherapie, die dem klinischen Psychologen vorbehalten bleiben. Beide Methodenkomplexe folgen den gleichen Lernprinzipien. Verhaltensänderung als Verlernen und Neulernen ist zu erreichen durch Extinktion (Löschen), Gegenkonditionierung (Desensibilisierung), Modell-Lernen, Operantes Konditionieren und Klassisches Konditionieren. Spezielle Therapie-Verfahren, z. B. systematische Desensibilisierung bei schweren Phobien, Aversionstherapien, negative Übungen und Reizüberflutung gehören in den Bereich klinischer Psychologie. Sowohl in Anstalten des Strafvollzugs, in Heimen der Jugendhilfe, in Kliniken für Kinder- und Jugendpsychiatrie als auch in Schulen sind die lernpsychologischen Methoden zur Verhaltensänderung mit großem Erfolg eingesetzt worden (vgl. Hewett 1968, Kuhlen 1977, Sprau-Kuhlen 1989, Kraiker 1974, Redlich/Schley 1978, Neukäter/Goetze 1982, Rost 1982). Für die schulische Situation sind spezielle Programme und Organisationsformen entwickelt worden, in denen seit der »kognitiven Wende« in der Verhaltensmodifikation Ende der siebziger Jahre die Bedeutung von Kognitionen und inneren Dialogen durch die Vermittlung von Selbstinstruktions- und Problemlösungsstrategien berücksichtigt wird (vgl. z. B. Meichenbaum 1979, Lauth 1983).

Moderne Pädagogik bei Verhaltensstörungen sollte sich die Forschungsergebnisse und Erfahrungen sowohl der tiefenpsychologischen Schulen, d. h. neben der psychoanalytischen vor allem auch der individualpsychologischen Schule Alfred Adlers, als auch der lerntheoretischen Richtungen zunutze machen unter Berücksichtigung medizinischer und soziologischer Erkenntnisse (vgl. die Abschnitte 3.3.1 und 3.3.3). Nachfolgend wird – notwendigerweise sehr gestrafft – in diesem Sinne ein Konzept dargestellt, das auf die verschiedenen Einrichtungen für Kinder und Jugendliche mit Verhaltensstörungen bezogen ist – auch auf integrative (z. B. ambulante Förderung) und auf kooperative Systeme (z. B. Heim und Heimschule). In der Pädagogik bei Verhaltensstörungen müssen sich die drei konstituierenden Elemente Unterricht, Erziehung und Therapie zu einem pädagogisch-therapeutischen Konzept verbinden. In diesem Konzept haben neben den allgemeinen Erziehungszielen wie Emanzipation/Autonomie, Solidarität, Leistungsfähigkeit und Leistungswilligkeit die folgenden Ziele grundlegende Bedeutung: Reduzierung von Schulunlust, von Ängsten, von Mißtrauen, von Aufmerksamkeitsstörungen, von Mißerfolgserwartungen, von negativer Selbsteinschätzung; Verbesserung des Lehrer-Schüler-Verhältnisses, des Schüler-Schüler-Verhältnisses, der Kooperationsfähigkeit, der Interaktionsfähigkeit, der Lern-/Leistungsmotivation, des Konzentrationsvermögens, des Durchhaltevermögens, der Steuerungs- und Kontrollfähigkeit sowie der psychophysischen Belastbarkeit.

Diese notwendigen Zielsetzungen werden realisiert:
- durch ein pädagogisch-therapeutisches Lehrerverhalten;
- in einem spezifisch strukturierten Lernfeld;
- über spezielle pädagogisch-therapeutische Verfahren.

Basis aller pädagogisch-therapeutischen Bemühungen bei Kindern und Jugendlichen mit Verhaltensstörungen ist ein pädagogischer Bezug (Nohl), ein dialogisches Verhältnis (Buber), ein enges Vertrauensverhältnis, das »Urmißtrauen« (Erikson) aufzuheben vermag, eine enge persönliche Beziehung, die Halt gibt

(Moor), das Selbstvertrauen stärkt, ermutigend wirkt. Ein solches Verhältnis läßt sich nur herstellen, wenn sich der Lehrer/Erzieher auf die aktuellen Möglichkeiten der Kinder und Jugendlichen einzustellen vermag, die auch von situativen Bedingungen abhängen. Die Rolle des Lehrers muß sich sowohl pädagogisch als auch therapeutisch in einer ausgeprägten Doppelfunktion darstellen. Wenn auch Erziehung und psychosoziale Therapie als auf einem Kontinuum liegend verstanden werden und auch ein gemeinsames Großziel darin haben, daß organische und/oder psychische Veränderungen angestrebt werden, so ist doch der Ausgangspunkt für Erziehungsmaßnahmen die Erwartungsentsprechung im Hinblick auf Altersgemäßheit, Gesundheit, Aktions- und Reaktionsmöglichkeiten usw. mit der Konsequenz der Leistungsförderung in kognitiver, emotionaler, psychomotorischer Hinsicht, um über den altersgemäßen Zustand hinauszukommen. Psychosoziale Therapie dagegen hat zum Ausgangspunkt Erwartungsabweichungen, d. h. Störungen, Schädigungen, Defizite, muß von Leistungsanforderungen entlasten, Leid und Unfähigkeiten eliminieren und alters- und situationsgemäße Fähigkeiten etablieren helfen. Im Sinne dieser bipolaren Typisierung von Erziehung und Therapie muß der Lehrer/Erzieher eine pädagogische und eine therapeutische Rolle sowohl bezogen auf den einzelnen Schüler als auch auf die gesamte Lerngruppe realisieren. Dabei stehen die beiden Rollenanteile in Abhängigkeit vom aktuellen Schwierigkeits- bzw. Störungsgrad der einzelnen Kinder/Jugendlichen wie auch der Gruppe in einem stets wechselnden Verhältnis zueinander.

Das Lernfeld ist in der äußeren wie der inneren Organisation im Hinblick auf die beeinträchtigte Lern-, Arbeits- und Interaktionsfähigkeit der Kinder und Jugendlichen spezifisch strukturiert (siehe Abbildung Seite 172). In der äußeren Organisation (Schülerzahl, räumliche Gegebenheiten, Zeitplan, usw.) und in der inneren Organisation (didaktische Einheiten, methodische Planung, Unterrichtsformen, Sozialformen, Medien, usw.) manifestieren sich die Erkenntnisse der Pädagogik bei Verhaltensstörungen (siehe z. B. Benkmann 1989, Hußlein 1983 u. 1989, Grissemann 1989, Goetze/Neukäter 1981 und 1989; Großmann/Gerth 1990).

Die pädagogisch-therapeutischen Verfahren gehen von den hilfreichen Einwirkungsmöglichkeiten aus, die der Mensch auf andere Menschen bzw. auf sich selbst hat. Einwirken kann er:

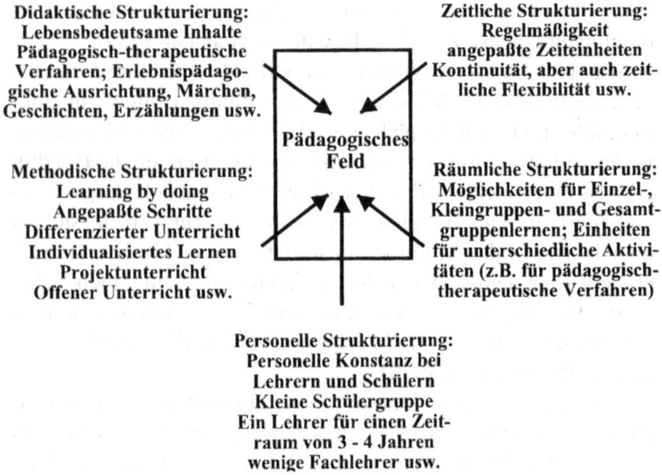

Abbildung: Strukturmodell des Lernfeldes

- durch »Abschalten«, durch Entspannung und Ruhe mit den Verfahren der Hypnose, der Selbstentspannung und der Meditation;
- durch spielerisches und schöpferisch-gestaltendes Tun mit den Verfahren der Pädagogischen Spieltherapie, der Pädagogischen Musiktherapie und der Pädagogischen Kunsttherapie;
- durch Lernen über klassisches und operantes Konditionieren sowie über Modell-Lernen mit den Verfahren der Verhaltenstherapie und der Pädagogischen Verhaltensmodifikation;
- durch Gespräch und verbale Zuwendung mit den Verfahren der tiefenpsychologischen Therapien, der Gesprächspsychotherapie und der pädagogisch-therapeutischen Gesprächsführung;
- durch Körperstimulation und körperliche Aktionen mit den Verfahren der Pädagogischen Mototherapie.

Nicht alle diese Verfahren sind durch Erziehungs- und Lehrkräfte in schulischen und sozialpädagogischen Einrichtungen für Kinder und Jugendliche mit Verhaltensstörungen einsetzbar. Für die Verfahren jedoch, denen ein »Pädagogisch . . .« vorangesetzt ist, liegen den spezifischen pädagogisch-therapeutischen Intentionen und den schulorganisatorischen Gegebenheiten entsprechende Adaptionen vor. Diese werden durch entsprechend geschulte

Pädagogen systematisch und in Abhängigkeit von situativen Bedingungen eingesetzt (vgl. z. B. Goetze/Neukäter 1989).

Die Pädagogische Verhaltensmodifikation hat insofern eine herausgehobene Funktion, als sie den Rahmen bildet für unterrichtliche und weitere pädagogisch-therapeutische Maßnahmen. In der Anfangsphase der Intervention strukturiert sie die Handlungen, in einer zweiten Phase wird sie systematisch ausgeblendet und führt in einer Endphase zur Selbststeuerung, d. h. sie wird überflüssig. In das Modifikationsprogramm sind neben individual- und gruppenbezogenen Verstärkerarrangements auch Selbstbeobachtungs-, Selbstbewertungs- und Selbstinstruktionskonzepte einbezogen (vgl. z. B. Myschker 1976, Redlich/Schley 1978, Grabski/Kissing u. a. 1978).

Über die bisher angeführten Maßnahmen hinaus brauchen Kinder und Jugendliche mit Verhaltensstörungen weitere Stützen und Hilfen durch den Lehrer/Erzieher. So müssen z. B. Verhaltensprobleme einzelner – unter Umständen sofort und mit der ganzen Gruppe – reflektiert und im Hinblick auf Bewältigungsmöglichkeiten diskutiert werden (Life Space Interview, Metakommunikation, Diskurs). Kinder bzw. Jugendliche, die die Folgen einer Handlungssequenz infolge sozialer Wahrnehmungs- und Beurteilungsschwäche nicht richtig einzuschätzen vermögen, sind durch ein warnendes Signal aufmerksam zu machen. In ähnlicher Weise muß der Lehrer/Erzieher »Ich-Unterstützung« durch ein Signal, Ermutigung oder Beruhigung geben, wenn Emotionen (Angst, Wut, Verzweiflung) übermächtig zu werden drohen oder sich eine Verletzung der Gruppennormen anbahnt (vgl. Redl 1971). Wenn der Lehrer/Erzieher durch sein gesamtes Verhalten den Gruppenmitgliedern Überblick und Situationsbeherrschung kommunizieren kann, trägt er dazu bei, daß sich weniger störendes Verhalten und mehr Arbeitsengagement zeigt (Kounin/Friesen u. a. 1966). Stütz- und Hilfsfunktionen erfüllt der Lehrer im Unterricht auch durch adäquate Organisation, d. h. insbesondere durch eine stabile äußere Ordnung (Stundenplan, Zeiteinheiten), angepaßte Leistungsanforderungen, die Bereitstellung motivierender Lehr- und Lernmittel, Wechsel der Arbeitsformen, Ermöglichung von Kleingruppenarbeit, Vermeidung von Leerlauf, Eliminierung von Ablenkungsfaktoren.

Pädagogische und therapeutische Arbeit mit Kindern und Jugendlichen mit Verhaltensstörungen kann letztlich nur effektiv sein, wenn die maßgebliche Umwelt miteinbezogen wird und der Übergang von einem Lebensraum in den anderen (Schul- und Heimwechsel, Berufseintritt) vorbereitet und unterstützt wird. Enge Kooperation der Lehrer, Erzieher, Therapeuten und Sozialpädagogen untereinander und mit dem Elternhaus gewährleistet, daß die individuellen Bedürfnisse und Möglichkeiten des jungen Menschen mit Verhaltensstörungen durchgängig berücksichtigt, die Maßnahmen in Erziehung, Unterricht und Therapie abgestimmt werden und ein einheitliches Handeln realisiert wird. Die Zusammenarbeit mit dem Elternhaus kann so ausgeweitet werden, daß wichtige Bezugspersonen in die individuellen Erziehungs- und Therapieprogramme miteinbezogen werden.

Die Zusammenarbeit der Lehrer, Erzieher, Therapeuten und Sozialpädagogen geht über Fallbesprechungen, Erziehungsplan- und Fortbildungskonferenzen hinaus; sie hat auch eine wichtige psychohygienische Funktion für die einzelnen Mitarbeiter, indem durch wechselseitige Supervision und gruppendynamische Sitzungen dienstliche und persönliche Schwierigkeiten bearbeitet werden.

Wenn für die Kinder und Jugendlichen in Fortsetzung oder nach Erfüllung ihres Erziehungs- und Therapieplanes ein Lebensraum-Wechsel ansteht, sind vorbereitende Maßnahmen – wie Informations-Gespräche mit allen Betroffenen und Eliminierung möglicher Erschwerungen – zu treffen und nachgehend-unterstützende Maßnahmen als Hilfen zur Bewältigung der neuen Situation – wie Begleitung durch eine Bezugsperson, nachbereitende Gespräche und die Entwicklung situationsbezogener Konfliktstrategien – vorzusehen. Besondere Bedeutung haben in diesem Sinne die Berufshinführung und die berufliche Eingliederung.

4.3 Beratung

Psychosoziale Beratung, um die es in der Pädagogik bei Verhaltensstörungen geht, und Therapie liegen auf einem Kontinuum. Sie sind nicht strikt voneinander zu trennen und können wechselseitig ineinander übergehen. Allerdings steht Beratung bei leichteren Problemfällen und bei vorübergehenden Schwierigkeiten an, während Therapie bei schweren psychischen Störungen notwendig ist.

Im Bereich psychosozialer Beratung lassen sich als verschiedene Konzepte der psychodynamische, der individualpsychologische, der lerntheoretische, der klientenzentrierte, der systemische und der pädagogische Ansatz unterscheiden, die an relevanten psychologischen Schulen orientiert sind (siehe dazu z. B. Myschker [3]1999).

Lehrer und Erzieher – insbesondere Beratungslehrer und Sonderpädagogen – müssen in einer Zeit komplexer und schwieriger gewordener schulischer Bedingungen sowie abnehmender familialer Erziehungskompetenz Beratungsaufgaben umfassend wahrnehmen. Zu ihrer professionellen Kompetenz gehört deshalb Beratung mit pädagogischer Ausrichtung.

Dem pädagogischen Ansatz der Beratung sind – insbesondere auch unter dem Aspekt von Verhaltensstörungen – Beratungskonzepte zuzurechnen, wie sie z. B. – von unterschiedlichen theoretischen Positionen aus – Mutzeck und Spiess entwickelten (Mutzeck 1995 und 1996, Spiess 1998).

Mutzeck versteht in seinem Konzept der Kooperativen Beratung den Menschen als reflexives Subjekt und sieht die Akteure im Beratungsprozeß in einem partnerschaftlichen, symmetrischen Verhältnis, die ein »Sich-gemeinsam-Miteinanderberaten« zu realisieren haben. Insofern kann dieses Beratungskonzept als kooperativ bezeichnet werden. Es hat als tragende Säulen die »Personenzentrierte Gesprächsführung« und »Kooperative Beratungsschritte zur Klärung und Lösung von Problemen« (vgl. Mutzeck 1996).

Spiess schreibt seinem Konzept aufgrund der gemachten Erfahrungen eine »Logik des Gelingens« zu. Das Konzept umfaßt Regeln, die sich aus Einsichten der Erkenntnistheorie, aus Forschungen zum menschlichen Problemlösen und aus therapeutischen Erfahrungen ableiten lassen. Die spezifische Besonderheit besteht darin, daß nicht die Bearbeitung eines Problems, die Ursachenanalyse und Klärung im Mittelpunkt der Beratung steht, sondern die gemeinsame Suche von Berater und Klient nach Lösungen (vgl. Spiess 1998).

5. Pädagogische Einrichtungen für Kinder und Jugendliche mit Verhaltensstörungen

Pädagogik bei Verhaltensstörungen realisiert sich nicht nur in Erziehung, Unterricht und Therapie, sondern auch in präventiven (Information, Beratung, Aufdeckung und Eliminierung pathogener Umweltgegebenheiten) sowie in berufshinführenden und beruflich eingliedernden Maßnahmen.

Für unterschiedliche Schweregrade der Verhaltensstörungen und unterschiedliche Altersstufen steht ein differenziertes System der schulischen und außerschulischen Erziehungshilfe zur Verfügung. Früherfassung und Früherziehung werden in Sonder- und Integrations-Kindergärten und -Horten, in Heimen und Kliniken sowie durch Erziehungsberatungsstellen geleistet. Wie die Erziehungsberatungsstellen haben auch die Schulpsychologischen Dienste eine wichtige Funktion im präventiven Bereich und bei leichteren Verhaltensstörungen. An Regelschulen erfüllen in einigen Bundesländern Beratungslehrer und Sonderpädagogen diese Funktion. Für präventive wie auch rehabilitative Maßnahmen werden sogenannte Ambulanzlehrer/innen eingesetzt, die die Fakultas für die Pädagogik bei Verhaltensstörungen haben oder z. B. als Grundschullehrer/innen mit einer Zusatzausbildung besonders geeignet für diese Aufgabe erscheinen. Sie haben eine Stammschule im Regel- oder Sonderschulbereich oder auch an einem Förderzentrum und werden mit der Hälfte ihrer Pflichtstundenzahl zur integrativen Förderung einzelner Schüler/innen in der eigenen oder in anderen Schulen eingesetzt (vgl. z. B. Myschker 1990, Kreische/Myschker/Reisen 1991).

Zusammengefaßt werden Kinder und Jugendliche mit Verhaltensstörungen in Kleinklassen und integrierten Fördereinrichtungen vorwiegend im Primarbereich und auf der Sekundarstufe 1, in Sonderklassen an Berufsschulen, in eigenständigen Sonderschulen, in Heimen und Heimschulen, in Anstalten und Schulen für den Jugendstrafvollzug sowie in kinder- und jugendpsychiatrischen Kliniken und in Klinikklassen/-schulen. Kleinklassen – die z. B. in Berlin »Beobachtungs-Klassen« und in den ostdeutschen Bundesländern unter der Bezeichnung »Ausgleichsklassen« geführt wurden, werden einerseits als Organisationsform für problematisch gehalten, andererseits aber auch in einem gestuften System der Förderung für unverzichtbar gehalten (vgl. z. B. Myschker 1974/75, Vernooij 1991, Myschker/Ortmann 1999).

Integrierte Fördereinrichtungen sind besonders ausgestattete Systeme zur Verhaltensänderung und Überwindung von Schulleistungsdefiziten, in denen Kinder und Jugendliche vorwiegend nur stundenweise für spezielle Maßnahmen in Erziehung, Unterricht und Therapie – auch in Kooperation mit sozialpädagogischen Diensten – gefördert werden können (vgl. z. B. Hasemann/Meschenmooser 1996). Sie bleiben Schüler ihrer Stammklasse und nehmen an jenen Aktivitäten der Stammklasse teil, die keine Störungen auslösen, sondern Erfolgserlebnisse vermitteln können.

Die integrativen Fördermöglichkeiten für Schüler mit Verhaltensstörungen sind in den vergangenen Jahren in einigen Bundesländern stark ausgebaut worden. Als relativ effektiv haben sich Integrationsklassen mit einer Zwei-Pädagogen-Besetzung erwiesen. Bei vielen Modellversuchen zur integrativen Erziehung und Unterrichtung hat sich aber herausgestellt, „daß auch in integrativen Klassen die Verhaltensauffälligkeiten das schwierigste Problem darstellen« (Reiser 1992, 151). Für die weitere Entwicklung haben die Kultusminister der Bundesländer mit den „Empfehlungen zur sonderpädagogischen Förderung in den Schulen in der Bundesrepublik Deutschland« mit Wirkung vom 06.05.1994 (KMK 1994) festgelegt, daß nur noch solche „Kinder und Jugendliche mit sonderpädagogischem Förderbedarf, deren Förderung an einer allgemeinen Schule nicht ausreichend gewährleistet werden kann ... in Sonderschulen, Sonderberufsschulen und Berufsschulen mit sonderpädagogischen Förderschwerpunkten sowie vergleichbaren Einrichtungen unterrichtet« werden sollen (S. 15). Die Erfordernisse für eine ausreichende Förderung von Schülern mit Verhaltensstörungen werden den Notwendigkeiten entsprechend folgendermaßen beschrieben: »Hilfen zur Orientierung im sozialen Umfeld und zur Selbststeuerung dienen auch der Verarbeitung von belastenden Lebenseindrücken und sollen so zu einer individuell und sozial befriedigenden Lebensführung beitragen. Wenn verschiedene Dienste beteiligt sind, ist eine Koordinierung der Maßnahmen erforderlich. Bei allen Bemühungen sind Wege zu suchen, bei den Betroffenen Lernbereitschaft anzuregen, Leistungsfähigkeit zu entwickeln und sie gleichzeitig aufzuschließen für die Lerninhalte der Schule. Musische, sportliche und technische Unterrichtsangebote, Projekte und gruppenpädagogische Verfahren eignen sich in besonderer Weise für die Förderung dieser Schülerinnen und Schüler und sollten daher den entsprechenden Stellenwert im Rahmen der schulischen Arbeit erhalten« (S. 11). Diese Anforderungen stellen die Allgemeinen Schulen vor eine Aufgabe, die nicht immer zu erfüllen ist. Deshalb ist für die Beibehaltung des differenzierten gestuften Systems der Förderung zu plädieren, das sich in Jahrzehnten entwickelt hat, und nicht einseitig auf »Integration« zu setzen (siehe Myschker/Ortmann 1999). In Sonderklassen an Berufsschulen arbeiten Jugendliche mit Verhaltensstörungen, die häufig auch noch lernbehindert sind, in kleinen Gruppen unter der Leitung eines Lehrers, der neben der Fakultas in Berufspädagogik auch die in Verhaltensgestörtenpädagogik hat.

Eigenständige Sonderschulen gibt es unter unterschiedlichen Bezeichnungen in den meisten Ländern der Bundesrepublik. Es sind voll ausgebaute, zum Teil – wie allgemein anzustreben – als Tagesheimschule organisierte Systeme, die durch spezifische materielle und personelle Bedingungen darauf eingestellt sind, Kinder und Jugendliche in zwei bis vier Jahren pädagogisch und therapeutisch so zu fördern, daß sie in die Regelschule rücküberwiesen werden können. Die Schüler sollen mindestens durchschnittlich intelligent sein, ein unterstützendes Elternhaus haben und den Schulweg ohne Gefährdung für sich und die Umwelt absolvieren können. Wenn Schüler die erste Bedingung nicht erfüllen, kann die Sonderschule für Lernbehinderte der richtige Förderungsort für sie sein.

Erfüllen sie die beiden letztgenannten Bedingungen nicht, ist im Hinblick auf das Elternhaus begleitende Erziehungshilfe einerseits durch die Schule, andererseits aber vor allem durch pädagogische und therapeutische Maßnahmen nach dem »Kinder- und Jugendhilfegesetz« (KJHG) über die Jugendämter möglich. Zur besseren Bewältigung des Schulwegs können Schulbusse oder auch Taxis eingesetzt werden. Bei besonders großen Schwierigkeiten kann Hausunterricht gegeben werden oder auch die Einweisung in ein Heim mit angegliederter Heimschule notwendig sein.

Staatliche Hilfen zur Erziehung wurden bis Ende 1990 nach dem Jugendwohlfahrtgesetz von 1922 geregelt, das nach mehr als 30jähriger Reformdebatte durch das »Kinder- und Jugendhilfegesetz« (KJHG) abgelöst wurde. Das KJHG stellt präventive, familienunterstützende und -entlastende Maßnahmen in den Vordergrund, sieht ein differenziertes System von ambulanten über teilstationäre bis hin zu längerfristigen stationären Hilfsmaßnahmen vor. Die Maßnahmen dienen nunmehr nicht nur Kindern und Jugendlichen bis zum vollendeten 18., sondern auch jungen Menschen bis zum vollendeten 27. Lebensjahr. Die Maßnahmen der Hilfe zur Erziehung sehen Erziehungsberatung, soziale Gruppenarbeit, Erziehungsbeistandschaft, sozialpädagogische Familienhilfe, Erziehung in einer Tagesgruppe, Vollzeitpflege in einer anderen Familie, Fördermaßnahmen »in einer Einrichtung über Tag und Nacht (Heimerziehung) oder in einer sonstigen betreuten Wohnform« (§ 34) und intensive sozialpädagogische Einzelbetreuung vor. An Heime für Kinder und Jugendliche mit Verhaltensstörungen angeschlossene Heimschulen haben den Status der Sonderschule. Sie beschulen häufig nicht nur Kinder und Jugendliche aus dem Heim, sie öffnen sich auch für Schüler/innen mit Verhaltensstörungen aus der Umgebung.

Das »Kinder- und Jugendhilfegesetz«, das am 1. 1. 1991 in Kraft trat, hat auch Auswirkungen auf delinquente Jugendliche, die nach dem Jugendgerichtsgesetz (JGG – Erstfassung 1923) dem Jugendrichter vorgeführt werden. So können z. B. Maßnahmen der »Hilfe zur Erziehung« oder der Vollzug einer Jugendstrafe bis zur Vollendung des 24. Lebensjahres in einer Jugendstrafanstalt angeordnet werden. In den Jugendstrafvollzug kommen Jugendliche, (»zur Zeit der Tat 14 aber noch nicht 18«) und Heranwachsende (»zur Zeit der Tat 18 aber noch nicht 21 Jahre alt« – § 1 JGG), »wenn wegen der schädlichen Neigungen ... oder wegen der Schwere der Schuld Strafe erforderlich ist« (§ 17). Der Vollzug wird durch Erziehungsaufgaben bestimmt (§ 91). Da die meisten jugendlichen Straftäter schwere Verhaltensstörungen haben (vgl. z. B. Myschker 1976, 1984, 1993), müssen diese Erziehungsaufgaben im Sinne der Pädagogik bei Verhaltensstörungen erfüllt werden. Das gilt für den schulischen Bereich (Förderkurse, Haupt-, Berufs-, Realschulklassen), aber auch für die Erziehungsgruppen (vgl. Myschker/Hoffmann 1993). Die Schulen im Jugendstrafvollzug sollten als sonderschulische Einrichtungen organisiert sein, weil die Jugendlichen nicht nur kognitive, sondern auch große emotionale und soziale Lerndefizite haben, die den Resozialisierungsprozeß erschweren.

Kinder- und jugendpsychiatrische Kliniken nehmen Kinder und Jugendliche mit Verhaltens- bzw. sozialemotionalen Störungen zur Beobachtung und Behandlung auf und führen Untersuchungs- und Behandlungsmaßnahmen auch ambulant durch. Ambulante wie stationäre Untersuchung und Behandlung geschehen in enger Zusammenarbeit des medizinischen und des pädagogisch-therapeutischen Personals. Die angeschlossenen Klinikklassen und -schulen müssen sich auf Kinder und Jugendliche mit sehr unterschiedlichen kognitiven, emotionalen und psychomotorischen Möglichkeiten und den verschiedensten Schullauflbahnen einstellen. Sie haben lange Zeit Schwierigkeiten gehabt, eine adäquate Form innerer und äußerer Organisation zu finden, sind jedoch gegenwärtig dabei, eigene Konzepte und ein eigenes Selbstverständnis zu entwickeln (vgl. z. B. Mörtl 1989).

Sowohl die Kultusbehörden der Länder als auch die Bundesanstalt für Arbeit fördern für Jugendliche mit Lern- und Verhaltensstörungen berufsvorbereitende Bildungsmaßnahmen, wobei die Bundesanstalt auch berufsausbildende Maßnahmen unterstützt (siehe dazu: Bundesanstalt für Arbeit 1993). Fördermaßnahmen im Sinne einer Vorbereitungsphase für die berufliche Ausbildung sind sowohl nach den Richtlinien der Kultusbehörden als auch nach dem »Arbeitsförderungsgesetz« (AFG) von 1969 möglich. Die Maßnahmen der Berufsvorbereitung wie das Berufsvorbereitungsjahr, das berufsbefähigende Jahr, berufsbefähigende Lehrgänge oder Werkklassen – wie sie unterschiedlich in den Bundesländern genannt werden – folgen der KMK-Empfehlung zur Berufsausbildung von 1982. Die berufsvorbereitenden Maßnahmen der Bundesanstalt für Arbeit sind als ein- bis zweijährige Förderungslehrgänge konzipiert und werden von verschiedenen Trägern adressatenspezifisch als »Grundausbildungslehrgänge«, »Förderungslehrgänge« und »Lehrgänge zur Verbesserung der Eingliederungsmöglichkeiten« angeboten. Die anschließende berufliche Ausbildung wird dann in einem Betrieb, in einer überbetrieblichen Einrichtung (z. B. Lehrwerkstatt) oder in einem Berufsbildungswerk ausgeführt. Die in den überbetrieblichen Einrichtungen tätigen Ausbilder, Lehrkräfte und Sozialpädagogen sind darauf ausgerichtet, die Schwierigkeiten und Defizite der jungen Menschen zu berücksichtigen und sie beim Besuch der Berufsschule zu unterstützen. Berufsbildungswerke, die für Jugendliche in Frage kommen, die weder eine betriebliche noch eine überbetriebliche Ausbildung realisieren können, sind integrierte Systeme, in denen Ausbildungswerkstätten, Berufsschule und Wohnmöglichkeiten zusammengefaßt sind. Von den 39 Berufsbildungswerken in den alten Bundesländern und den acht im Aufbau befindlichen Einrichtungen in den neuen Bundesländern haben sich einige, wie z. B. die Einrichtungen in Abensberg in Bayern und das Rotkreuz-Institut in Berlin, auch auf Jugendliche mit schweren Verhaltensstörungen beziehungsweise psychischen Behinderungen eingestellt. Die Rehabilitanden sind zwischen 18 und 30 Jahre alt. Die Ausbildung erfolgt in anerkannten Ausbildungsberufen. Für psychisch Schwerbehinderte, die auf dem allgemeinen Arbeitsmarkt nicht tätig sein können, stehen spezielle Werkstätten nach dem Schwerbehindertengesetz zur Verfügung (siehe dazu: Bundesanstalt für Arbeit 1993).

In allen Einrichtungen der Pädagogik bei Verhaltensstörungen vollzieht sich die pädagogisch-therapeutische Arbeit in Einzel- und Gruppenunterricht sowie in Einzel- und Gruppentherapie. Die Gruppen in Anstalten, Heimen und Schulen sollten nicht mehr als zehn Kinder bzw. Jugendliche haben. Je Gruppe sind in Anstalten und Heimen vier Erzieher, in schulischen Einrichtungen 1,5 Lehrer und ein Schulassistent zu rechnen. Die Zahl der Kinder und Jugendlichen in einer Einrichtung muß überschaubar bleiben, damit ein gegenseitiges Kennenlernen und die Gestaltung einer »pädagogischen Atmosphäre« möglich werden. Die sonderpädagogischen Erziehungsziele sind letztlich die gleichen wie die allgemeinpädagogischen. In den sonderschulischen Einrichtungen gelten im Hinblick darauf, daß die Schüler baldmöglich in die Regelschule zurückgeschult werden sollen, die Lehrpläne der relevanten Stufe und Schulart. Diese müssen, wie auch bei integrativer Förderung – und darin liegt eine ungelöste Problematik –, nach den spezifischen Bedürfnissen und Möglichkeiten modifiziert werden. Die Modifikationen bedeuten andere Schwerpunktsetzungen und häufig auch eine Reduzierung der Schulleistungsforderungen. Es ist allerdings immer wieder zu beobachten, daß sich mit dem Abbau der Verhaltensstörungen auch die kovariierenden Lernstörungen aufheben, so daß die schulischen Lerndefizite in relativ kurzer Zeit ausgeglichen werden können.

6. Literatur

Adler, A.: Individualpsychologie in der Schule – Vorlesungen für Lehrer und Erzieher (1929). Frankfurt/M. 1976a.

Adler, A.: Kindererziehung (The education of children 1930). Frankfurt/M. 1976b.

Ahrbeck, B.: Konflikt und Vermeidung. Psychoanalytische Überlegungen zu aktuellen Erziehungsfragen. Neuwied 1998.

Aichhorn, A.: Verwahrloste Jugend – Die Psychoanalyse in der Fürsorgeerziehung. Bern, Stuttgart (7) 1971.

Alvin, J.: Musiktherapie – Ihre Geschichte und ihre Anwendung in der Heilbehandlung. Nördlingen 1983.

American Psychiatric Association (APA): Diagnostic and Statistical Manual of Mental Disorders. DSM-III-R, übersetzt von Wittchen, H.-U./Sass, H./Zaudig, M./Köhler, K.: Diagnostisches und statistisches Manual DSM-III-R. Weinheim, Basel (3) 1991.

American Psychiatric Association (APA): Diagnostic and Statistical Manual of Mental Disorders. Fourth Edition. Deutsche Bearbeitung: Sass, H./Wittchen, H.-U./Zaudig, M.: Diagnostisches und Statistisches Manual psychischer Störungen. DSM-IV. Göttingen, Bern 1996.

Axline, V.: Spieltherapie im nicht-direktiven Verfahren. München 1972.

Ayres, A.J.: Lernstörungen – Sensorisch-integrative Dysfunktion. Berlin, Heidelberg, New York 1979.

Ayres, A.J.: Bausteine der kindlichen Entwicklung – Die Bedeutung der Integration der Sinne für die Entwicklung des Kindes. Berlin, Heidelberg, New York, Tokyo 1984.

Bach, H.: Schulintegrierte Förderung bei Verhaltensauffälligkeiten – Konzept und Praxis. Mainz (2) 1987.

Bach, H.: Verhaltensstörungen und ihr Umfeld. In: Goetze/Neukäter 1989, S. 3–35.

Bandura, A. (Hrsg.): Lernen am Modell. Stuttgart 1976.

Bandura, A.: Aggression – Eine sozial-lerntheoretische Analyse. Stuttgart 1979.

Bärsch, W.: Das schwierige Kind in der Schule. Esslingen 1968.

Benenzon, R. O.: Einführung in die Musiktherapie. München 1983.

Benkmann, K. H.: Pädagogische Erklärungs- und Handlungsansätze bei Verhaltensstörungen in der Schule. In: Goetze/Neukäter 1989, S. 71–119.

Bettelheim, B.: Liebe allein genügt nicht – Die Erziehung emotional gestörter Kinder. Stuttgart 1970.

Bettelheim, B.: Der Weg aus dem Labyrinth (A Home for the Heart) – Leben lernen als Therapie. Übersetzt aus dem Amerikanischen von Gärtner, E. Stuttgart 1975.

Bleidick, U.: Pädagogik der Behinderten – Grundzüge einer Theorie der Erziehung behinderter Kinder und Jugendlicher. Berlin (1) 1972.

Bleidick, U.: Individualpsychologie, Lernbehinderungen und Verhaltensstörungen – Hilfen für Erziehung und Unterricht. Berlin 1985.

Bleidick, U./Ellger-Rüttgardt, S. (Hrsg.): Lehrer für Behinderte. Stuttgart 1978.

Bochow, P./Wagner, H.: Suggestopädie (Superlearning) – Grundlagen und Anwendungsberichte. Speyer 1986.

Bundesanstalt für Arbeit: Behinderte Jugendliche vor der Berufswahl. Nürnberg 1993.

Bundschuh, K.: Dimensionen der Förderdiagnostik bei Kindern mit Lern-, Verhaltens- und Entwicklungsproblemen. München, Basel 1985.

Cruickshank, W. M.: Schwierige Kinder in Schule und Elternhaus – Förderung verhaltensgestörter, hirnbeschädigter Kinder. Berlin 1973.

Dalferth, M.: Erziehung im Jugendheim – Bausteine zur Veränderung der Praxis. Weinheim, Basel 1982.

Deutscher Bildungsrat (Hrsg.): Zur pädagogischen Förderung behinderter und von Behinderung bedrohter Kinder und Jugendlicher. Stuttgart 1973.

Dinkmeyer, D./Dreikurs, R.: Ermutigung als Lernhilfe. Stuttgart (2) 1970.

Eggert, D. (Hrsg.): Psychomotorisches Training. Weinheim, Basel 1975.

Eibl-Eibesfeldt, I.: Der Mensch – das riskierte Wesen – Zur Naturgeschichte menschlicher Unvernunft. München, Zürich 1988.

Eibl-Eibesfeldt, I.: Die Biologie des menschlichen Verhaltens – Grundriß der Humanethologie. München, Zürich 1984, überarbeitete und erweiterte Auflage Weyarn ³1997.

Ellger-Rüttgardt, S.: Das sonderpädagogische Bildungsziel der Erwerbsunfähigkeit im historischen Wandel. In: Bleidick, U./Ellger-Rüttgardt, S. (Hrsg.): Berufliche Bildung behinderter Jugendlicher. Stuttgart, Berlin, Köln, Mainz 1982, 54–63.

Ellger-Rüttgardt, S. (Hrsg.): Bildungs- und Sozialpolitik für Behinderte. München, Basel 1990.

Erikson, E.H.: Kindheit und Gesellschaft. Stuttgart (9) 1984.

Freud, A.: Das Ich und die Abwehrmechanismen. München 1971.

Freud, A.: Einführung in die Technik der Kinderanalyse. München, Basel 1973.

Freud, S.: Gesammelte Werke. Frankfurt 1940–1968.

Freud, S.: Abriß der Psychoanalyse – Das Unbehagen in der Kultur. Frankfurt/M. 1953.

Frostig, M.: Bewegungs-Erziehung – Neue Wege der Heilpädagogik. München, Basel 1973.

Fuchs, A.: Erziehungsklassen (E-Klassen) für schwererziehbare Kinder in der Volksschule. Halle 1930.

Gaddes, W.H.: Lernstörungen und Hirnfunktion – Eine neuropsychologische Betrachtung. Berlin, Heidelberg 1991.

Goetze, H./Neukäter, H.: Strukturierte und schülerzentrierte Unterrichtsansätze bei Verhaltensgestörten. Hagen 1981.

Goetze, H./Neukäter, H. (Hrsg.): Handbuch der Sonderpädagogik, Band 6. Pädagogik bei Verhaltensstörungen. Berlin 1989.

Grabski, S./Kissing, G./Neukäter, H./Benkmann, K. H.: Strukturierter Unterricht mit verhaltensgestörten Schülern. Rheinstetten 1978.

Grissemann, H.: Unterrichts-, Förder- und Therapiematerialien in der Pädagogik bei Verhaltensstörungen. In: Goetze/Neukäter 1989, S. 492–519.

Grissemann, H.: Hyperaktive Kinder – Kinder mit minimaler zerebraler Dysfunktion und vegetativer Labilität als Aufgabe der Sonderpädagogik in der allgemeinen Schule. Ein Arbeitsbuch. Bern, Stuttgart, Toronto 1986.

Grissemann, H.: Förderdiagnostik von Lernstörungen – Zusammenarbeit von kinderpsychiatrischen, psychologischen und pädagogisch-therapeutischen Fachkräften am Beispiel Legasthenie. Bern, Stuttgart, Toronto 1990.

Großmann, G./Schmitz, W.: Sonderpädagogik verhaltensgestörter Kinder. Berlin 1969.

Großmann, G./Gerth, A./Autorenkollektiv: Rehabilitationspädagogik Verhaltensgeschädigter. Berlin 1990.

Hasemann, K./Meschenmoser, H. (Hrsg.): Pädagogik in Kooperation – Zur Prävention und Reduktion von Verhaltensproblemen. Hohengehren 1996.

Hennig, C./Knödler, U.: Problemschüler – Problemfamilien – Ein praktisches Lehrbuch zum systemischen Arbeiten mit schulschwierigen Kindern. München (2) 1987.

Hewett, F.M.: The Emotionally Disturbed Child in the Classroom. Boston, USA 1968 (1976).

Holland, J./Skinner, B.: Analyse des Verhaltens. München, Berlin, Wien 1971.

Hünnekens, H./Kiphard, E.J.: Bewegung heilt – Psychomotorische Übungsbehandlung bei entwicklungsrückständigen Kindern. Gütersloh (1. und 7. Auflage) 1960, 1985.

Hußlein, E.: Schule und Unterricht für Kinder und Jugendliche mit Verhaltensstörungen. Würzburg 1983.

Juul, K. D.: Modelle pädagogischer Förderung von Kindern mit Verhaltensstörungen vornehmlich in den USA. In: Speck, O. (Hrsg.): Pädagogische Modelle für Kinder mit Verhaltensstörungen. München, Basel 1979, S.70–99.

Juul, K. D.: Mobbing/Pöbeln in Schulen. Skandinavische Initiativen zur Prävention und Reduktion von Gruppengewalt. In: Neukäter, H.

(Hrsg.): Verhaltensstörungen verhindern – Prävention als pädagogische Aufgabe – Bericht über die Fachtagung in Oldenburg vom 15. – 17. März 1990. Oldenburg 1991, S. 55–60.

Kalff, D. M.: Sandspiel. Seine therapeutische Wirkung auf die Psyche. Erlenbach-Zürich 1979.

Kass, F.I./Oldham, J.M./Pardes, H. (Hrsg.), Wittchen, H.-U.; Bearbeiter und Herausgeber der deutschen Ausgabe: Das große Handbuch der seelischen Gesundheit– Früherkennung und Hilfe bei sämtlichen psychischen Störungen. Weinheim, Berlin 1996.

Kauffman, J. M.: Characteristics of Children's Behaviour Disorders. Toronto, London, Sidney 3/1985.

Klein, M.: Die Psychoanalyse des Kindes. Wien 1932, Stuttgart 1983.

Kluge, K.-J.: Pädagogik der Schwererziehbaren. Berlin 1969.

Kluge, K.-J./Schmitz, L.: Die Lösung von Konfliktsituationen durch Rollenspiel. Hannover 1982.

KMK, Sekretariat der Ständigen Konferenz der Kultusminister der Länder in der Bundesrepublik Deutschland: Empfehlungen zur sonderpädagogischen Förderung in den Schulen in der Bundesrepublik Deutschland. Beschluß der Kultusministerkonferenz vom 06.05.1994.

KMK, Sekretariat der Ständigen Konferenz der Kultusminister der Länder in der Bundesrepublik Deutschland: Die Sonderschulen in der Bundeseinheitlichen Schulstatistik – 1986 bis 1995, Dokumentation Nr. 140, Bonn 1997.

Kraiker, Ch. (Hrsg.): Handbuch der Verhaltenstherapie. München 1974.

Krappmann, L.: Soziologische Dimensionen der Identität. Stuttgart 5/1975.

Krech, D./Crutchfield, R.S. u.a.: Grundlagen der Psychologie. Bd. 3, Lern- und Gedächtnispsychologie. Weinheim/Basel 1985.

Kreische, R./Myschker, N./Reisen, I.: Prävention von Verhaltensstörungen durch Ambulanzlehrertätigkeit – das schulische Ambulanzsystem in Berlin-Steglitz. In: Neukäter, H. (Hrsg.): Verhaltensstörungen verhindern – Prävention als pädagogische Aufgabe. Oldenburg 1991.

Kuhlen, V.: Verhaltenstherapie im Kindesalter. München 5/1977.

Lauth, G.: Verhaltensstörungen im Kindesalter – ein Trainingsprogramm zur kognitiven Verhaltensmodifikation. Stuttgart 1983.

Ledl, V.: Kinder beobachten und fördern. Eine Handreichung zur gezielten Beobachtung und Förderung von Kindern mit besonderen Lern- und Erziehungsbedürfnissen. Wien 1994.

Leuner, H./Horn, G./Klessmann, E.: Katathymes Bilderleben mit Kindern und Jugendlichen. München, Basel (3) 1990.

Martikke, H.J.: Die Rehabilitation der Verhaltensgestörten (Bd. 9 der Reihe: Die Rehabilitation der Entwicklungsgehemmten). München, Basel 1978.

Marx, R.: Integrieren oder aussondern – Die Sonderschule in der Sicht von Schülern und Eltern. Weinheim, Basel 1992.

Meichenbaum, D.H.: Kognitive Verhaltensmodifikation. München 1979.

Möckel, A.: Lese-Schreibschwäche als didaktisches Problem. Bad Heilbrunn, 1997.

Mörtl, G.: Der Präventionsaspekt in der Sonderpädagogik. Frankfurt/Main 1989.

Montessori, M.: Grundlagen meiner Pädagogik – und weitere Aufsätze zur Anthropologie und Didaktik. Heidelberg 1965.

Moor, P.: Heilpädagogik – Ein pädagogisches Lehrbuch. Bern, Stuttgart Wien (3)1974.

Mutzeck, W.: Grundlagen und Methoden der Beratung in sonderpädagogischen Handlungsfeldern. Hagen 1992.

Mutzeck, W./Pallasch, W. (Hrsg.): Integration von Schülern mit Verhaltensstörungen – praktische Modelle und Versuche. Weinheim 1991, [4]1992.

Mutzeck, W. (Hrsg.): Kollegiale Supervision – Modelle zur Selbsthilfe für Lehrerinnen und Lehrer. Heidelberg 1995.

Mutzeck, W.: Kooperative Beratung – Grundlagen und Methoden der Beratung und Supervision im Berufsalltag. Weinheim 1996.

Myschker, N.: Zur integrativen Beschulung verhaltensgestörter Kinder in Regelschulsystemen – Kleinklassen in Hamburg. In: Heilpädagogische Forschung, Jg. (1974/75), H. 3, S. 333–364.

Myschker, N.: Der Verband der Hilfsschulen Deutschlands und seine Bedeutung für das deutsche Sonderschulwesen. Nienburg 1969.

Myschker, N.: Verhaltensstörungen bei Kindern und Jugendlichen. Stuttgart, Berlin, Köln 1993.

Myschker, N./Hoffmann, M.: Pädagogik hinter Gittern. In: Neukäter, H./Wittrock, M. (Hrsg.): Pädagogik bei Verhaltensstörungen: Erziehung – Unterricht – Beratung. Oldenburg 1993, S. 43–52.

Myschker, N.: Verhaltensmodifikation im Unterricht jugendlicher Straftäter. In: Zeitschrift für Strafvollzug, Jg. 25 (1976) S. 193–198.

Myschker, N.: Organisation und Perspektiven der Pädagogik in den Berliner Beo-Klassen für Kinder mit Verhaltensstörungen. In: Klein, G./Möckel, A./Thalhammer, M. (Hrsg.): Heilpädagogische Perspektiven in Erziehungsfeldern. Heidelberg 1982, S. 83–100.

Myschker, N./Hoffmann, M.: Unterricht mit jugendlichen Inhaftierten. Hagen 1984.

Myschker, N.: Zur Geschichte der Pädagogik bei Verhaltensstörungen. In: Goetze/Neukäter 1989, S. 155–190.

Myschker, N.: Sondereinrichtungen und -maßnahmen für Schüler mit psychosozialen Schwierigkeiten im öffentlichen Schulwesen Berlins. In: Ellger-Rüttgardt, Sieglind (Hrsg.): Bildungs- und Sozialpolitik für Behinderte. München, Basel 1990.

Myschker, N.: Verhaltensstörungen bei Kindern und Jugendlichen – Erscheinungsformen – Ursachen – Hilfreiche Maßnahmen. Stuttgart, Berlin, Köln [3]1999.

Myschker, N./Ortmann, M. (Hrsg.): Integrative Schulpädagogik. Stuttgart, Berlin, Köln 1999.

Neukäter, H./Goetze, H.: Strukturierte und schülerzentrierte Unterrichtsansätze bei Verhaltensgestörten – Studienbrief der FU Hagen. Hagen 1982.

Neukäter, H./Schröder, U.: Kann man Verhaltenskonflikte durch metakognitives Verhalten beeinflussen. In: Neukäter, H. (Hrsg.): Verhaltensstörungen verhindern – Prävention als pädagogische Aufgabe – Bericht über die Fachtagung in Oldenburg vom 15.-17. März 1990. Oldenburg 1991, S. 187–196.

Neukäter, H./Wittrock, M.: Berufsorientierung bei Jugendlichen mit Verhaltensstörungen in der Schule. In: Neukäter, H./Wittrock, M. (Hrsg.): Pädagogik bei Verhaltensstörungen: Erziehung – Unterricht – Beratung. Oldenburg 1993.

Neukäter, H. (Hrsg.): Erziehungshilfe bei Verhaltensstörungen. Oldenburg 1996.

Ott, W. H.: Zur Entwicklung von moralischen Einstellungen bei Kindern und Jugendlichen mit Lern- und Verhaltensproblemen. In: Goetze, H./Neukäter, H. (Hrsg.): Disziplinkonflikte und Verhaltensstörungen in der Schule. Oldenburg 1988, S. 118–121.

Ott, W. H./Watts, W. J.: Erziehung zu moralischen Einstellungen bei Kindern und Jugendlichen mit Verhaltensstörungen. In: Goetze/Neukäter 1989, S. 342–353.

Pekny, L.: Fingermalen. Luzern 1963.

Petermann, F.: Training mit aggressiven Kindern: Einzeltraining, Elterngruppen, Elternberatung. München, Wien 1984.

Petermann, U./Petermann, F.: Training mit Jugendlichen – Förderung von Arbeits- und Sozialverhalten. München, Weinheim 1987.

Petermann, U./Petermann, F.: Training mit sozial unsicheren Kindern – Einzeltraining, Kindergruppen, Elternberatung. München (3. neubearbeitete und veränderte Auflage) 1989.

Petermann, U. (Hrsg.): Ruherituale und Entspannung mit Kindern und Jugendlichen. Baltmannsweiler 1996.

Piaget, J.: Das moralische Urteil beim Kinde. Zürich 1954.

Piaget, J.: Theorien und Methoden der modernen Erziehung. Frankfurt/M. 1972.

Radigk, W.: Kognitive Entwicklung und cerebrale Dysfunktion. Dortmund 1986.

Rambert, M.: Das Puppenspiel in der Kinderpsychotherapie. München 1969.

Redl, F.: Erziehung schwieriger Kinder. München 1971.
Redlich, A./Schley, W.: Kooperative Verhaltensmodifikation im Unterricht. München 1978.
Reiser, H. Sonderschullehrer in hessischen Grundschulen – ein Ansatz zur integrativen Arbeit bei Lern- und Verhaltensproblemen. In: Mutzeck, W./Pallasch, W. (Hrsg.) [4]1992, 131–151.
Reiser, H.: Lern- und Verhaltensstörungen als gemeinsame Aufgabe von Grundschul- und Sonderpädagogik unter dem Aspekt der pädagogischen Selektion. In: Zeitschrift für Heilpädagogik 48 (1997), 266–275.
Remschmidt, H. (Hrsg:): Kinder- und Jugendpsychiatrie. Eine praktische Einführung. Stuttgart, New York (2) 1987.
Richter, H.-G. (Hrsg.): Pädagogische Kunsttherapie. Düsseldorf 1984.
Richter, H.-G.: Leidensbilder. Psychopathische Werke und nicht-professionelle Bildnerei. Frankfurt/Main, Berlin, Bern 1997.
Ricking, H.: Schulabsentismus. In: Sonderpädagogik 27 (1997), 229–240.
Rogers, C. R.: Die klient-bezogene Gesprächstherapie – Client-Centered Therapy. München (2) 1972.
Rogers, C. R.: Die nicht-direktive Beratung – Counseling and Psychotherapy. Frankfurt/M. (6) 1985.
Rolous-Borgward, S.: Schulleistungen von Kindern und Jugendlichen mit Verhaltensstörungen – eine Literaturanalyse. In: Sonderpädagogik 27 (1997), 194–201.
Ross, A. O./Petermann, F.: Verhaltenstherapie mit Kindern und Jugendlichen – Methoden und Anwendungsgebiete. Stuttgart 1987.
Rost, D.H.: Erziehungspsychologie für die Grundschule. Bad Heilbronn 1982.
Rutter, M.: Hilfen für milieugeschädigte Kinder – (Helping troubled children). München, Basel 1981.

Schultheis, J.R.: Entwicklung und Vorkommenshäufigkeit von Leitbegriffen in der Verhaltensgestörtenpädagogik. Heilpäd. Forschung d.V., H.1. 1974, S. 69–94.
Schumacher, G.: Neues Lernen mit Verhaltensgestörten und Lernbehinderten – Der durchstrukturierte Klassenraum. Berlin 1975.
Schwabe, C.: Regulative Musiktherapie. Jena 1979.
Sidler, M.: Die Zürcher Realbeobachtungsklasse in den Jahren 1926–1936. Zürich 1937.
Speck, O.: Verhaltensstörungen, Psychopathologie und Erziehung – Grundlagen zu einer Verhaltensgestörtenpädagogik. Berlin 1979b.
Speck, O.: Chaos und Autonomie in der Erziehung – Erziehungsschwierigkeiten unter moralischem Aspekt. München, Basel 1991.
Spiess, W.: Gruppen- und Teamsupervision in der Heilpädagogik – Konzepte und Erfahrungen. Bern, Stuttgart 1991.
Spiess, W. (Hrsg.): Die Logik des Gelingens – lösungs- und entwicklungsorientierte Beratung im Kontext von Pädagogik. Dortmund 1998.
Spitz, R.A.: Vom Säugling zum Kleinkind. Stuttgart 1967.

Sprau-Kuhlen, V.: Verhaltensmodifikation für verhaltensgestörte Schüler. In: Goetze/Neukäter 1989, S. 836–851.

Ständige Konferenz der Kultusminister der Länder in der Bundesrepublik Deutschland (KMK): Gutachten zur Ordnung des Sonderschulwesens. Bonn 1960.

Ständige Konferenz der Kultusminister der Länder in der Bundesrepublik Deutschland: Empfehlung zur Ordnung des Sonderschulwesens vom 16. März 1972. In: Zeitschrift für Heilpädagogik, Jg. 23 (1972), Beiheft 9, S. 9–40.

Steinhausen, H.-CH. (Hrsg.): Das konzentrationsgestörte und hyperaktive Kind. Stuttgart 1982.

Steinhausen, H.-CH.: Psychische Störungen bei Kindern und Jugendlichen – Lehrbuch der Kinder- und Jugendpsychiatrie. München, Wien 1988.

Steinhausen, H.-Chr.: Hyperkinetische Störungen im Kindes- und Jugendalter. Stuttgart 1995.

Stoellger, N.: Das Sonderpädagogische Förderzentrum – Darstellung und Entwicklung eines Reformkonzepts. Zeitschrift für Heilpädagogik 48, 1997, 98–104.

Stott, D.H./Marston, N.C./Neill, S.J.: Taxonomy of behavior disorders. London 1975.

Tausch, R./Tausch, A.-M.: Erziehungspsychologie – Begegnung von Person zu Person. Göttingen, Toronto, Zürich (10) 1991.

Thalmann, H.-Ch.: Verhaltensstörungen bei Kindern im Grundschulalter. Stuttgart 1971.

Trost, F.: Die Göttingsche Industrieschule. Berlin 1930.

Van der Kooij, R./Been, P. H.: Neue Modelle für die diagnostische Praxis. Bern 1996.

Vernooij, M.: Hampelliese – Zappelhans – Problemkinder mit hyperkinetischem Syndrom unter besonderer Berücksichtigung des individualpsychologischen Aspektes. Bern, Stuttgart 1991.

Vernooij, M. A.: Das Sonderpädagogische Förderzentrum – eine neue Möglichkeit der institutionalisierten Hilfe für Schüler mit Verhaltensauffälligkeiten. In: Goetze, H. (Hrsg.): Pädagogik bei Verhaltensstörungen – Innovationen. Bad Heilbrunn 1994, 41–57

Watzlawick, P./Beavin, J. H./Jackson, D. D.: Menschliche Kommunikation. Bern, Stuttgart 1969.

WHO – Weltgesundheitsorganisation/Dilling, H./Mombour, W./Schmidt, M.H. (Hrsg.): Internationale Klassifikation psychischer Störungen – ICD-10 Kapitel V (F)-Klinisch-diagnostische Leitlinien. Bern, Göttingen, Toronto (1) 1991.

Wiesenhütter, E.: Erscheinungswesen und Ursachen der Verhaltensstörungen. In: Lückert, H.-R. (Hrsg.): Handbuch der Erziehungsberatung, Bd.1. München 1964, S. 138–169.

Winkel, R. (Hrsg.): Schwierige Kinder – Problematische Schüler. Baltmannsweiler 1996.
Wittrock, M.: Kollegiale Praxisberatung. In: Sonderpädagogik, Jg. 21 (1991), H. 2, 94–98.
Wittrock, M.: Verhaltensstörungen als Herausforderung: Pädagogisch-therapeutische Erklärungs- und Handlungsansätze. Oldenburg 1998.
Wood, M. M.: Developmental Therapy – A Textbook for Teachers or Therapists for Emotionally Disturbed Children. Baltimore 1975.

Zulliger, H.: Die Angst unserer Kinder – 10 Kapitel über Angstformen Auswirkungen, Vermeidung und Bekämpfung der kindlichen Ängste. Stuttgart 1966.
Zulliger, H.: Heilende Kräfte im kindlichen Spiel. Stuttgart 1967.